M. MAIGNAN

ÉCONOMIE ESTHÉTIQUE

La Question sociale
sera résolue par l'Esthétique

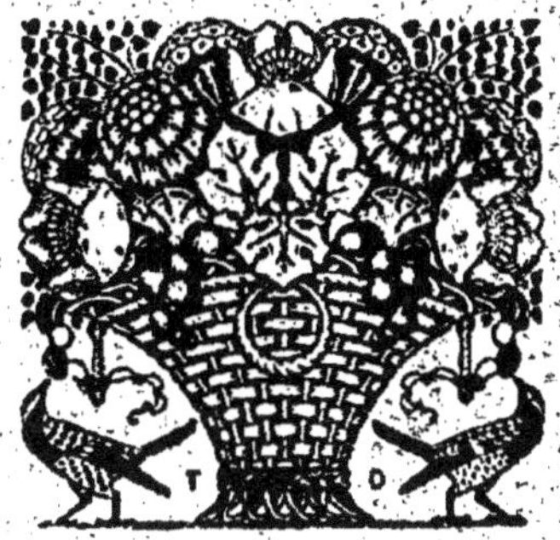

PARIS
ÉDITIONS DE « L'ART DÉCORATIF »
Revue de l'Art ancien et de la Vie artistique moderne
4, RUE LE GOFF, 4

1912

ÉCONOMIE ESTHÉTIQUE

EN PRÉPARATION :

(Et en développement du présent livre)

Essai d'Art monumental moderne. Album de décoration ayant pour thème : Un Palais des Fêtes a Paris.

La Légende des Iles lointaines. Roman de vulgarisation esthétique, illustré par l'auteur.

M. MAIGNAN

ÉCONOMIE ESTHÉTIQUE

La Question sociale sera résolue par l'Esthétique

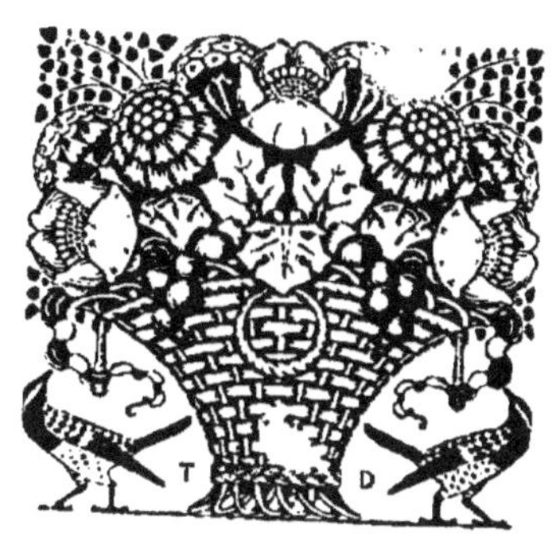

PARIS
ÉDITIONS DE « L'ART DÉCORATIF »
Revue de l'Art ancien et de la Vie artistique moderne
4, RUE LE GOFF, 4

1912

PREMIÈRE PARTIE

L'ENQUÊTE

Historique de notre décadence des Arts

Conscients de l'anarchie esthétique contemporaine, et soucieux de régénérescence, il nous importe de rechercher les causes lointaines qui ont déterminé l'impéritie du Beau.

Les classiques ou les indépendants, les disciples du grand art ou de l'art décoratif, de l'art pur ou de l'art usuel, les rétrogrades et les néo-styles... autant de concurrents divisés par autant de spécialisations et de techniques. Instruits par un Enseignement néfaste, repoussés par une Industrie avare, grugés par un Commerce impudent, égarés par une critique ignare et des amateurs égoïstes... artistes ou artisans, maîtres ou besogneux, pontifes ou révoltés se débattent dans une centralisation aveugle. Pourtant, tous se réclament d'une liberté individuelle où s'exalte leur virtuosité éparse et multiforme, où s'atrophie leur conception des grands ensembles d'art. Et tous viennent grossir cette centralisation dont la base se pourrit dans la crise des apprentissages, dans le marasme des métiers et dont la tête, près des situations officielles, se congestionne de gloire indue.

D'où vient cet individualisme ? Comment relève-t-il de notre histoire sociale et politique ? Où va sa chaotique surproduction ? Naît-il du Romantisme dont tout le mouvement proclame la liberté en art ? N'est-ce pas plutôt la Révolution qui le déchaîne en garantissant l'émancipation privée de tous, en officialisant l'art monarchique, en dissolvant les corporations ? Cet art monarchique lui-même, basé sur la prédominance des données classiques à l'exclusion de la tradition gothique, ne porte-t-il pas en son arbitraire les futures dissociations ?

Après tant d'inductions il nous faut reconnaître encore l'apparition du classicisme et retrouver la base de notre art national — et la Renaissance s'impose comme le départ d'une enquête sur notre décadence des arts plastiques.

Mais, avant de suivre pas à pas notre histoire depuis cette époque, ne convient-il pas d'esquisser à grands traits le rôle antérieur des arts, pour mieux reconnaître leur primitive cohésion avec la Science et la Religion qui, séparées au XVIe siècle en leur principe, laissent les arts sans action précise, sans but grandiose.

Cet abandon des arts par une Science impatiente de nouvelles découvertes et par une Religion cristallisée dans le dogme, cet abandon accepté par les arts qui croient se sauver d'une double et dure tutelle, devient à nos yeux la cause ultime qui doit les livrer à toutes les vicissitudes.

Et plus nous remontons l'histoire humaine, jusqu'à en toucher les origines, et plus nous saisissons les causes de notre décadence, de toutes nos décadences... mais aussi, plus nous comprenons la mission qui est dévolue aux arts et plus il nous est permis d'organiser la régénérescence de cette mission et de lui prédire l'avenir le plus merveilleux.

CHAPITRE PREMIER

De la Mission des Arts.

I. Sur l'origine des arts. — Leur mission est de rechercher et de magnifier les Rythmes, pour que les Rythmes, témoins d'un ORDRE immanent, concourent à déterminer les LOIS esthétiques, morales et sociales.

II. La Renaissance, qui sépare les arts de la Science et de l'esprit religieux — confondant cet esprit avec l'Eglise — condamne cette mission : Ni idéalistes, ni savants, devant quelles entreprises les arts ne vont-ils pas se trouver ?

I

Plusieurs thèses sont présentées sur l'origine des arts. Les uns font cette origine domestique : (l'homme assemble quelques pierres, quelques branchages pour s'abriter, il modèle des récipients d'argile pour conserver les graines alimentaires) ; d'autres expliquent la naissance des arts par les nécessités guerrières : (l'homme polit le silex de sa flèche pour mieux tuer son adversaire, il se barbouille de terres d'ocre pour lui faire peur) ; d'autres encore soutiennent que les arts débutent en manière de jeu ou qu'ils sont suscités par l'amour : (l'homme s'amuse à sculpter des animaux sur les murs de sa caverne, il fait des colliers de coquillages pour parer la femme, celle-ci danse pour le captiver). Enfin il en est qui rattachent l'origine des arts au mystère de la mort.

Ces thèses sont pleines d'intérêt. Les naturalistes-physiologues vont plus loin encore en étudiant les mœurs des animaux industrieux : (travaux des castors, nids des oiseaux, ruches, fourmilières, terriers, etc.) ; des animaux au combat : (arsenal des suçoirs, des carapaces, des pinces, des griffes ; ingéniosité des aides que se procurent les bêtes, des pièges qu'elles se tendent, des moyens défensifs qu'elles emploient, tel celui qui permet à certaines d'entre elles de changer de couleur selon la nature du sol, etc.) ; et de nombre d'animaux à l'époque des relations sexuelles : (belle fourrure, brillant plumage des mâles, chants plus mélodieux des oiseaux à cette époque, etc.).

Origines domestiques, origines guerrières, origines récréatives ou procréatrices, origines funéraires et jusqu'aux origines zoobiologiques apportent tant d'arguments les unes comme les autres, qu'on se demande comment des historiens des arts ont pu se contenter seulement de l'une d'entre elles pour en faire sortir toutes les merveilles que comporte l'œuvre des civilisations.

Pourtant, et devant l'évocation de ces merveilles, additionner tous les arguments des dites origines ne doit pas satisfaire encore à une enquête profonde de nos affinités artistiques.

Comment croire que les Temples, les Cathédrales, les Palais, leurs richesses et leurs trésors ne soient que les aboutissements d'un transformisme des instincts d'art ? Comment croire que les arts soient simplement les produits d'une sélection naturelle du goût ? Comment croire qu'ils se soient développés de l'instinct des bêtes à l'instinct de l'homme sans qu'il y ait eu un fait décisif à un endroit de l'évolution des êtres, non un fait surnaturel, mais un fait prodigieusement humain ?

Depuis que nous ne croyons plus aux vieux symbolismes religieux de la naissance de l'homme, depuis que nous reculons les premiers pas de l'humanité antérieurement à l'âge quaternaire même, c'est-à-dire à plus de cent mille ans, nous ne cherchons pas moins une démarcation entre l'animal et l'homme, nous ne cherchons pas moins un *fait* qui fît de l'animal un homme, mais un fait qui n'attaque pas nos convictions nouvelles sur la filiation des espèces et qui magnifie au contraire ces fécondes doctrines.

Ce fait prend une place de plus en plus grande dans la recherche de nos antériorités. Toutes les religions y retournent, toute la Science s'y rattache, tout le Progrès en découle.

...Et nous apprenons que l'homme est né au moment où l'anthropoïde parvint à allumer le feu entre deux cailloux durs.

La Science jaillit de l'étincelle !

Frappé d'une commotion, l'audacieux recula. Il

avait créé la Science — la Science le faisait homme !

Cet homme est l'Ancêtre. Le feu qu'il commandait désormais devait asservir les autres éléments, car le feu seul pouvait façonner l'outillage du Progrès : Feu qui éclaire ! feu qui chauffe ! feu qui forge ! feu qui fond ! feu qui fait la vapeur ! feu invisible des fils électriques, des ondes magnétiques ! feu qui détone dans les moteurs modernes et soulève les machines de l'air ! feu des transmutations, des radiations ! et feu synthèse, le radium ! et futur feu des feux, essence d'étincelle qui doit renfermer un jour la somme des brasiers qu'attisèrent tous les peuples !...

Et le feu de l'homme fut adoré aussitôt parce qu'il éclaira de sa fulguration tant de conquêtes à venir ; et il fut redoutable parce qu'il réclamait le labeur acharné des générations et le sacrifice de ses exaltateurs. Et l'Ancêtre se prosterna.

La Religion était née avec la Science !

Toutes les religions devaient se transmettre le feu sacré. Toutes les religions comprirent que le sacrifice devait entretenir le feu : feu des sabéismes barbares, feu des brahmanes, feu des vestales, feu aux lampes des mosquées et aux lampes chrétiennes... La célébration des holocaustes fanatiques, les immolations tortionnaires furent les symboles sauvages des nécessités douloureuses, les exemples grossiers des fatalités dramatiques auxquelles devaient s'exposer les hommes de progrès. Les premiers sacrifices jetaient aux foyers rituels des vigueurs adolescentes, inféconde, comme pour calmer le feu que l'orgueil humain avait allumé et qui s'était montré l'insatiable dévorateur des énergies créatrices... celui qui aux mines d'extraction, à l'usine, aux champs d'exploitations et d'expériences, devait asphyxier les mineurs, brûler les chauffeurs, les mécaniciens, foudroyer les électriciens, celui qui par ses mystérieux rayons X devait aveugler les savants, les gangrener d'un mal inconnu...

De siècles en siècles, les symboles religieux se spiritualisèrent. De siècles en siècles, l'Industrie humaine s'agrandit. Le feu des sanctuaires, peu à peu, ne s'entoura plus que de l'offrande généreuse des chastetés, des mortifications, il chercha à éclairer les consciences pendant que les industrieux le travaillèrent dans les fonderies, les forges, dans les laboratoires, afin d'activer la découverte de ce principe igné, à jamais inconsumptible, levier des inerties et panacée des maux.

Le feu fut bien le même à l'Usine et au Temple.

Dès le geste de l'Ancêtre, le Travail qui jusqu'alors avait suffi à la satisfaction d'instincts incultes, prit une tout autre signification. Travailler, même obscurément, ce fut coopérer à une œuvre immense. Et devant cette œuvre, le travail eut besoin d'expressions, de linéaments, de chiffres, de lettres, d'embryonnaires géométries, de primitifs équilibres, signes graphiques ou rythmiques qui répondaient aux notions de Temps et d'Espace qui s'ouvraient.

On ne va plus bâtir, on ne va plus guerroyer, on ne va plus se vêtir, on ne va plus danser, on ne va plus ensevelir n'importe comment. Représentatifs vont être les actes et les gestes. Emblématiques vont être les allégresses ; votives les tristesses. Décoratif va devenir le Travail.

L'Art était né entre la Science et la Religion !

... L'Ancêtre alla chercher ceux qui construisaient avec des pierres et ceux qui guerroyaient et ceux qui jouaient à sculpter et à danser, et aussi ceux que tourmentait l'au delà.

Les premiers vinrent disposer autour du précieux foyer quelques pierres plates ; ils y procédèrent dans un certain ordre qui préserva la flamme et la déifia, et ce fut là l'initiale architecture. (Qu'aurait valu l'architecture des habitations, s'il n'y avait eu l'architecture du Temple ? — Eternel échafaudage de huttes !)

Puis les guerriers vinrent garder le feu piédestalisé. (Qu'auraient valu les groupements humains, s'ils ne s'étaient pas noués près d'un foyer symbolique ? — Ils auraient toujours été brefs comme l'association de plusieurs sauvages à la chasse d'un buffle !)

Puis les graveurs tracèrent des dessins sur les pierres du foyer. Puis les danseurs imitant le jeu des flammes, bondirent frénétiques. Et les musiciens groupèrent leurs cris et pincèrent ensemble des cordes aux creux de carapaces. (Qu'auraient valu les dessins gravés sur les murs de la caverne, s'ils n'avaient été croquis d'étude pour les hiéroglyphes qui orneraient le Temple ? -- Simples tracés anecdotiques !) (Qu'auraient valu les temps et les mesures des cadences de gestes et de sons, sans l'appropriation que réclamait l'autel du feu ? — Des bondissements individuels, de frustes mélopées !) Et le costume fut. (Qu'aurait valu le costume des femmes, s'il n'y avait eu le costume des prêtres, des mages ? — Il n'eut jamais attifé que la décence ou la vulgaire coquetterie !) Et la parure se serait contentée des colliers de coquillages si elle n'avait serti les mystérieux pouvoirs des amulettes... Et la mort, par le feu fut purifiée, soit que la flamme dévora le corps, soit que la lampe éclaira l'hypogée.

... Près du foyer-lumière, le sublime s'ouvrait. Tout travail devenait un art, toute attitude, une vertu. Ce qui était abri devenait édifice ; le guerroyeur devenait chevalier ; ce qui était amusement devenait ferveur : le passe-temps se transformait en apostolat et le trépas s'entourait de piété. De ce jour la Beauté était entrée en communion avec les hommes.

Et l'origine des arts n'est ni domestique, ni guerrière, ni récréative, ni procréatrice, ni funéraire ; elle n'est ni utilitaire, ni idéaliste — elle est tout cela parce qu'elle est l'origine même de l'Humanité, parce qu'elle est toute l'Origine.

Entre la Science et la Religion, les arts revêtent une fonction éducatrice et lyrique — sacrée en un mot.

Oui, la naissance de l'humanité a vibré autrement

que pour des satisfactions immédiates, égoïstes. Oui, la genèse des civilisations est sensible et merveilleuse et le progrès du Savoir, le Progrès enfin, s'est levé d'un Désir immense qui le contenait tout entier!

Comment pourrait-on expliquer le pourquoi de ce martyrologe qui depuis tant de siècles devance la marche des sociétés, de ce martyrologe qui enrôle précurseurs, pionniers, inventeurs, conquérants épiques et apôtres farouches, tous voués aux sacrifices, si une telle lignée ne sortait pas d'une race héroïque, si elle ne ressassait pas cet Espoir fou qui étreignit l'Ancêtre devant son œuvre de feu — cet Espoir fou d'asservir la Nature, de conquérir le Monde!

Certes, on comprend que nos arts actuels n'osent plus revendiquer une origine qui est l'origine même du Progrès. Mais ce qui nous rassure pour notre thèse, c'est le témoignage des arts aux belles époques, qui égyptiens, assyriens, indous, grecs et gothiques, furent de grands arts parce qu'ils prétendirent justement se relier à un passé prodigieux, qu'ils cherchèrent à l'expliquer et à le relier à l'Avenir.

Oui, les belles époques suffisent à expliquer que les arts ont une mission qui nous échappe totalement aujourd'hui. Et pourtant, ces belles époques ne représentent que les premiers pas de cette mission, de cette mission qui, outillée par les forces de Science, exaltée par les puissances de Rêve et dont l'ardeur brûle du feu-travail et du feu-d'inspiration, doit rechercher, coordonner, magnifier les Rythmes épars dans la Nature, dans l'Infini, afin que ces Rythmes, témoins d'un ORDRE immanent, concourent à déterminer les LOIS esthétiques, morales et sociales — la LOI humaine enfin !

L'Egypte est la civilisation qui unifia le plus ces lois. Chez elle, l'élite initiée était à la fois savante, mystique et dirigeante — le Tribunal était près de l'autel de Science et de Foi. Et il était juste de voir les arts assemblés autour de cet autel, puisqu'à ordonner les choses, les arts pouvaient ordonner les êtres et puisque les lois juridiques s'apparentent aux lois d'esthétique et qu'elles se rejoignent dans le principe supérieur de l'Harmonie.

Oh ! ce n'est pas que l'autel-tribunal égyptien, pas plus que ceux que l'on retrouve en d'autres civilisations et jusque chez les Romains et même au moyen âge, fut un centre d'équité. Mais il ne faut pas s'en prendre à sa forme. Envahi à toute époque par des prétendants, qui se l'adjugèrent par force ou par ruse, il eut encore maints desservants qui trafiquèrent de leur situation. Les uns comme les autres, au lieu de confronter et de modifier les lois de leurs sujets, de leurs fidèles, devant les lois harmoniques des arts, employèrent ces lois harmoniques, employèrent les arts à soutenir, à asseoir leur dictature, leur prestige.

Pourtant, les arts accaparés ainsi par les dirigeants gardent encore les plus hautes attributions, puisque le Chef du pouvoir, en incarnant la dignité sacerdotale ou seulement en s'en entourant, cherche à personnifier, arbitrairement ou non, l'ORDRE des choses, et que les arts au service de ce Chef ne perdent pas complètement leur mission.

Car, ne nous y trompons pas, si les plus barbares parmi les Chefs de peuples s'approprièrent les objets d'art, les éléments de style et jusqu'aux artisans de leurs vaincus, ce fut bien moins pour la valeur marchande des arts produits, bien moins pour l'accumulation des richesses — que pour le sens mythique attaché à chaque œuvre, et pour ce que ce sens comportait de subjugation des foules.

L'art devint vite ainsi une fonction d'Etat, dont on se servit pour faire des foules asservies, conduites, exaltées, en douleur ou en joie, suivant les formules d'une esthétique consacrée.

C'est pourquoi les arts jouent dans l'histoire politique un rôle si important, mais on ne comprend pas que certains révolutionnaires d'aujourd'hui n'aient vu en eux que les porte-étendards des privilèges honnis et qu'ils les bannissent de leur société idéale sous prétexte qu'ils sont méprisables pour la tromperie de leurs artifices et seulement aptes à assurer la suprématie des potentats.

Eh! malgré tout, l'humanité ne doit-elle pas ses meilleurs moments à la mission des arts? Combien d'heures harmonieuses sonnèrent déjà pour des peuples réunis par des esthétiques profanes ou religieuses et comme il faut comprendre et excuser les apôtres qui rêvèrent d'étendre au Monde l'harmonie qui les satisfaisait. Leur erreur fut à toute époque de dogmatiser une Foi qui n'assemblait que des rudiments de science et reniait pour toujours la marche des esprits. Pour aborder ce beau rêve on devait attendre le jour où, devant une conception éclairée de l'Univers, se dresserait enfin le plan d'investigation économique de notre globe entier.

II

On a prétendu que ce jour s'était levé à la Renaissance.

On nous a trompé. La Renaissance est au contraire le départ de notre décadence, de toutes nos décadences, parce qu'elle a méconnu la mission scientifico-idéaliste des arts, mission qui cependant au cours du Moyen âge venait d'atteindre à une tâche magnifique en enrichissant la Science par la Religion, la Religion par la Science, totalisant les inspirations et les volontés.

On a ergoté sur la grandeur du Moyen âge et la plus grossière injure qu'on a pu lui porter, fut d'affirmer qu'il n'avait pas été une époque de science.

Ceux qui vraiment sont dégagés de toute église, comme de tout matérialisme étroit, sont à leur aise pour rétorquer de pareilles sottises.

Croit-on que les cathédrales se soient construites seulement avec des prières ? Ne sait-on pas que la science du constructeur est la première des sciences, faite elle-même des autres sciences : science des calculs, des géométries, de la résistance des corps, de la statique, de l'extraction et du transport des matériaux, de tout enfin. Une cathédrale ne résout-elle pas un monde de problèmes? Voyez les plus beaux de ces monuments grandir lentement au cours des siècles, entourés d'un peuple de zélateurs et de savants. Cinq, dix, jusqu'à vingt générations s'y succèdent, et on ne sait dire, quand chacune de ces générations reprend l'œuvre, si elle exalte sa ferveur dans l'ingéniosité attestée, plus qu'elle ne développe son ingéniosité dans la ferveur léguée. La foi et les treuils soulèvent les pierres...

Tout le Moyen âge est là, et la Renaissance n'est pas le réveil d'un mauvais rêve, c'est le réveil d'un trop beau rêve.

L'époque médiévale, en effet, consomme plus qu'à aucune autre civilisation les bienfaits des influences réciproques exercées par les arts entre la Science et la Religion. Mais, et devant tant de résultats géniaux, il se produit une fièvre; un orgueil surpasse les énergies, N'est-on pas proche de la définitive conquête? N'y a-t-il pas assez de siècles qu'on travaille depuis le jour où l'Ancêtre fit jaillir l'étincelle? Ah! couronner l'œuvre des civilisations, aboutir enfin à faire fusionner toutes les flammes des idées, toutes les chaleurs des passions et tous les feux des forces! et que cette fusion participe de l'Harmonie universelle!...

Et le Moyen-âge oublie que chaque civilisation a prétendu aussi à la définitive conquête, que chaque civilisation a sombré dans sa décadence parce qu'elle a eu cette prétention anticipée. Le Moyen-âge ne voit pas qu'il n'est qu'un très beau passage de la mission des arts, il croit toucher le terme de cette mission. Le doute vient-il ?... Les énergies acquises n'ont plus le temps de se reprendre ; ce n'est pas à une fusion qu'elles se précipitent, c'est à un bloc inorganique : art, science, religion, meurent dans un embrassement forcé — le XVIe siècle se releva d'un sublime avortement !

La Renaissance n'exprime donc une renaissance que parce qu'elle rétablit le cours des civilisations. Mais elle est le départ de notre décadence, parce que redoutant de perpétuer les crises où s'est perdue chaque civilisation, crises dont la dernière pèse encore si lourdement sur les esprits, elle se persuade que pour en éviter le retour, il est nécessaire dorénavant de séparer la Science de la Religion, c'est-à-dire les forces de réalisation des forces d'idéalisme.

La Renaissance — dont nous suivrons l'histoire plus en détail au chapitre suivant — venait de prononcer là le divorce d'une union séculaire et millénaire, d'une union de toujours. Les arts étaient perdus.

La Renaissance devait refondre le bloc, elle le coupa en trois. Il y eut l'*Idéalisme autonome*, la *Science autonome*, les *Arts autonomes* et chacune des trois autonomies s'ouvrit à toutes les fragmentations, et toutes les fragmentations s'ouvrirent à l'individualisme,

L'Idéalisme autonome se réfugia dans l'Eglise qu'il divisa dans le protestantisme, qui lui-même eut plusieurs schismes. L'Idéalisme, d'autre part, donna le Civisme, le Patriotisme. Enfin le dilettantisme ramena de nos jours, de vieux autels, de vieilles pratiques, et des superstitions qu'on croyait enterrées voisinèrent avec des suggestions nouvelles; des magies malpropres célébrèrent des messes noires ou roses. L'alcoolisme des prolétaires, l'opium, le hachisch des délicats, ouvrirent des paradis louches et neurasthéniques. Les consciences s'émiettèrent dans les innombrables petites chapelles du moi-idole.

La Science autonome cloisonna le Savoir humain par autant de services indépendants, dont les démarcations arbitraires et rigides laissèrent dehors se grossir la foule famélique des inventeurs. Ce cloisonnement livra la science en détail à l'Industrie, à toutes les industries, vendit la science au Commerce, à tous les commerces.

Les Arts autonomes se divisèrent aussitôt en deux arts antagonistes : l'art décoratif et l'art pur. Le premier ne vécut dès lors que de la compilation plus ou moins heureuse des styles du passé. Le second commit les écoles les plus diverses, les tendances les plus capricieuses, les manières les plus indépendantes. Arts décoratifs et arts purs furent au surplus assaillis par une clientèle sans scrupule qui les livra à tous les désordres, à tous les agios.

Malgré tout, par l'individualisme, la Renaissance

ne prétend-elle pas avoir développé le Progrès comme jamais auparavant ?... Ce progrès nous donne en effet dans l'Idéalisme des vertus civiques, des consciences individuelles très hautes et très droites. Ce progrès nous montre dans le domaine de la science, des découvertes prodigieuses. Ce progrès nous expose dans les arts et les lettres, des virtuosités, des délicatesses, des palettes et des psychologies extrêmement raffinées.

Pourtant, à l'heure où nous sommes, le résultat des autonomies et des fragmentations est désastreux pour la société : Jamais l'immoralité n'a plus sinistrement gangrené les masses ; jamais le travail n'a si péniblement esclavagé le peuple ; jamais la laideur et la tristesse n'ont fait une atmosphère plus lourde !

Les quelques vertus, les quelques découvertes, les quelques fleurs extraordinaires que le progrès nous donne ne sont même pas les produits de l'individualisme. C'est d'au-dessus des petits protectionnismes de l'intellect qu'elles proviennent et parce que, pour leur élaboration, elles ont réformé tant bien que mal l'unité du travail humain. Mais n'ayant pas conçu une même unité, elles se retrouvent sur des cimes adverses du progrès et neutralisent leur rayonnement.

Et vis-à-vis des masses, vis-à-vis de la civilisation, le progrès moderne concourt à une tromperie du bien-être, à une illusoire prospérité. Il est accaparé, pressuré pour des développements anormaux et non pour l'amélioration de l'espèce et de la société.

Son Idéalisme est exploité par des évangélistes fonctionnaires, des moralisateurs à gages, des diplomates et des imposteurs. Il produit des consciences ossifiées ou éperdues et malades. Il oppose les meilleurs dévouements, il vit de leurs discordes, il se baigne dans les massacres auxquels ils se livrent.

La Science traquée pour des rendements égoïstes et criminels doit produire sans mesure avec un machinisme torturé par les exploitants avides, avec une main-d'œuvre embrigadée dans les chiourmes manufacturières.

Enfin son art, entre un Idéalisme d'église ou de charlatans, et une Science prostituée dans les affaires, n'est plus ni lyrique ni savant et se laisse disséquer dans les ateliers de maîtres prétentieux ou de manœuvres cyniques — lui qui fut « l'historien véridique de la vie des peuples et des hommes ! »

Depuis la Renaissance, le Progrès n'a pu reformer son unité d'action. Aussi a-t-il vécu dans un désordre constant qu'un optimisme officiel n'arrive plus à cacher derrière la multiplicité des monuments glorificateurs et sous les grandes phrases pompeuses des inaugurations.

La Renaissance, en séparant les principes d'action des principes de rêve, n'a plus permis aux arts de présider aux questions vitales de l'embellissement des êtres et des choses. Elle a ouvert une révolution dont on suit en France les principaux stades sanglants de 89, de 48, de 71 et dont nous attendons la dernière et inévitable convulsion.

CHAPITRE II

La Renaissance et la Monarchie.

I. Ingérence du classique gréco-romain en art, en littérature, en droit. — Abandon du merveilleux folklore national.
II. La monarchie ruine définitivement la tradition gothique en élevant au classicisme les Académies. — Centralisation des arts au pouvoir royal : appauvrissement des arts régionaux.

I

L'art français dont le règne prédomine pendant les cinq grands siècles de la collectivité chrétienne, reçoit à la Renaissance une transfusion du « classique ».

Il faut voir là, croit-on, « un retour à la vraie tradition de l'humanité ». Cela peut se prétendre, si l'on songe que cet art si français du moyen-âge procède du « roman » et par là, de l'Antique. Mais l'humanité a un âge d'or plus lointain qu'Athènes, Byzance ou Rome : C'est l'Inde tout entière, avec l'art le plus prodigieux qui existe. Perplexes, faut-il admettre que « nous avons été et resterons tributaires de l'Antique comme d'un voisinage stupéfiant »...

Cette dernière assertion, formulée par la caducité

académique, oublie d'un seul coup, tout l'art médiéval et la haute valeur ethnique qu'il représente. Qu'importe si cet art, au XVIe siècle, retourne à la mère nourricière, c'est qu'il a senti que la force acquise de ses facultés le poussait au dérèglement ; l'Italie lui offre en sauvegarde une élégante transposition de l'Antique : des colonnades, de l'air, des jardins — il l'adopte et s'en rajeunit.

Il s'en rajeunit, mais dans quelles conditions et par quel sortilège advient-il que l'Antique doit absorber le moyen-âge, alors que le moyen-âge l'a merveilleusement surpassé ? Par quelle pénurie le nouvel emprunt doit-il devenir un fonds inaliénable ?

Voici ce qu'on explique : Les artistes italiens venaient en France, accrédités surtout par les seigneurs et les monarques. Il en résulte pour eux un état d'esprit de privilégiés. C'est une faction qui, à ne point s'embrigader dans nos corporations, s'assimile mal notre génie propre. Tout le XVIe siècle resplendit d'ingénieuses adaptations, soit, mais on sent que les données artistiques restent étrangères en principe et se refusent à « cette aisance d'un art qui vit dans une société qu'il connaît ».

Sans ajouter ici aux polémiques qui se sont appesanties sur ce qu'il y avait d'incompatible ou d'opportun à ce que le paganisme se mariât au christianisme et la philosophie de Platon aux scolastiques, il est à retenir ceci : l'humanisme nouveau aide à l'éveil de la vie civile, mais cela lui fait préférer le pouvoir du monarque à la collectivité chrétienne et il ira jusqu'à s'appuyer sur la Réforme dans un but combatif. A la cathédrale, qui est la *maison du peuple* d'alors, il adjoint l'hôtel de ville, mais surtout le palais fastueux du seigneur ; aux travailleurs de nos arts, il impose les confrères latins, au lieu de les leur adjoindre.

Ainsi, la Renaissance française, loin de rechercher à ressaisir les corporations émancipées, les jugule, irritées et rétives, sous l'ingérence des artistes étrangers.

Etait-ce par une telle contrainte qu'il fallait les ramener et les garder « des aberrations et des tours de force du xve » ?...

Tant que la tradition médiévale est encore proche, elle triomphe souvent du désaccord, mais à mesure qu'on avance vers le xviie siècle, ses représentants (les corporations et les maîtrises) perdent pied devant le classicisme grandissant.

De ce jour *les artistes s'opposent aux artisans*. Notre domaine des arts se morcelle. Le mécénisme s'inaugure, ramenant le Beau et sa fonction sociale au jeu d'un agrément. C'est la naissance d'un art parcellaire, art qui doit subvenir à la vanité seigneuriale et royale, par sa qualité de superfétation, art que déjà on entasse en des galeries... berceaux de nos musées modernes.

Plus on étudie cette époque, moins on arrive à tirer, des premiers et légitimes succès de la Renaissance, la conclusion que cette efflorescence doive nous conduire à l'emprise absolue et définitive de l'Antique.

Le mouvement littéraire l'expose au surplus. S'ingéniant d'abord à clarifier et à enrichir notre vieux français, la Pléiade, par outrance juvénile cherche bientôt à le transformer en une langue classique... et plus grecque que latine. L'Université d'alors reçoit à Paris, avec enthousiasme, les professeurs venant d'Italie enseigner les préceptes de la poétique et de la rhétorique. La pression est si forte qu'un peu plus tard, aux Jeux Floraux de Toulouse, le *français* sera seul admis et non plus la langue d'oc. Les arts dramatiques qui étaient étudiés et représentés par des confréries d'étudiants ou d'artisans et qui en se perfectionnant dans les « moralités », les « mystères » et les « miracles » auraient pu produire la tragédie ; qui contenaient en germe la comédie dans les « farces » et les » soties », étaient étouffés et avec eux sombrait la plus magnifique expression d'un théâtre national, offrant à la multitude l'enseignement et la joie.

La Science est aussi mal partagée, elle reçoit une terminologie qui, prise aux sources de l'Antiquité, doit contribuer pour beaucoup à la séparer des foules, de leur collaboration, comme du contrôle de leur productivité. A nouveau, le portique est dressé : « Nul n'entre ici s'il n'est géomètre » et les foules s'éloignent !... Et quand de nos jours, sous la poussée démocratique, la Science ouvrira au peuple les portes de ses Muséums, celui-ci sentira la lamentable ironie de ce beau geste, en butant son front aux grimoires des étiquettes.

... C'est pourquoi on désirerait un mouvement littéraire plus clairvoyant, c'est-à-dire savant des Lettres nouvelles, mais amant aussi des légendes locales ; érudit d'Antique, mais érudit surtout du folklore national ; l'esprit à Rome et à Athènes peut-être, mais tout l'attrait pour la terre natale et pour sa belle nature et son entière beauté ! Alors qu'on attendrait la sublime cohésion d'une telle plénitude de force, on ne trouve qu'un assujettissement laborieux du Passé.

En Droit, le même phénomène se produit. Son hérédité romaine, comme en art, s'était acclimatée depuis les Césars et avait formé la double jurisprudence du Droit canonique et du Droit féodal. Une telle justice avait été bien élémentaire, et si on la compare à l'harmonie plastique qui se dégage des arts de cette époque, on se rend compte une fois de plus, combien chez l'homme, la sensation précède la réflexion, combien le Beau se définit en son esprit avant le Bien et le Vrai, et en conséquence jusqu'à quel point la plus haute révélation artistique peut voisiner dans un cerveau, avec la plus fruste conception de l'Equité.

Si les deux Droits du moyen-âge avaient fonctionné de concert, au lieu de multiplier à plaisir les procédures, et s'ils n'avaient pas été pourris de vénalité, on doit reconnaître qu'ils figuraient en principe une constitution de la Justice assez bien ordonnée : Le parti religieux produisant la Morale et le parti civil la codifiant par la Loi, appliquant la pénalité.

Lorsque la Renaissance va procéder à l'unification des « Justices » sous le pouvoir royal, lorsqu'elle va éclairer les esprits sur ce que l'Église a d'impropre à représenter la Morale, il ne devrait pas s'ensuivre que la Morale fut confinée dans les prétoires. Ici donc, comme en art, la Renaissance a une première action profitable, mais comme en art encore elle abandonne l'esprit avec la lettre, car si l'Église soutenait les mœurs par l'épouvantail des châtiments éternels, le Droit civil ne réglementait pas mieux les vertus sociales en plaçant la pénalité à la base de la conscience humaine.

La monarchie va puiser dans ce Droit toute sa force abusive.

... Le peuple ne s'y trompa point. Le mouvement humaniste ne l'enthousiasma nullement, ni en art, ni en littérature, ni en justice. Il sentait que tout cela se combinait sans lui, loin de lui. Certes, le moyen-âge ne l'avait guère instruit des choses de la science, mais ceux qui s'étaient donné la direction de sa mentalité, s'étaient-ils au moins préoccupés — intéressés ou non — de sa vie privée, recherchant et définissant les liens qui devaient rattacher les individus à un même idéal et à cette « unité de civilisation que la communauté des croyances religieuses avait su réaliser dans l'Europe au moyen-âge. »

Et si l'on songe que cette communion des sentiments se célébrait en de belles solennités et en des lieux de rendez-vous qui sont les cathédrales ! ..

. . . .

Les rénovateurs de la Renaissance, loin de se préoccuper des existences obscures des foules, de leurs aspirations ou de leurs besoins, de leurs misères et de leurs joies, cherchent avant tout à satisfaire une érudition personnelle. Ils sont l'élite, l'orgueilleuse, pédante et aristocratique élite. Sans doute, ils s'érigent hors des préjugés, sans doute ils guerroient contre les routines, mais sans s'inquiéter de qui les suit ou peut les suivre. Et travaillant sans contact avec le peuple, ils ne se doutent pas que ce sont, comme toujours les moins sincères, les moins fraternels qui les escortent, que ce sont les aventuriers avertis, bourgeois de demain, qui sont déjà, non pas les intermédiaires du peuple à l'élite, mais la barrière parquant plus étroitement la masse !

Ainsi, l'humanisme nouveau n'était pas transplanté au sein de nos mœurs et de notre vie même ; on le gardait en serre chaude que devait couronner bientôt la coupole des Instituts. Pourtant, c'est à même notre terroir que la transplantation eût dû être faite. C'est là que sa vitalité devait s'éprouver, car c'est là qu'elle pouvait légitimer son accroissement, s'enfonçant dans les profondeurs de notre vieux sol gaulois, puisant au for de notre sang et à la somme de notre Science, et ramenant une sève qui produise la plus haute floraison — la véritable efflorescence !

Lorqu'on approche du XVIIe siècle, on sent que l'irrémédiable s'est produit. La Renaissance a magnétisé le courant intellectuel du pays, mais elle a brisé le cadre du collectivisme chrétien ; elle a dissipé l'habitude, ou mieux, la discipline par laquelle l'Eglise avait régenté les masses. Châtier le but de cette discipline, et ceux qui la commandent. Châtier le dogme abrutissant et réduire ses prêtres, mais garder précieusement, passionnément l'esprit de cette discipline, cet esprit religieux en ce qu'il veut dire *relier*, et conduit à l'unité de tendance d'un peuple et à la félicité de son action commune.

La Renaissance ébranla l'union subconsciente de nos aïeux en détruisant les données abstraites de cette union. Elle aurait dû profiter avec un soin jaloux des relations établies entre les esprits ; elle aurait dû en faire fructifier l'apport et en agrandir le cadre par rayonnement, en plaçant plus loin le Dieu irréductible, en l'éloignant de notre vie intime, en le haussant d'espaces en espaces jusqu'aux confins du cosmos, afin que, de la communion des cœurs en cet Infini, descende la communion des esprits en l'Humanité !

La Réforme aurait voulu s'inscrire en un tel cadre. Mais elle fut accaparée par l'aristocratie du pays qui, « bien loin de songer à rétablir l'égalité chrétienne, à abdiquer ses prétentions, ses droits sur les classes inférieures, cherchait plutôt la confirmation de son autorité et de ses privilèges », satisfaisait ses ressentiments contre un clergé trop puissant et pensait différencier sa foi de celle du peuple. Pour des raisons plus générales, il ne pouvait être donné au protestantisme de refaire LA RELIGION. Non seulement il s'entachait des mêmes bases surnaturelles du catholicisme, mais, à réprouver les mœurs dissolues des gens d'église, il sacrifiait la somptuosité du rite, qu'il croyait corruptrice, et l'art était proscrit du nouveau temple, alors que déjà, il était frappé par ces rivalités, rebuté par la violence des querelles sanglantes. La symbolique se séchait sur des banderoles aux inscriptions bibliques. C'était une religion des hautes classes ; le peuple n'avait ni à la comprendre ni à l'aimer — il était abandonné ou on l'enrôlait (camisards des Cévennes).

Et voici que la Renaissance, en apportant la division et la haine religieuse, ne produisait pas seulement le protestantisme. Elle donnait à toute une race un gage de délivrance : à la faveur des dissensions dogmatiques, la race juive se relevait de plusieurs siècles d'opprobre. Déjà maîtresse du numéraire, qu'elle avait su s'octroyer du fond de ses ghettos, malgré tant de lapidations et de bannissements, elle allait pénétrer peu à peu la société, de son activité dévorante. Recherchant des appuis, elle n'allait pas craindre de pactiser avec les sociétés maçonniques que l'amoindrissement des corporations du bâtiment avait désorganisées, mais qui étaient fortes encore de leurs accointances internationales. Les Israélites, sans bruit, consolidèrent, mais transformèrent les loges. On les ouvrit aux politiciens et aux financiers, tout en éconduisant les corporations qui s'y réfugiaient encore, et l'esprit maçonnique fut à ce point retourné qu'un franc-maçon d'aujourd'hui est fort étonné lorsqu'on lui démontre que ses « frères » du passé construisirent avec tant d'amour et de science, la Cathédrale dont il veut faire une gare de métro !

Les Juifs, à la mentalité hypertrophiée par le négoce, devaient être les plus fougueux champions de l'individualisme sous toutes ses formes. Derrière les encyclopédistes, ils pressentirent la Révolution, mais d'accord avec les francs-maçons, la firent sombrer dans l'Impérialisme et plus tard dans le Républicanisme.

Nous verrons la part qu'ils prennent ainsi à la décadence de nos arts.

Enfin nous verrons que si la Renaissance libère les esprits de relations idéalistes, le Capitalisme qui va naître se chargera de rétablir à son profit une « unité de sentiment » ... par la connexité mondiale des intérêts économiques !...

II

La monarchie du XVIIe et du XVIIIe siècle ne fait que développer les tares de la Renaissance.

Lorsque l'absolutisme d'un Louis XIV cherche à grouper toutes les forces vives de la nation, sa première sollicitude se complaît à régenter les arts et les artistes, pour ce que cela doit le combler, lui et sa cour, d'apport et partant d'autorité, de richesses et par suite de domination, de prestige et conséquemment de gloire.

Il ne s'agit point pour le monarque, de se livrer à une enquête sur la valeur du Domaine esthétique qu'il occupe ; d'y évaluer l'influence de la Renaissance, en consultant la sensibilité de son peuple — et de démêler les profits des mécomptes. Peu lui importe de discerner entre l'avilissement des *artisans* et la prépondérance des *artistes ;* il s'agit d'ornementer et de magnifier le chef de la nation, de rassembler à ses pieds, talents et génies, et si cette haute mobilisation appauvrit le reste du pays, c'est pour mieux lui retourner le reflet de sa splendeur... la moindre chaumière vassale devra s'en contenter !...

Tel fut, du moins, l'idéal monarchique auquel s'empressèrent d'adhérer les artistes du temps, nouveaux « valets du roi ». C'était déjà le système de la centralisation que les révolutions devaient respecter dans leur ignorance de toute esthétique.

Les arts, que la Renaissance avait fini par égarer dans les ordres classiques les plus mêlés, les plus alourdis de grossières superfétations, se relevèrent d'abord dans la main du souverain — tant il est vrai qu'une direction, même inintelligente et despotique, vaut mieux en art que l'anarchie et le « laissez-moi-faire » individualiste.

Mais à quel prix ! Si Versailles fait foi de cette affirmation et atteste du commun effort qui l'édifia, jamais le faste de son palais et de ses parcs ne rachètera l'abandon commis à l'égard des arts régionaux qui survivaient encore précieux dans les provinces.

Entièrement consacré au service royal, l'art néglige tout ce qui n'arbore perruque ou panache. Bien mieux, Louis XIV pour maintenir à sa dévotion l'élite ambitieuse, l'attribue à un service d'Etat qui prend le nom d'Académie des Beaux-Arts.

Il sera confié à cette Institution, toute prérogative au terme du goût. Il lui sera octroyé un monopole exclusif pour la fourniture des grosses commandes au chapitre de la beauté. C'est en surcroît de fortune, la considération des masses, de par leur sens confiant devoyé vers un art diplômé du gouvernement — puisque l'appétence publique, incitée pendant l'expansion ogivale, en jachère pendant la Renaissance, doit demeurer en friche désormais : l'expression du Beau se décidant loin d'elle, en haut lieu. — C'est donc le privilège qui doit ruiner tout essai de retour aux véritables antécédents ; c'est la mainmise sur le Souvenir comme sur l'Initiative.

Cette Académie, que sanctifiera plus tard la Convention de 1795, acquiert aussitôt une prééminence incontestable sur les corporations. Artistes et artisans, plus que jamais, vont tendre leurs relations..: d'un côté, une aristocratie, de l'autre, une plèbe des arts.

Une institution académique qui n'englobe pas toute la capacité des arts, devait fatalement ignorer pour elle-même toute simultanéité de tendance. Les différentes sections des Beaux-Arts n'eurent, dès leur formation, d'autre base d'entente... qu'un commun servilisme. C'est ainsi que l'architecture dégagée *administrativement* des autres arts dut conserver seule la technique de la grande décoration.

Cette technique, qui longtemps au cours des premières civilisations, avait représenté toute la Science, qui jusqu'à la Renaissance avait présidé (selon ses formules et ses lois diverses) toutes manifestations de beauté monumentales ou réduites ; cette technique enfin qui avait été tout l'art éternel et palpitant, perdait sa suprématie tant de fois séculaire parce qu'elle se confinait d'une part à l'officielle propagation du classicisme et d'autre part, s'appauvrissait devant l'inopérant traditionalisme des corporations. Et puis, que pouvait-elle devant la production grandissant depuis la Renaissance en tableaux de chevalets et en statues de socles ?

Nouveau maître des destinées du Beau, cet art parcellaire que l'Académie accueille si largement sous la dénomination de Beaux-Arts (ce qui laisse malignement supposer qu'il y ait des arts qui soient laids !) ne doute pas qu'il représente l'ART à lui seul. C'est déjà l'*art pur*, l'*art libre*, le *Grand Art* au regard, peu qualifié, d'*arts décoratifs*, d'*arts appliqués*, d'*arts industriels*. Jusqu'à nos jours, il n'y aura pas d'épithètes assez dédaigneuses pour perdre ce qui reste de la science décorative dans ces trois derniers termes.

Donc, à cette époque, l'axe même de l'art est définitivement dévoyé dans le produit parcellaire, et tout l'admirable *réalisme* de l'École Hollandaise, aussi bien que le nôtre, ne sont pas pour nous empêcher de stigmatiser un tel état de choses, ainsi que d'examiner la valeur sociale dudit produit.

Sa tare première est dans ce que son manque de destination décorative, en fait un objet commercial. Certes, des transactions s'effectuèrent dans tous les temps sur des œuvres d'art — que ce fut aux butins des lendemains de victoire ou sous les auspices des archéologues, ou par l'entremise des cadeaux, présents ou offrandes — mais ainsi, l'œuvre d'art se présentait comme arrachée, dépaysée, protestant contre l'exil où se flétrissaient ses qualités natives d'ambiance et de rayonnement. Même pour des œuvrettes telles que fétiches, amulettes, dieux lares, images et icônes de toutes sortes, dont les emplacements premiers n'étaient pas toujours bien définis, leur expatriation leur faisait perdre les attributions morales dont elles étaient investies. En somme, le trafic suivait ces objets, mais jamais ne les déterminait. Au XVIIe siècle au contraire, c'est l'action mercantile qui provoque l'œuvre et la marque d'une attribution expressément mobilière, sans attache nulle part, si ce n'est sans origine de son sujet traité ou de son signataire ; sans foyer, si ce n'est l'instable accrochement à la galerie d'exposition, ou chez le possesseur, ou à la salle de vente... et la Beauté va devenir monnaie d'échange et d'agiotage dans le moderne développement d'ostentation et de luxe.

L'architecture classique se prête d'ailleurs à ce morcellement, et il faut constater que si l'architecte avait déjà perdu le commandement des arts, les principes même de cette architecture le faisaient indulgent devant la désertion grandissante de la sculpture et de la peinture. En effet, point n'avait été de même pour l'architecture gothique qui possédait si bien sa décoration, qu'elle s'en fleurissait comme d'une nécessaire expansion. Lui arracher un motif ici ou là, c'était autant commettre une mutilation que priver ce motif d'une existence personnelle, et l'on comprend que l'artisan, habitué à *servir* le gothique, n'ait pu s'émanciper et ait goûté ses meilleures joies dans la difficile subordination à *l'ensemble*. Différemment, l'architecture classique a ses membres distincts ; on en superpose les ordres, on les assemble, et la décoration vient après en remplissage — pilastres, cimaise et corniche formant autant de cloisonnements où s'isolent les motifs peints ou sculptés. De là, l'irrespect des artistes sculpteurs et peintres pour cette architecture impuissante à fleurir sa décoration et qui en attend l'agrément comme un don du dehors. De là leur dispersion individualiste, précipitée encore, comme il est dit, par les accueils intéressés des amateurs et des marchands. De là enfin le succès de cette architecture classique qui permet si bien ce qu'on peut appeler : l'accommodement des spécialisations artistiques.

Herculanum et Pompéï qui sembleraient peut-être fournir un appui à la décoration classique, font reprouver par leur charme même, si personnel, toute compatibilité avec une civilisation plus vieille de 1.600 ans. Ces découvertes, pourtant, fortifièrent le classicisme, qui se félicita de son pouvoir comme de la valeur de ses origines. L'Antique, mis au jour si miraculeusement, rapportait, il est vrai, toute la simplicité, toute la fraîcheur de ses éléments, à une époque où sa descendance chez nous dégénérait déjà dans le clinquant des rocailles.

Mais, comme au lendemain du xve siècle, si l'Antique nous sauvegardait une fois de plus, c'était à la façon d'un corps d'armée qui vous a débarrassé d'une bande de pillards et reste après en perpétuel garnisaire !

Quelles protestations pressentirent de telles destinées ?

Aucunes. Les brillants prosateurs et poètes du grand siècle illustrèrent une société de façade dont l'architecture, dont les arts n'étaient plus qu'en façade. Il ne nous reste de toute la production de ces célèbres écrivains et dramaturges, que des grandiloquences pompeuses, des maximes égoïstes et de grands pantins sonores chaussés de cothurnes, empesés d'héroïsmes de parade, déployant des qualités surhumaines dans des cadres antiques.

Quant aux encyclopédistes qui se targuaient d'embrasser pour la première fois la somme du Savoir humain, ils restèrent aveugles devant la dilapidation du patrimoine d'art et de tout ce qu'il contenait de vertus ethniques. Eux qui devaient veiller à l'évolution du milieu et à la sauvegarde de ses richesses, encouragèrent et applaudirent l'omniscience royale. L'esprit encyclopédiste était trop une opposition à la catholicité pour ne pas adopter ces données du style classique qui représentaient pour lui, surtout un style laïque, en comparaison de l'unité gothique créée par l'Église.

Au surplus le XVIIIe siècle se contente-t-il de la plus fade esthétique qui soit. L'aristocratie éprise d'un mouvement littéraire qui chante la Nature, abrite sa mièvre sentimentalité sous des Trianons galants, des hameaux en toc, des hermitages en carton. Les nobles, singent les rustres, dans des bergeries enrubannées ; on les voit maniérer la grandeur des travaux champêtres et rabaisser la dure et saine vie rurale en jouant des pastorales égrillardes.

Le peuple doit être bien étonné qu'on trouve tant de charmes dans sa morne et pénible existence. Est-ce à la cour, maintenant, que s'est réfugié l'amusement qu'on a laissé s'éteindre dans les campagnes avec la disparition des fêtes locales ? Mais non, ce ne sont là que « mignardises culbutées bientôt par la ruée révolutionnaire » !

CHAPITRE III

La Révolution et le Romantisme.

I. La société envahie par l'individualisme. — Les arts concentrés aux Académies. — La dispersion des dernières corporations déchaîne la concurrence et livre les métiers à toutes les inaptitudes.
II. Si le Romantisme prétend se rattacher à la belle tradition, c'est surtout par attitude combative devant le classicisme. — Extension de notre art fragmentaire et de l'anarchie esthétique.

I

Dès les prémices d'affranchissement, prévalurent deux doctrines, nouvelles venues dans l'histoire des sociétés. L'une exposait la constitution économique égalitaire, à la complexe organisation de laquelle travaillèrent et travaillent encore les philosophes-démocrates qui se sont succédé jusqu'à nos modernes collectivistes; l'autre cherchait moins cette égalité, qu'un régime de liberté individuelle et s'attachait à la création d'un pouvoir qui offrit à chaque citoyen les moyens de son indépendance. La doctrine de la liberté individuelle devait tout d'abord prévaloir sur celle de la liberté sociale. Faut-il voir la primauté de celle-ci naître de l'impuissance de celle-là à coordonner son rêve d'ordre sociétaire, ou bien n'est-il pas plus simple de conclure que la conception d'une société organique répugnait à ces mêmes esprits qui venaient d'en châtier le principe corrompu dans la catholicité, et redoutaient de nouveaux errements ?...

Ce qui est certain, c'est que la doctrine individualiste rallia les majorités, par l'attrait des initiatives permises, et, devant l'accès officiellement garanti à chacun, de toutes les dominations comme de toutes les fortunes, s'allumèrent toutes les convoitises et toutes les audaces dans le jeu de la concurrence, devenue raison d'État — tant que la plus offensive s'affirmait la plus honorée, comme une haute et exemplaire vertu.

Reconnaissons combien le mode de *liberté*, ainsi délibérément établi, devait séduire les masses, impuissantes à saisir le sens abstrait de ce terme, et curieuses d'inaugurer l'ardeur de leur volonté. Elles furent conscientes toutefois de ce qu'une telle indépendance pouvait exercer de compétitions tyranniques et une attribution interventiste fut donnée aux pouvoirs, qui eurent l'impossible tâche de former une morale et une juridiction chargées de refréner les maux consécutifs à la licence offerte. A cet effet, les législateurs se succédèrent, s'occupant à définir le droit du citoyen et le problème de sa propriété, édictant les sentences qui refoulaient les appétits, les ambitions, parmi les lois qui les autorisaient — sentences et lois d'ailleurs instables et se déjugeant heureusement d'années en années !...

Appuyé par les moralistes, défendu par les démagogues, sanctifié par les économistes, l'individualisme fut encore reconnu par la Science à travers les théories naissantes du transformisme qui devait se préciser bientôt par l'affirmation fratricide du « struggle for life ».

Depuis 1789, le développement de l'idéal individualiste évolua en un progressant succès. Placé à la base de la société, il devint vite le tremplin de chaque effort, et malgré les inévitables revers encourus, il aborda triomphant au radicalisme de notre politique contemporaine.

Au cours de ces longues années pourtant, où la philosophie de la concurrence grandissait à l'abri des procédures abusives, l'idéal collectiviste n'était point abandonné de nos plus grands penseurs, qui loin de désespérer de son règne effectif, construisaient ses chances d'harmonies humanitaires, se léguant la somme de leurs études où les divergences des opinions se fondaient quand même dans l'ardeur des sincérités. De générations en générations la Vérité grandissait.

Aujourd'hui, la doctrine collectiviste répudie la fausse morale des juristes ignares ou asservis ; elle rejette les thèses féroces et les calculs tendancieux que les économistes « libéraux » ont échafaudés ; à la Science même, a répondu la Science : Faisant remonter au transformisme, la généalogie des espèces, elle retrouve l'homogénéité des origines physiologiques de l'homme, la parenté constitutive des atomes, l'hérédité commune au sein des primitifs océans; à la vie mobile de l'individu, elle ajoute la vie des relations organiques; aux préceptes de la lutte pour la vie, elle oppose la solidarité sociale!

La Révolution revendicatrice de sociétés nouvelles, resta en art des plus conservatrice. Il existe un antagonisme profond entre sa Pensée et le décor qu'elle lui impose. Chacun des généreux symboles qu'elle dévoile à son aurore est aussitôt pétrifié dans l'archaïsme — l'élan d'émancipation s'inscrit dans un art formulaire.

On se souvient que la Convention crut bon de reconnaître les Académies des Belles-Lettres et des Beaux-Arts. A honorer l'esprit de l'Institut, adversaire du gothique, un gouvernement anticlérical récompensait une réprobation qu'il croyait profitable.

Mais la Révolution, pour s'être sauvegardée d'un « style d'église », s'empêtra dans le manteau romain. Le classicisme brocha des variantes de l'Antique sur des idées novatrices, et celles-ci référèrent leur enthousiasme à un arriéré de dix-huit siècles!

On sait toute la part de suggestion qu'un décor produit sur des acteurs indécis et sur le développement d'un drame : La Révolution n'aboutit-elle pas au Césarisme parce qu'elle emprunte à la décoration et au langage du Capitole? Jusqu'à quel point le classicisme se coiffant du casque à haut cimier, se complaisant dans les oripeaux des pompes guerrières, conditionne-t-il le premier Empire?...

Il y a certainement là des causes d'influences plus importantes qu'on ne saurait croire. Il en est d'autres. Par exemple, si l'on voit le Césarisme s'accommoder de l'Eglise par le Concordat, c'est que, malgré son abrogation en l'an XII, le Droit romain reste toute la base de la nouvelle jurisprudence et que sur cette base, la catholicité retrouve son affinité et partant sa constitution première. On n'ignore pas, en effet, qu'à ses débuts, l'organisation de l'Eglise fut calquée sur l'organisation romaine. La soutane vient de la toge.

Le classicisme de la Convention répudiant complaisamment le souvenir gothique pour détruire les vestiges d'une foi, et faisant resurgir cette foi entière d'un monde qu'il lui croit opposé, ne voilà-t-il pas l'imprévu des compromissions politiques !

Nonobstant, si l'Eglise doit ainsi revivre, l'abrogation du Droit romain lui aliène en partie ses biens et la cause de sa puissance. La possession de ces biens qui primitivement devait se légitimer dans la conception de communautés d'intérêt public, n'avait servi en somme qu'à la fortune d'une caste parasitaire dans la société. La Révolution a-t-elle peur d'un tel retour de choses, qu'elle n'accorde pas confiance aux projets de collectivités laïques et sociales émis dans son sein et qu'elle préfère la mise à l'encan de la propriété ?

L'accessibilité plus grande de cette propriété fut pour l'individualisme un prodigieux bouillon de culture où prolifèrent les pires instincts. Avant quatre-vingt-treize, l'exploitation de l'homme n'était réservée qu'à quelques privilégiés; la Révolution institua l'exploitation de l'homme par l'homme; au despotisme féodal et royal, elle substitua l'innombrable despotisme des possédants; aux lois arbitraires de quelques-uns, succédèrent les lois de la concurrence de tous.

Ce qui restait d'art, devait souffrir dans un tel milieu. La Révolution anéantit nombre de chefs-d'œuvre représentant des effigies qu'on réprouvait; « des brutes jacobines détruisirent des tentures des Gobelins jugées anti-républicaines. Un ministre envoya à la Monnaie et y fit brûler d'admirables tentures de la collection royale afin de convertir en espèces d'or et d'argent le métal précieux qu'elles contenaient ». La *Révolution iconoclaste* demanderait à elle seule tout un livre. Nous ne nous y arrêterons pas. Plus douloureux encore que la destruction des œuvres d'art est la destruction de leurs foyers d'éclosion. Nous voulons parler des corporations.

La concurrence déchaînée renversa les dernières corporations, livra les métiers à toutes les inaptitudes.

Pour ce que les corporations contenaient d'injuste, dans les passe-droits des maîtrises et dans l'oppression des subalternes, ce qu'elles conservaient de science décorative allait péricliter, et... les passe-droits ne seraient remplacés que par l'ingérence patronale. Il avait été injuste que le fils d'un maître puisse continuer le métier de son père sans avoir exécuté son « chef-d'œuvre » et sans avoir été compagnon ? Dorénavant la Constituante décrétait qu'aucun chef-d'œuvre ne serait même demandé aux compagnons et que l'héritier quelconque d'un patron, ou n'importe quel survenant nanti seulement de gros sous, pourrait sans aucune préparation et sans aucun contrôle, succéder à la tête d'un atelier et commander aux artisans salariés, plus opprimés que jamais. Il était inique que les corporations prolongeassent la durée de l'apprentissage pour avoir moins de compagnons et plus de travail gratuit ? Dorénavant l'apprentissage allait être galvaudé par les patrons et l'apprenti deviendrait manœuvre, garçon de courses, bonne à tout faire. On trouvait insupportable que les corporations fassent un secret de chaque détail du métier pour entraver les industries rivales ? Dorénavant les incapacités pourraient saboter les métiers. Les corporations limitaient le nombre des maîtres pour restreindre la concurrence ? Dorénavant, tout le monde serait libre d'agioter sur la surproduction. On avait à affranchir les ouvriers des coutumes de bienvenues coûteuses et despotiques ? Dorénavant, les fêtes des métiers, bien amoindries déjà par le dédain des monarchies, allaient sombrer dans un alcoolisme journalier ; le nouveau patronat plus négociant qu'artiste, ne voyait-il pas dans ces fêtes, qu'une perte de temps à l'accroissement de sa fortune. Enfin, pour tout ce qui était devenu intolérable dans les corps de métier, la répression brisait du même coup les liens qui auraient pu assurer aux artisans la faculté de perpétuer les styles. On ne devait plus œuvrer que des pastiches. Les styles passés devenaient un fonds à exploiter par les marchands qui montaient à la direction des arts !

Il y avait à réparer, à transformer, on détruisait tout. Le chiffre des affaires allait centupler. La Constituante avait remplacé le chef-d'œuvre des des métiers par les patentes !

La répression la plus dure surveilla les moindres tentatives de survie de la part des corporations. Même les groupements mutualistes qui tentèrent de se former, furent dénoncés comme des « creusets d'insurrection ». Pendant la plus grande partie du XIXe siècle, il n'y eut pas de persécution que les gouvernements n'infligeassent aux associations ouvrières : Réunions, cercles, jusqu'à des banquets d'ouvriers sont interdis, surveillés ou dénoncés comme atteinte à la paix publique. Les premiers congrès corporatifs sont condamnés avec violence comme illicites. Jamais sous les monarchies, les gouvernants n'avaient comblé le patronat de pouvoirs coercitifs comme depuis la Révolution !

Mais, le coup le plus pénible reçu par les corporations, fut de se voir dépaysées dans une nation dont la Constituante avait haché les provinces, ces territoires de la Tradition, en départements de pure délimitation administrative, saccageant toute la vieille France historique pour lui substituer une

France des affaires — à la Métropole dévoratrice des énergies régionales.

Au regard de tels méfaits, quelle compensation l'art trouvait-il ? La Convention créait des écoles de dessin, des conservatoires d'arts et métiers, multipliait les écoles des beaux-arts. Nous verrons à la deuxième partie de ce livre, ce que devait valoir l'enseignement de professeurs fonctionnaires et de directeurs administratifs qui remplaçaient les chefs-compagnons et les maîtres-d'œuvre.

Pourtant, au-dessus de cet enseignement, la Révolution apportait à l'art un nouveau symbolisme de la Nature et de la Vie qui n'était pas sans grandeur. Malheureusement, ce fut l'Académie qui fut chargée de la traduction scénique et plastique de ces symboles et le résultat fut tout naturellement déplorable.

Si la fête de l'Etre-Suprême était éloquente d'idée, elle resta grotesque théâtralement. S'il fut beau idéologiquement d'ériger la statue de la Raison sur l'autel de l'Obscurantisme, ce fut laid esthétiquement d'imposer la Logique et la Vérité sous l'arche sublime d'une cathédrale, proportionnée au Mystère et à la Foi.

Ce n'est pas, qu'apothéoser la Raison, la Fécondité, la Beauté, n'était d'une noble initiative ; mais pour pouvoir imaginer le Monument conforme à la célébration du nouveau culte, il est nécessaire de supposer que la Convention aurait dû avoir un esprit tout autre que celui que nous lui avons vu. Animée de cet esprit, elle eut relevé les métiers en remettant le maître-d'œuvre ou architecte à la tête des arts, en lui indiquant l'étude d'un gothique évolué, non pas une contre-épreuve du gothique, mais une surépreuve. Alors, il est certain que les descendants de ceux qui avaient représenté les symboles autrement subtils des mystères chrétiens, auraient pu attester, en nouvel exploit plastique, des entités, qui sont aux dits symboles, plus proches au fond qu'antagonistes — et n'est-il pas présumable que ce Monument ait eu le prestige de nous préserver de l'Empire et de sa folie sanglante, parée des défroques de la Rome impériale?...

II

Si les généreux prétextes de la Révolution furent inemployés par les arts, ensanglantés par Napoléon, et rétorqués par la bourgeoisie, ils portèrent en eux, tant d'idéal espoir, qu'étouffés sur le sol de prédilection, ils refleurirent çà et là dans les sentimentalités voisines, et les étrangers du nord nous rapportèrent un peu de l'Inspiration oubliée. Oh! ce n'était plus l'ardente inspiration d'un peuple opprimé, cherchant à conquérir le monde à la liberté; c'était l'attachement d'une élite intellectuelle à un Rêve qui avait failli utilitairement, mais dont le développement spéculatif pouvait être repris pour l'intérêt et le prestige qu'il promettait encore.

L'élite romantique ne commit pas la faute des conventionnels, ses aînés ; elle ne chargea pas les Académies d'exposer ses tendances au moyen d'accessoires impropres. Elle reprit la vraie tradition, la tradition gothique.

Depuis la Renaissance, c'était la première fois qu'un mouvement littéraire et artistique osait se recommander de ceux qu'on appelait encore « les barbares ! »

L'Eglise elle-même n'avait-elle pas renié ses cathédrales et en s'accolant au classicisme, n'avait-elle pas enfanté ce bâtard qu'on a appelé le « style jésuite ».

Oubliant trois siècles de disgrâces, les artisans se dressèrent devant l'espoir des réhabilitations.

Ils se retrouvèrent aussi bien dans ceux qui s'étaient mis aux gages des *artistes* et des grands, que dans ceux qui étaient restés au service du peuple. Les premiers n'avaient-ils pas démontré dans les riches ameublements et décorations, que les meilleures qualités acquises sous la férule du classique étaient dans les trangressions même à cette férule. Les derniers n'avaient-ils pas entretenu malgré tout, le goût populaire dans les arts familiers et rustiques ?... Ils se reconnurent dans un enthousiasme commun qui les incitait à s'attacher à la fortune de ces jeunes romantiques, et pour la même tradition et vers la même rénovation !

Qu'importait maintenant l'immixtion des artistes italiens au XVIe siècle !

Qu'importait le privilège des Académies !

Qu'importait la faillite de la Révolution !

Qu'importaient les profanations artistiques de l'Eglise !

Et qu'importaient enfin les ravages que déjà causait le capitalisme, aplatissant les consciences, vidant les cerveaux de toute morale, de tout lyrisme !

... Cette progression de maux, n'allait-elle pas s'arrêter devant le soulèvement des fougueux romantiques ?... Aussi bien, les artisans entendaient-ils faire escorte au groupe libérateur, et amener avec eux tout le peuple encore féru d'art... et on allait la refaire la Révolution — la Révolution pour la Beauté cette fois et par la Beauté !...

. . . .

Les artisans de 1830 convinrent-ils de cette opportunité, les romantiques ne s'en inquiétèrent pas ; de tels espoirs furent-ils choyés, on les vit retomber plus bas que jamais. C'est que, l'exhumation de la tradition gothique s'affirma comme un moyen de combattre le classicisme, bien plus qu'un souci de rattacher l'art à la belle époque — et si de rares personnalités s'y employèrent sincèrement, ce fut par pure passion archéologique.

Le mouvement devint vite antipopulaire et resta superficiel. Loin de rechercher à s'allier les artisans, à reformer d'équitables corporations, et forts de ces vétérans et de ces cadres, monter à l'assaut du classicisme, les romantiques méconnurent ou dédaignèrent tant de compléments heureux. Sans doute, la haine qu'ils ressentaient pour le bourgeois, profiteur grossier de la faillite révolutionnaire, était telle, qu'ils l'étendaient aveuglement au peuple, travailleur et tributaire — si bien que l'orgueilleuse phalange, se croyant seule digne d'action élevée, prétendit combattre seule pour la liberté des Arts et des Lettres.

Ce fut le dilettantisme d'une aristocratie de la Pensée, cherchant à exalter sa personnalité à la faveur de prétentions libertaires, « repoussant toute popularité comme une injure et n'estimant rien que le noble ». Il s'y adjoignit tous les contempteurs de l'art officiel, foule brouillonne, poseuse, excentrique, s'affublant devant « épiciers et philistins » d'élégance outrée ou des guenilles de la bohème. S'il faut lui accorder qu'elle bataillait à pleine ardeur dans l'inquiétude et l'intransigeance d'un renouveau magique, tant d'affectation devait cacher ce manque d'idées générales et d'action populaire sans lesquelles il n'est pas d'œuvre féconde.

Cette inquiétude et cette intransigeance devaient favoriser encore les arts superfétaires. Certes, l'espoir de supplanter l'Académisme ne se réalisa point, comme d'ailleurs l'espoir de l'Académie d'enrayer les progrès de la nouvelle École, mais une impulsion était donnée, mieux, des œuvres hardies s'imposaient — et les deux idéals adverses fonctionnèrent et fusionnèrent même à l'occasion, multipliant les diversités d'art les plus inattendues.

En ces diversités, la technique de la grande décoration perdit complètement le sens de son rôle. Des bribes de cette science furent revendiquées ici ou là. En son nom, d'appréciables démarquages s'effectuèrent sur le gothique. Plus électiques, des livres d'art l'estimèrent et la requirent en d'ingénieuses codifications. Mais, c'étaient les dernières lueurs du flambeau qui avait éclairé les arts au cours des plus beaux siècles !...

Bientôt, le Romantisme devait produire par ses nombreuses déviations (le Naturalisme, l'Impressionnisme, le Réalisme, etc.), une conception assez imprudente, pour réprouver ouvertement toute technique décorative. Cela devint l'axiome moderne, plus juvénile que spécieux, sans doute, qui affirma « la Nature, seul enseignement ».

L'Ecole académique, plus inconsidérément encore, se recroquevilla sur son passé décoratif, le fit assister impassible aux transformations des époques !

... Entre de jeunes tendances répudiant toute contrainte, et un vieil enseignement qui enferme les artistes dans la rigidité de programmes si peu adéquats aux besoins et aux idées en marche ; entre une fière aspiration stérilisée déjà dans une attitude agressive, et un savoir-faire moutonnier, on juge de quelles relations harmoniques les arts devaient s'apparenter.

Entre ces deux doctrines, l'individualisme a multiplié ses produits, mais l'individualisme est en prison. Les efforts les plus louables perdent dans la mêlée les riches notions des devanciers, et les meilleurs artistes s'exaspèrent en ramenant l'étude des relations et des amplifications décoratives, au service essentiel de leur esprit d'originalité, et non aux conditions d'emplacement de leurs œuvres dans le Décor de la Vie. — L'anormal se substitue à l'harmonie.

L'école du « poncif », comme l'école de la « Nature », en repoussant toute tendance collective de beauté, châtiaient volontairement le STYLE, et devaient bien vite précipiter le démembrement des arts.

Sans le Style pour guide à travers la volonté duquel se seraient unifiées les tendances adverses, et les bonnes idées et les pires, il va s'ensuivre que les artistes, arguant de talents *appris* ou *conquis*, vont se confier aux « formules » ou à la « vérité », sans esprit de transposition, et il en résultera le pastiche, la photographie et le moulage, ou quelque chose d'approchant, et ce sera tout l'art prépondérant — tout le « grand art » de notre époque.

Aussi bien, l'esprit de transposition ne peut se trouver que chez ceux qui sont instruits de cette technique décorative — de cette technique génératrice des styles, comme les styles sont générateurs des arts.

Mais, sauf dans le langage intéressé de l'antiquaire, le mot *style* devenait suspect et c'est la *fantaisie* qui va présider à notre décadence.

Le Romantisme aggrave en somme notre anarchisme esthétique. On s'y montre les joyaux magnifiques et rares de la période naturaliste. C'est là que l'art devient le plus fragmentaire. En littérature, on se vante de ne recueillir que des procès-verbaux de faits curieux. En peinture, bientôt aidée de la palette impressionniste, et en sculpture, on se félicite de ne noter que des « motifs » *vécus*. Mais, ce qui est à retenir dans ces œuvres, c'est le côté documentaire auquel elles s'attachent. Ainsi, toute l'école de Barbizon, tant vantée par exemple, ne doit être envisagée que comme ayant fourni des croquis d'études — croquis d'études merveilleux sans doute — mais précieux surtout parce qu'ils seront de la besogne toute faite pour les notations nécessaires aux compositions des fresques qui décoreront les palais futurs... « s'incarnant un jour en un effort plus largement et plus virilement humain, et se fixant en des œuvres utiles ».

CHAPITRE IV

L'Art contemporain.

I. La religion capitaliste n'a pas osé son Temple. — Impuissance de la bourgeoisie à posséder son architecture, son esthétique, son style.

II. Les grandes expositions. Compétition des Anglo-Germains. — Eclipse de notre suprématie artistique. — Retour au caravansérail d'archaïsme.

I

Tant inventorier son Domaine, et n'y trouver qu'un peu de bon rendement sous tant d'opiniâtretés fournies, mais si antagonistes, il est vrai !... Jamais comme au XIXe siècle, les arts n'ont été autant triturés, amalgamés, opposés, sériés ou désordonnés. Ils resurgissaient de tous les pays, de toutes les époques : égyptiens, chinois, japonais, hindous, grecs, romains, gothiques aussi, et renaissance, et Louis XIV, et Louis XV et Louis XVI, en imitation, ou en travesti, qui semblaient « se réveiller en même temps et s'échapper du sépulcre, pour saluer d'une sarabande ironiquement macabre, la bourgeoisie à son aurore ». C'étaient les arts désemparés, employés par une société hétérogène. Pourtant, cette bourgeoisie avait une unité de désirs et souvent même d'action, et c'est assez dire qu'elle devait avoir un culte, fût-il fétichiste, et un dieu, fût-il barbare — et c'est assez affirmer qu'elle aurait pu avoir son Esthétique.

... Le catholicisme n'était plus une religion. L'Empire venait d'en faire un rouage constitutionnel, et la bourgeoisie ne le considérait déjà que comme soutien de son pouvoir. Mais la Révolution athéiste, en abattant ou en asservissant tous les dieux, en avait oublié un, qui seul désormais devait étendre sa suprématie. C'était le Dieu de l'Or. La bourgeoisie montait célébrer la nouvelle religion : le Capitalisme !

La religion capitaliste pouvait, par l'aveu de son brutal positivisme, déterminer une puissante effusion d'art. Elle pouvait avoir son temple, ses rites, elle pouvait enfin produire sa symbolique, son style et partant, son architecture qui commandait aux arts subordonnés.

Elle pouvait... sur les hauteurs de Paris inoccupées encore par la basilique chrétienne, bâtir son temple, comme on bâtirait la forteresse du lucre dominateur... On le voit, sa lourde silhouette assise sur mille contreforts qui rampent sur la butte, comme des tentacules. Les masses de ses bâtiments s'écrasent et s'étagent dans des formes de coffres bondés ; le fer employé semble barder chaque coupole, cuirasser chaque soubassement, cadenasser chaque porte ; en béton armé, les remparts cerclent leurs enceintes trouées de meurtrières où passent de gros canons. La butte cryptée en tous sens et à toute profondeur, reçoit par de multiples tunnels, les trains qui ont drainé les richesses : c'est la gare centrale du monde marchand, et on devine bossués derrière les premiers remparts, les magasins d'approvisionnement où, en sûreté, la surproduction et l'accaparement attendent les famines. Aux dépendances, et comme autant de chapelles, les banques se groupent, propices aux trusts internationaux, provocateurs de chômages et de ruines. Derrière, au loin, très loin, se concentre tributaire la Cité industrielle avec son peuple de cheminées qui sans trève vomit tout un enfer, sur lequel se détache le Veau d'Or dressé au sommet du temple et qui rallie enfin sans hypocrisie la véritable ferveur des foules !

Une proue de pierre pouvait encore s'aménager en parvis devant la porte monumentale, nouveau Bucentaure sur lequel s'avançait, en certain cérémonial, un Syndic des marchands, parodiant le Doge de l'antique Venise et mariant d'un geste de défi, la tourbe besogneuse à la gloire des fortunes !

Encore une fois, les forces du Mal, amplement cyniques et despotiques, sont ainsi plus capables de rénover les arts.

Un tel monument pouvait être beau — comme l'odieux peut être sublime — son caractère plastique soulignant ses franches attributions, parce qu'ainsi, il n'aurait pas craint de représenter le corps même des revendications prolétariennes ; que face à toutes les misères et à tous les ressentiments, il se serait su le but insurrectionnel, et qu'il aurait assumé la plus audacieuse des responsabilités.

Notre bourgeoisie était bien loin d'afficher avec une telle crânerie ses vraies tendances. Le capitalisme se célébra sans culte, chaque fidèle pressé de réalisations strictes. Si les arts furent appelés, ce fut au contraire pour mieux marquer aux frontons des Bourses, des Banques, des Tribunaux, les pompeuses allégories du « Travail récompensé », de « l'Epargne félicitée » ou de « l'Honnêteté secourue » ; pour figurer en de nobles attitudes l'Industrie et le Commerce. Sur les Gares, sur les Palais d'exposition, proliférent de semblables effigies, et la bourgeoisie finit par croire elle-même à ses fausses démonstrations... alors que dans une belle impudeur, elle eut dû convier la sculpture à tailler les figures de la Chance, de l'Intrigue, du Favoritisme et de la Spoliation, à montrer le Commerce et l'Industrie, non sous les traits de l'Abondance, mais sous ceux de l'Usure juchée sur un piédestal gigantesque, tout historié des drames des mines, des paquebots, des fonderies, des casernes !

On comprend aussi comment les Belles-Lettres furent mises à contribution par une société qui enseigne à ses enfants, en des recueils de choix :

> ... Vous chantiez, j'en suis fort aise·
> Eh bien, dansez maintenant.

... ne craignant pas de donner « le beau rôle à l'égoïsme et la risée aux choses du cœur » !

Les arts, dans l'intimité du home, servirent à illusionner sur la situation de fortune de leur possesseur. Ils garantirent le crédit ou masquèrent les situations sans assises, obérées et proches des banqueroutes ; c'est pourquoi leur provenance importait peu, et l'on se doute, qu'animée d'un tel souci artistique, la bourgeoisie chercha à tromper sur la qualité des œuvres pour en multiplier la quantité au même prix, d'où le faux et le simili, étalant à bon compte l'image du superflu. Il s'agissait surtout de *paraître*, de jeter de la poudre aux yeux. C'était la rançon du goût donné à l'ostentation, et on verra ce qu'elle doit engendrer de caricatures du luxe et de rastaquouérisme.

Cette attitude devait être singée jusque dans les plus basses classes, et l'industrie y sacrifiait tout un machinisme nouveau, qui par sa galvanoplastie, ses emporte-pièces, sa réduction au pantographe, son imprimerie du papier peint, ses métiers à tisser, etc., aurait pu tout de même fournir autre chose que des objets de bazars — de ces grands bazars qui allaient déverser tout le banal et tout le saugrenu dans les provinces taries de leurs arts ataviques.

A côté de ce machinisme, l'archéologie se pliait au service de la richesse régnante. Les archéologues étaient applaudis qui détroussaient les plus purs foyers d'art et en faisaient des comptoirs achalandés, au nom de l'éclectisme, cette « ressource honteuse des intelligences que la nature a privées d'invention ».

... Si cette société venait à douter de son esthétique, elle se référait bien vite aux statistiques des exportations, et son criterium en cette matière était dans le discours optimiste que le président du jury des diverses sections d'art prononçait aux grandes expositions périodiques, C'étaient les *Affaires* qui affirmaient : « telle potiche est belle, parce que l'on en vend ; tel modèle de meuble est très beau, puisque l'on en vend beaucoup » !

Le commerce français devait se repentir plus tard d'avoir pratiqué cette méthode qui consiste à couper un arbre pour en avoir les fruits. Il est juste qu'il ne pouvait permettre à ses représentants, les préoccupations d'esthétiques nouvelles, car la lente élaboration qu'elles auraient nécessitée, devait avoir trop d'accointances avec la science industrielle, pour ne pas ralentir les rendements de cette science, escomptés dans une fébrilité grandissante.

Avec l'extension industrielle, en effet, une agitation s'accroissait, étreignait les mentalités, créait un vertige. De l'émulation développée sur les marchés, s'étendait une fièvre de l'activité. Le VITE supplantait le BEAU.

Les bonnes volontés n'eurent plus de refuge que dans le dilettantisme qui permit au moins le progrès de l'art musical — et n'est-il pas curieux ce XIXe siècle, qui produit à ses deux pôles, et les Machines et les Symphonies !

II

Cependant, nos voisins, les Anglo-Germains s'étaient ressaisis, et rejetant le classicisme qui avait surpris aussi trop longtemps leur bon sens, ils prirent de l'archéologie une vision de tous les styles, puis une certitude que, par-dessus tout, le style gothique restait la base d'un renouveau possible et que seul, il pouvait conditionner tant d'érudition acquise. Ils eurent donc cette courageuse ambition de découvrir un art moderne intimement lié à la vie moderne, ambition secondée par un souci commercial de nous supplanter un jour sur la place des transactions artistiques. A secouer la poussière des archaïsmes, ils entraient résolument dans une période de tâtonnements, dressaient les premiers plans d'une esthétique rationnelle et en tiraient les essais plastiques les plus louables.

Ces essais restèrent ignorés de la suffisance de nos arts usuels, et quand ils apparurent à nos grandes expositions, ils furent bafoués par l'infatuation de notre vieille renommée.

Il y avait là pourtant une leçon que commence à comprendre peut-être notre patronat à courte vue. C'était la leçon du sacrifice momentané de temps et d'argent, sacrifice deux fois héroïque, parce qu'il a à lutter, et contre les railleries intéressées et parce qu'il risque — dans le refuge des recherches — de perdre pied sur le transit et de se trouver affamé par les concurrences.

Le sacrifice anglo-germain devait profiter.

Notre industrie et notre commerce, devant les progrès de l'étranger, comprirent un peu tard leur imprévoyance. Il fallait réagir malgré tout. Après avoir usé en vain de leurs procédés habituels : dénigrements systématiques, boycottage, tarifs douaniers, etc., ils convièrent en hâte, artistes et artisans — et notre bourgeoisie industrielle, pareille aux potentats ignares — fit la commande d'un STYLE de toutes pièces, à livrer immédiatement.

Un affolement succédait à la coupable sérénité. On se rappela le casse-cou que de consciencieux artistes avaient crié. L'écho de leurs jérémiades revenait, et un remords grandissait de les avoir éconduits ou tolérés si parcimonieusement. On les rechercha. Ils étaient vieillis, mais sans amertume, ils dirent : « Il est bien tard ! Vous nous demandez un STYLE... eh bien ! même à un style de pacotille qui vous satisferait, il est nécessaire d'apporter une certaine construction, un certain rôle pratique, une certaine décoration appropriée, et ce n'est pas seulement à force d'argent que nous pouvons le découvrir, il nous faut encore du temps, car c'est d'une complète réorganisation des arts qu'il faut partir ».

Des écoles, quelques revues furent aussitôt fondées ; il y eut des programmes, il y eut des discours, il y eut même une loterie (la loterie des arts décoratifs). Le désarroi était si grand que l'Académie fut surprise au point de permettre à l'École des beaux-arts l'ouverture définitive d'un cours de décoration — un cours de décoration dans le sanctuaire du « grand art » ! — Il est vrai qu'il fut admis comme un parent pauvre avec lequel on refuse tout contact.

... Accalmie. Du temps passé. De l'insouciance revenue, puis les expositions de 1889 et 1900 rap portèrent les efforts artistiques des voisins. Efforts incomplets sans doute, mais où l'on voyait les dits voisins persévérer à ne plus être tributaires du goût français. Cette persévérance se présentait cette fois encouragée par la baisse rapide de notre chiffre d'exportation en ameublement moderne chez eux, et légitimée par un chiffre naissant d'importation chez nous.

Ce fut un nouvel affolement. Que demandait-on en somme ? — des objets commerciables qui porteraient l'étiquette magique : *art nouveau !* Les Anglo-Germains parlaient d'art libéré, on irait plus loin ; n'était-ce pas là comme ailleurs une question de surenchère. On fit appel aux jeunes. Foin d'érudition archéologique à présent, on sabrait tout, on allait bien voir. Des mots circulaient éloquents, sauveurs : la Nature ! la Flore ! la Vie ! Des phrases claironnantes assuraient le Génie français impérissable !

Les meilleures volontés et les pires s'enrôlèrent. Le talent voisina avec la sottise dans cette poussée de renouveau. Mais ce qu'il arriva de plus extraordinaire, ce fut de voir le « grand art » et l' « art industriel » — les ennemis séculaires — se rapprocher en maintes circonstances. Du « grand art » descendait *l'artiste* besogneux ; des « arts décoratifs » montait *l'artisan* ambitieux. Ils n'eurent pas le loisir de confronter trois siècles d'antagonisme. Ils étaient bousculés ; il y avait envahissement. Avec eux, l'amateur prenait place, décriant tout *métier* (et pour cause !) ainsi que l'aristocrate ruiné par le bourgeois et qui ne dédaignait pas, manchettes au poignet, de prendre l'outil vulgaire et de s'intituler fondeur, orfèvre ou joaillier. Des dames du monde même, délaissant colifichets, manièrent palettes et ébauchoirs !

Vous pensez bien qu'on n'improvise pas un style qui doit surtout aujourd'hui avoir tant de rapports avec les sciences manufacturières. De telles précipitations négligeaient de rechercher quelles devaient être les stylisations que le machinisme imposait aux produits artistiques et on le forçait à reproduire l'impossible main-d'œuvre ! Et puis, on s'imaginait que ces stylisations eussent témoigné trop souvent d'un bon marché, considéré comme incompatible avec le bon goût.

On comprend qu'en de telles conditions, le prix de revient de nos produits fut énorme vis-à-vis de celui des voisins, puisque nous comparaissions sur les marchés au moment même où les gros frais de l'outillage étranger s'amortissaient, permettant des prix imbattables.

Mais, au-dessus de ces considérations manufacturières, il faut placer cette critique : Aucune direction n'était donnée au mouvement novateur. On attendait des maîtres-d'œuvres, des architectes, comme on attend le chef d'orchestre dans un théâtre. Ne pouvant songer à les demander à l'Académie, on pensa à ceux qui avaient construit avec du fer, mais on s'aperçut qu'ils soumettaient cette matière aux données classiques ou faisaient travaux d'ingénieurs. Quant aux architectes partisans du gothique, ils reprenaient ce style ossifié au xve siècle, sans penser à le ressusciter, à lui faire traverser les siècles qui le séparaient de notre modernité et à l'instruire ainsi des fonctions qu'il avait à remplir.

Sans architecture, il ne pouvait être question d'unité de style et on ne pouvait produire que des œuvres composites, inégales, alambiquées : Ici, tous les objets de la camelotte la plus intolérable. Là des objets rares, tourmentés, précieux jusqu'à la quintessence.

Le chef d'orchestre n'était pas venu, chaque concertant s'était déclaré soliste et... virtuose. Il n'y avait pas de STYLE, mais nous eûmes le *style Untel*, le *style Machin* ou le *style Chose*.

Au surplus, le mouvement n'avait enrôlé qu'une minorité du monde des arts : Aux sommets du « grand art », on regardait de tels efforts d'un œil ironiquement austère ; aux bas-fonds des « arts industriels » un peuple d'artisans, abruti par les spécialisations nécessaires au mercantilisme patronal, était impuissant à accueillir lés tendances de renouveau. Trop longtemps dupé, il restait méfiant et dénigreur... Ainsi, les deux extrémités du monde des arts ne craignaient pas de se rejoindre dans la même hostilité.

Notre commerce des arts s'avoua vaincu, et à ce point, qu'il fut le premier à tourner ses essais de modernisme en dérision. Il y a des appellations triviales qu'il ne faut pas craindre d'écrire, tant elles sont vengeresses. Notre art nouveau fut traité de « macaroni en délire » par ceux-là qui l'avaient lancé. Ils ne pensèrent pas qu'ils s'insultaient eux-mêmes par devant le fiasco et qu'ils fustigeaient d'un même outrage le meilleur des essais.

Le succès des Anglo-Germains, en définitive, fut permis autant par notre décadence que par le mérite qui lui était propre. Car, s'il y a moins d'anarchie esthétique chez les voisins que chez nous, il n'y a pas chez eux plus de réussite à unifier les arts, qui, arts purs et arts meublants, restent en opposition et ne se permettent pas de découvrir une Architecture dans le sens monumental du mot.

Architecture impossible pour de plus hautes raisons, puisqu'encore une fois, pas plus chez les Anglo-Germains que chez les Yankees ou qu'en France, ou que partout ailleurs, la religion capitaliste n'a cherché à déterminer un symbolisme plastique. Son temple ne s'est dressé nulle part. Notre époque n'est plus celle des épopées même haïssables. Le capitalisme a mieux ; il est partout disséminé, anonyme, gangrenant les masses de petits participants. Mais, s'il n'a pu être *Architectural*, il se devait d'être *pratique :* d'accord avec des principes d'hygiène nouvellement établis, il pouvait s'approcher d'un certain confort et d'une certaine beauté. Pourtant, même là, le capitalisme, qu'il fut d'un pays ou d'un autre, rechigna aux lois de salubrité ; elles étaient onéreuses et il les déjoua chaque fois qu'elles ne se présentèrent pas à lui sous l'agio des expropriations.

Les Anglo-Germains furent les premiers à comprendre l'intérêt supérieur que contenaient ces lois, et comment elles devaient les conduire à sauvegarder le refuge de la vie intime en présidant au charme de l'habitation — et de telles préoccupations étaient un point de vue assez élevé pour déterminer quelques tendances esthétiques et presque un style, pour concevoir au moins un art des objets usuels, objets façonnés avec autant d'amour que de logique.

Désormais impuissant à rouvrir ses exportations d'objets de bazars, et inintéressé à une infime production d'ameublement moderne d'amateur, notre commerce se reporta sur le « grand art ». Hélas ! même là, on s'aperçut que les artistes du nord et ceux du sud et les Yankees aussi, rivalisaient en de fortes œuvres. Nos marchands, d'accord avec nos collectionneurs, eurent beau payer des demi-millions pour des toiles insignifiantes, à part l'Amérique qu'étonnaient encore ces véritables coups de bourse, le bluff ne prenait plus.

Alors on se souvint du stock considérable de vieux styles, en vrai ou en faux, qui restait dans les fonds de magasins. On pouvait vivre au moins deux bonnes générations là-dessus, avec notre glorieux renom. La bourgeoisie marchande était momentanément sauvée si la France artistique périssait !... Et la recherche d'un art moderne fut chez nous irrémédiablement compromise.

Dans cet abandon des hautes spéculations esthétiques pour les misérables profits immédiats des brocantes, on ne stigmatisera pas assez la criminelle inertie — osons dire la trahison — des pouvoirs publics, vivant au jour le jour des élections et tout à la dévotion des puissances financières.

Nous en sommes là. Et pendant que les vieilles religions donnent un dernier coup de réclame avant de se retirer des affaires, que les sciences détournées de leurs saines recherches nous empoisonnent jusque dans la chimie alimentaire — autres faux sur la Nature — les arts sont voués à toutes les turpitudes vis-à-vis de la foule, au goût systématiquement corrompu.

CHAPITRE V

La Littérature et la Critique d'Art.

I. Une littérature sans belle unité d'action. — L'esthétique analysée par la science, voit son progrès compromis par la critique d'art.
II. Fausses positions de la littérature artistique. — Confusion de la Beauté morale et de la Beauté plastique. — Grossières références du goût.

I

La littérature contemporaine a autant de diversités et de spécialisations que les arts puisqu'elle participe d'un même individualisme. Cependant, alors que les arts donnent l'impression du plus complet désarroi, la littérature semble prendre une certaine direction. Ayant depuis longtemps l'avantage d'avoir remplacé la plasticité comme porte-parole, près des Sciences, sa tête est en continuel contact avec les plus graves études et collaboratrice de leurs meilleures investigations. C'est là qu'elle puise encore assez de vitalité pour traîner un corps innombrable et incohérent.

Sociologues, esthéticiens, historiens, vulgarisateurs, etc., puis les romanciers et les dramaturges subdivisés en idéologues, en véridistes, etc., puis les journalistes, les anecdotiers, les pornographes et tout un éparpillement d'hommes de lettres, faisant des phrases, moins que des phrases, faisant des mots, moins que des mots, poussières d'idées adressées à des poussières de lecteurs. Enfin les poètes, dont quelques rares, perdus en éclaireurs avancés et les autres en horde de traînards.

Nous allons étudier seulement les aspects de cette littérature qui touchent le plus aux arts et les impressionnent. Ce sera :

1° L'esthétique et son adultération, la critique d'art;

2° La littérature idéologique dans ses rapports avec l'esthétique, la beauté, le goût, les arts, etc.

L'Art et la Science que nous avons vu désunis au XVIe siècle, après tant d'heureux concours, devaient se rapprocher dans nos temps modernes et c'est la Science qui étendant ses travaux, osa analyser l'œuvre de Beauté.

Ce n'est pas d'aujourd'hui qu'on a cherché à annexer aux sciences, une classe d'étude sur les arts. Au lendemain même du divorce prononcé par la Renaissance entre les arts et les sciences, il se trouva des artistes et des penseurs qui rassemblèrent des éléments didactiques sur la beauté, laissés par leurs prédécesseurs Grecs et Romains, et les augmentèrent. Pourtant, ce ne fut qu'à la période du Romantisme que se développa (dans les inévitables langes métaphysiques, mais prenant vigueur enfin) ce nouveau-né que les Anglo-Saxons avaient heureusement recueilli pendant notre tourmente révolutionnaire et que la Science adoptait à son tour sous le nom d'ESTHÉTIQUE.

Les Belles-Lettres ne se prêtèrent guère à ce rapprochement qui devait être si gros de conséquences. Aucune méthode de travail, en effet, n'avait été départie à la littérature au lendemain de la Révolution. Pas un, parmi nos plus grands poètes ou romanciers, ne comprit la tâche immense qui était dévolue au Livre pour asseoir les fondations d'une démocratie consciente et y faire coopérer toute la pensée écrite dans un même apostolat et pour la plus profonde des vulgarisations. Aux prises avec de brillantes virtuosités rivales, les Belles-Lettres répugnaient à toute action d'ensemble.

Si l'esthétique prit quand même un développement soudain, ce fut grâce à l'archéologie qui lui apportait un exposé de tous les styles. Cet exposé permettait de sérier les harmonies partielles que *l'instinct artiste* avait plus ou moins bien conçu aux long des siècles, et il s'en dégageait la vision de ce qu'une *production raisonnée du beau* saurait réaliser d'harmonies plénières.

Tout l'esprit critique provoqué par notre décadence tenta de se grouper sous la loi scientifique. Mais, alors que seulement une minorité laborieuse était laissée aux problèmes des harmonies plastiques, toute une foule d'écrivains, impatiente de rapides conclusions — et de prestiges y inclus — s'arrogea toute décision en fait de Beauté. De cette foule, sortirent les critiques d'art, ignorants ou gagés, embouchant mille trompettes, proclamant les génies au public stupide, prenant sans aucune préparation, le droit de guider, d'excommunier ou de louanger parmi les talents en vue, troublant de leurs rodomontades les vrais esthéticiens, dont ils retardaient les commentaires, noyant d'avance, de suspicions illégitimes, ces chercheurs, affirmant l'utopie et l'incongruité de leurs études.

Leurs dires, assermentés par l'ignorance commune, conquirent à peu de frais un pouvoir, et firent souvent loi pour les timides et pour les ambitieux. Mais les critiques d'art mirent le comble à notre décadence en prenant le rôle de berger. Comme tel, les malheureux suivaient les têtes ou les groupes... que leurs prédécesseurs avaient dédaignés ; ce ne pouvait du reste en être autrement, et les talents qui nous sont les plus chers aujourd'hui ne leur doivent en rien leur avènement. Leur devraient-ils au plus la consécration, que ces talents auraient encore à se défendre des adulations outrées, plus malsaines peut-être que les pires silences.

La critique d'art, c'est de l'esthétique ratée, parce que sans idées générales, elle conclut qu'en art la beauté réside exclusivement dans un tableau, dans une statue ou dans un bibelot de vitrine, et qu'elle n'est qu'un agrément. C'est ainsi que bien peu d'écrivains d'art songent à envisager l'architecture et que de plus rares encore sont capables de discerner dans le pittoresque d'un site ou d'une ville, autrement que par l'émotion personnelle et la description purement poétique.

Les harmonies des espaces, la valeur plastique des topographies sont lettres mortes pour les critiques. Les grandes appropriations décoratives les dépassent, et, courbés par la myopie, ils ne cherchent dans une œuvre d'art que sa manière et son objet. Aussi ont-ils un public choisi. — Ah ! belles dames qui minaudez avec votre face à main, et vous, beaux messieurs à monocle, pourquoi tant afficher votre petitesse de vue ?

Les jugements des critiques vivent de courtes analogies, de brèves transpositions ; ils se satisfont en de telles considérations : « La peinture du contemporain X a une parenté avec celle de Y de l'école flamande, qui serait retouchée par le primitif Z » ! A ces fadaises de fausse érudition, s'ajoute une élégante confusion des arts : « Cette peinture est une véritable symphonie ! » ou bien : « Cette sculpture est un véritable poëme ! »

Une critique d'art qui se nourrit de telles billevesées, reste bien sommaire. Pourtant est grande sa néfaste influence : Ici des artistes cherchent à s'identifier à tel ou tel maître du passé. Là des artistes pratiquent la confusion des arts, et, devançant la puérile louange, le sculpteur s'efforce à tailler un poëme en haut relief !

Heureusement, la critique se perd dans la confusion qu'elle a accélérée. A ce jour, elle n'a plus son importance première. Les gros pontifes sont partis et il n'en peut plus renaître. De plus en plus, il devient impossible d'argumenter sans aucune science et « l'impression du moi » est trop discréditée. Et puis, on sait que le commerce, avec le journalisme, impose sa préférence au critique. Artisan de réclame à la solde des marchands, guidé par son intérêt et ses rancunes, il est presque probe en découvrant ce style qu'on appelle « parler pour ne rien dire ». Beaucoup sont devenus maîtres en ce tour de passe-passe [1].

Le critique d'art, encore une fois, ne peut voir clair, et retrouver toute sa conscience, que *savant d'esthétique*. Pareillement, la littérature romancière pataugera dans la psychologie la plus tourmentée, tant qu'elle ne se groupera pas autour de la sociologie, seul point de vue d'où peuvent se juger les

1. Le journalisme n'a jamais donné à la question artistique qu'une place suspecte, quand elle n'est pas insignifiante. Oui, la question de Beauté, qui contient tout le grand problème social, et dont la solution déterminera toutes les harmonies est mise au dernier plan par les plus vulgarisatrices gazettes. Celles-ci choisissent avec soin leurs reporters politiques, policiers, sportifs, mondains, mais le critique d'art !... Rappelons cette histoire : Un bon provincial débarque à Paris avec une recommandation pour un grand journal. Le directeur l'interroge sur son savoir — un savoir lamentablement nul. Désolé, le directeur est sur le point d'abandonner le pauvre jeune homme, quand il se ravise : — J'ai votre affaire ! puisque vous n'êtes bon à rien, vous ferez un parfait critique d'art !

mœurs, les caractères et les passions — et le romancier qui étudie un cas psychologique sans le relier aux phénomènes sociaux, ressemble au médecin localisant une maladie sans consulter l'organisme entier.

Si la littérature était plus pénétrée de sociologie, ce serait à fortifier l'esthétique, à activer l'énoncé de ses principes qu'elle trouverait son meilleur champ d'action, persuadée que la science du Beau doit contenir toutes les règles d'harmonies idéales, humaines et sociales.

Ainsi placée entre les arts et les sciences, la littérature comblerait la distance fâcheuse en multipliant les contacts et préparerait ce jour où la Science forte et apaisée, libérée enfin des tâches avilissantes, embrasera les arts de toutes ses découvertes — les haussant jusqu'à sa clairvoyance et se mirant en eux pour une double rénovation !

Loin de cette mission, notre littérature romancière s'abandonne aux études subtiles, s'amuse à l'observation de nos tares, de nos discordes, au lieu de les dégager ; dilue nos misères et en vit comme des procéduriers vivent de chicanes ; s'égare dans une idéologie féroce, servile aux lois de l'individualisme, et campe des caractères anormaux, des types d'élite pour des lecteurs d'élite, des héros, des surhommes, dotés de qualités outrancières, dépourvus par cela même de rayonnement, et pétrifiés dans des attitudes hautaines, insolentes et ridicules. Comme en art le produit précieux fait prime, en littérature le fait rare, isolé, détaché, s'assure les éditeurs soucieux d'acheteurs, d'abonnements, du commerce enfin. Il semble qu'une agoraphobie de l'intellect refuse aux écrivains l'accès sur les grandes places des idées générales d'où l'on voit les vastes synthèses.

La littérature actuelle a autant de règles de conduite qu'elle comporte d'hommes de lettres. Les diverses sociétés qui les groupent exaltant davantage des buts de réclame et des sauvegardes d'intérêts, que de courageux tournois d'idées — le bas esprit mutualiste a remplacé l'ardent esprit d'école, et si ce dernier fut bien souvent partial et intempérant, il présentait au moins, comparativement à l'autre, des concours de sains enthousiasmes.

Est-il besoin de dire que la littérature romancière reflète dans ses descriptions ce que nous avons appelé la photographie de la nature pour les arts plastiques, et que le drame moderne ravale le théâtre et ses moyens scéniques à des concepts réalistes, se refusant aux magies des lumières, aux ingéniosités des *trucs*, aux artifices qui doivent composer tout l'art réel de l'irréalité.

C'est ainsi qu'une littérature sans aucun programme d'action et annotatrice jusqu'à la platitude et jusqu'à l'abjection devient la proie des mœurs de son temps au lieu de les guider, au lieu de les élever. Aussi le public du livre et du théâtre décerne-t-il ses plus longs bravos devant les scènes où il reconnaît le mieux sa bassesse et son ignominie : « Comme c'est bien ça », dit-il, et de se trémousser comme goret dans la fange. Ses bravos sont ratifiés en haut lieu. « Peinture de mœurs, approuvent les faux moralistes, il faut voir la triste réalité pour nous en sauvegarder ! » C'est au nom de cette hypocrisie que tous les quotidiens et certaines revues d'actualité font des descriptions minutieuses de crimes et s'illustrent de photographies ou de dessins macabres, et l'on sait qu'il y a là le véhicule d'une suggestion malsaine qui à certaines époques a ouvert de véritables épidémies de meurtres, de suicides, et de criminalité infantile.

Une littérature qui vit dans l'immoralité vit dans l'inesthétique et elle se livre — comme les arts — à la foule des amateurs qui, littérateurs et dramaturges, payent éditeurs et directeurs de théâtre pour être imprimés ou joués malgré tout et payent encore la critique pour être louangés.

II

Vis-à-vis des arts, notre littérature rejette bien entendu tout criterium esthétique et en est encore à professer cet axiome : « du goût et des couleurs on ne peut discuter », au lieu de dire : « je ne sais discuter ».

Sans empiéter sur la fin de ce livre où nous essaierons de poser les bases d'une esthétique rationnelle, il est nécessaire ici de faire opposition à de telles bourdes, et disons tout de suite que le goût ne peut pas être affaire d'appréciation personnelle. On ne peut pas dire : « Je préfère la couleur bleue à la couleur rouge », pas plus qu'il ne viendrait à l'idée d'affirmer une préférence pour la note *si* plutôt que pour la note *la*, ou pour la ligne oblique plutôt que pour la verticale. Couleur, note et ligne ne sont que des matériaux n'ayant aucunes qualités par eux-mêmes. Si tout était rouge dans la nature, on ne saurait pas que c'est rouge, puisqu'aucun contraste n'en donnerait la notion ; de même pour la monotonie de sonorité ou de ligne. Le goût, c'est-à-dire la conscience du beau, n'entre en jeu qu'au moment où il y a rapprochement de matériaux, depuis le simple accord jusqu'à la plus complexe harmonie. Accords et harmonies d'ailleurs sont subordonnés aux milieux dans lesquels ils vibrent et ainsi de suite. Par exemple, l'accord d'un bleu et d'un vert peut-être bon dans un certain voisinage et mauvais dans un autre, etc. Des micrologues n'affirment-ils pas en joignant deux couleurs, que les molécules constituant chacune d'elles, semblent au moment du contact, ou s'embrasser dans de gais tourbillons, ou lutter et s'étreindre avec rage, et ne peut-on en conclure qu'il y a harmonie des deux couleurs pendant l'hyménée des molécules, et qu'il y a inharmonie et offense pour l'œil quand les molécules se combattent. Il y aurait là, dans cette attestation vivante et mouvementée, un bien curieux enseignement. Reconnaître la vibration du rythme universel, depuis ces molécules jusqu'aux astres, ces autres molécules de l'infini, voilà ce que l'esthétique demande aux savants... et devant ces hauts problèmes, la prétention au goût personnel ne paraît-elle pas insupportable ; le monsieur qui dit : « c'est beau parce que j'ai l'impression que c'est beau » n'est-il pas un fantoche ?...

Un autre axiome de cette littérature est ceci : « La Beauté est belle en soi et partout ». Cela permet des jugements faciles et bientôt catalogués. Tout comme il n'y a pas d'êtres bons ou méchants, mais des êtres qui se trouvent ou non en harmonie avec eux-mêmes et avec la société où ils demeurent, on ne peut concevoir une laideur ou une beauté indépendante de tout milieu. Si une statue doit avoir ses différents volumes en juste proportion entre eux, il convient plus encore que son ensemble soit en proportion avec son emplacement (intérieur ou plein air) à tel point que, malgré un corps parfait, la statue peut être laide si elle est placée dans un lieu disproportionné, et par contre enfin, une statue mal bâtie, disgracieuse en elle-même peut avoir plus de chance de s'harmoniser dans un centre pour lequel sa masse générale a été associée, tout comme un individu vicieux peut produire plus de vertu qu'un être sain, si l'activité qu'il dépense à mal faire (c'est-à-dire en disproportion) est détournée et employée utilement au lieu d'être comprimée comme le font nos pénalités imbéciles.

Mais, notre littérature, non seulement ne sait pas

juger de la beauté, mais elle ne sait même pas reconnaître le *beau plastique* du *beau moral*, les confondant quand elle se pique de synthèse... et qu'elle joue sur les mots. Ainsi, malgré les meilleures définitions des esthéticiens sur les causalités du Beau, sur la philosophie du Bien et du Vrai, le grand public est-il amené à la perversion de son sentiment intérieur : le subjectif tente de remplacer l'objectif et c'est un chassé-croisé où se dénature le sens des convenances et des qualités.

En ce dernier avatar, que seule rend possible une décadence sans nom, la beauté perd complètement son rôle, ses attributions et jusqu'à sa définition. Il n'est même plus question de goût. Cette littérature qui se croit large de vue, va envisager toutes choses et surtout les œuvres humaines d'après la *volonté* qu'elles représentent. Si cette volonté subjugue le littérateur ou lui est sympathique, les choses et les œuvres seront revêtues d'attraits plastiques. Par exemple l'établissement d'une entreprise usinière est-il colossal (volonté évidente), il se verra paré de prestiges esthétiques — ou autrement, tel fait artistique dégage-t-il un symbole profond (volonté contenue), que disparaît la médiocrité de son aspect.

« Tout est beau », finit même par prétendre cette littérature qu'embarrasse de moins en moins la question esthétique. « Tout est admirable dans la représentation des énergies modernes, dans les caractères des puissances de vie ! »

Pour mieux nous expliquer, suivons le Littérateur que contredit l'Esthéticien.

Les voici longeant un large fleuve. L'Esthéticien dit : « Je suis passé là, il y a vingt ans ; comme ces rives étaient belles alors ; sur ce chemin de halage, deux solides percherons tiraient le câble amarré à la lourde gabarre, Le conducteur, assis sur une de ses bêtes, chantait une cantilène que scandaient les sabots ferrés sur les pierres, et le timonier à l'autre bout du cable répondait en mesure au chant du camarade.

— Ne regrette rien, répond le Littérateur, ce site n'est vraiment beau que maintenant. Ce bateau à vapeur que nous voyons passer...

— Sa fumée noire qui salit tout le ciel !...

— ...que nous voyons passer, transporte du charbon qui doit alimenter des manufactures où se fabriquent des vêtements à bon marché. Vois comme il accélère sa marche et comme les gens sans abri doivent bénir chaque tour d'hélice amenant la force qui va les vêtir chaudement demain.

— Les matelots que j'y vois ont l'air rude et triste et jamais ils ne chantent.

— Cher artiste, tu n'entends pas la véritable chanson, tes émois ne dépassent pas les sens. Tiens, vois là-bas ce train qui débouche du tunnel.

— Les misérables ingénieurs ! ce trou, cette plaie à la montagne !

— Comprends donc et participe à la joie des

voyageurs qui se rapprochent des amis, des parents, dans une vitesse toujours accrue.

— La même vitesse en sépare aussi d'autres.

— Il faut voir le total : la relation des êtres, la fusion des races. Le rail est le grand civilisateur, entends-tu son appel ?

— J'entends un sifflement qui me déchire les oreilles, c'est un scandale dans le calme de l'atmosphère ! Est-il possible que tu n'en souffres pas ?...

— Mais non, mon cher artiste, car moi j'y mets une signification, un symbole et je fais la raison à mon nerf auditif ; je dompte mes sens au service de l'Idée.

Ils s'approchent de la ville.

— Tu vois cette usine, dit le Littérateur... tu fais la moue, tu te disposes à rabaisser mon enthousiasme, en me faisant remarquer je ne sais quelle tare esthétique, Eh bien ! pourtant, et dédaignant de te confondre par mes explications techniques sur la valeur de cette usine, c'est par tes sens d'artiste que je veux te la faire admirer.

— Oh !...

— Vois en ce moment les cheminées.

— Justement !...

— ... ne semblent-elles pas les colonnes d'un temple...

— Ah ! ah ! ah ! rien que cela... Et ces gazomètres ?

— Sont comme des couronnes de fer que des rois

cyclopes auraient abandonnées après un combat singulier.

— Profite au moins de la nuit qui noie les formes et les couleurs pour dire ces sottises, ce sera plus habile et alors tu nous conteras tout ce que tu voudras et je t'y aiderai volontiers.

Ils entrent dans la ville.

— Mon cher Littérateur, est-ce par le sens pratique ou par le poétique que tu contemples cette statue en redingote ?

— Comment ! mais tu n'as pas lu sur le socle le nom de ce grand homme, c'est X le bienfaiteur, le philanthrope, celui qui a amélioré le sort des travailleurs.

— Cette statue est infecte.

— Tu blasphèmes, elle est parfaitement ressemblante, que veux-tu de plus ?

— Mais c'est laid cette lourde silhouette qui bouche toute l'avenue.

— Mais c'est beau, la présence de ce grand homme au milieu d'un peuple pour lequel il s'est dévoué et pour lequel il revit constamment.

— C'est laid !

— C'est beau !

Ils se quittent furieux. Ils ne songent pas qu'à notre époque le Bien ou l'utile ne sont pas forcément le Beau, et que le Beau n'est pas forcément le Bien. Le Beau et le Bien devraient s'accorder et s'intensifier de l'apport de chacun d'eux, c'est là l'idéal auquel il faut travailler, mais ce n'est pas parce que la tâche est complexe qu'il faut, prenant notre désir pour la réalité, s'imaginer que c'est chose faite. Jamais au contraire, il n'y eut autant d'antag...isme entre les deux beautés, mais le Littérateur, dans sa hâte des associations, dote de perfections les objets de son optimisme. Ainsi, quand il parle d'art social, sa vision lui impose une statue figurant un ouvrier par exemple. Eh bien ! l'art social, nous le verrons, est autre chose. Quant à savoir ce que les statues doivent représenter dans l'art social, c'est encore une fois un rôle décoratif au premier chef, et non de l'anecdote ou de la littérature. Pour nous, un nu ne cherchant à exprimer aucune idée, aucune allégorie, mais dont les reliefs s'associent avec le décor environnant est davantage de l'art social que la statue d'un ouvrier, d'un miséreux ou d'un démocrate, fût-elle bien modelée, mais disproportionnée pour l'emplacement qu'elle occupe. En cet exemple le nu n'est rien en lui-même, à tel point qu'un polyèdre savamment déterminé pourrait avoir la même fonction décorative et *constituer une œuvre d'art.*

Voilà qui oriente l'art social bien loin de la statue réaliste ou allégorique. Mais cette statue, si elle dénote comme simpliste le concept de notre Littérateur, témoigne encore d'une précision de v...e, car il est une littérature plus abstraite, plus... élégante, qui calculera moins, qui précisera moins ; elle dira : « Toute œuvre d'art est une synthèse, donc elle est sociale. » Après cette affirmation gratuite, l'Esthéticien paraît bien exigeant qui rectifie : *L'œuvre d'art ne peut produire sa synthèse que comme élément constitutif d'un ensemble.*

Il est facile de se représenter l'influence d'une littérature qui nie toute esthétique. Si l'art social n'y gagne rien, on se doute bien que le capitalisme y trouve plus qu'une excuse à ses malfaisances, et souvent, comme une glorification de sa brutalité. Impuissantes à embellir leur œuvre, les Forces d'argent développent l'utilitarisme sous le couvert de beauté — puisque tout est beau (!) — Les vandalismes se transfigurent.

Dans les arts ou les métiers, la production, sachant bien qu'elle n'aurait plus de public à qui parler de goût, — puisque du goût et des couleurs... — se recommande de vertus terre à terre, mais indiscutables : Une matière chère devient garante des qualités de sa forme. L'éloge du poids, de la dimension, doit orner l'objet d'art. Les artistes ne cherchent plus à se prévaloir de talent, mais ils s'abordent ainsi : « Ah ! mon cher, mon tableau a 10 mètres de haut — mon groupe est en marbre rare, il est d'un seul morceau, il pèse tel gros poids — ma symphonie saura prendre de nombreuses heures d'audition — et ainsi de suite... j'ai vendu *tant*, j'ai telle médaille, etc.

Ces grossièretés rassurent aujourd'hui les entendements superficiels. Elles permettent au surplus aux émotivités décadentes, de lâcher les questions esthétiques pour les questions sportives. Comme nous le disions au précédent chapitre, le VITE supplante le BEAU. Il prétend même le représenter.

Philosophiquement, l'intérêt que présente le vite, c'est de reculer pour les hommes les limites de la mort, ou du moins de donner cette illusion, en permettant une existence multipliée. Cependant, tant que le vite n'aura pas été organisé, il ne sera que leurre, que fiction, et sans affirmer avec le poëte :

« Je hais tout mouvement qui déplace les lignes »

on peut dire que spectativement le vite est laid puisqu'il perturbe si violemment ses entours, que ceux-ci, pour se rétablir à nos yeux, semblent effectuer une marche contraire, impropre à la notion que nous avons de leur stabilité.

... Et le Beau n'est pas plus le Vite, que le Vite n'est le Bien.

Au fond, tout brouiller, tout sophistiquer, c'est pour la critique et la littérature faire parade d'une liberté intellectuelle, d'une liberté de goût. L'Industrie et le Commerce des arts, déjà si déréglés, vont tout se permettre maintenant au nom de cette liberté.

CHAPITRE VI

L'Industrie et le Commerce des Arts.

I. Les Juifs et la production artistique. — Accroissement d'un patronat incapable. — Diffusion d'un commerce impudent. — Vandalismes d'antiquaires et d'éditeurs. — Monomanie de l'amateur d'art. — Vanité du mécène.

II. Difficile conception de l'habitat. — La mode tyrannise le vêtement.

III. Les crimes sur l'esthétique par le tourisme, la colonisation, etc. — La réclame et ses méfaits.

I

Il peut paraître importun et d'esprit rétrograde, de rechercher parmi notre société, la part du génie propre et des tares de la race juive, et on peut se demander quel en est l'intérêt au point de vue des arts.

C'est que, les Juifs sont en grande majorité de nos jours à la tête des manifestations artistiques, Directeurs de théâtre, auteurs dramatiques, critiques d'arts et littéraires, chefs de librairies d'éditions, grands couturiers ; ce sont les Juifs qui tiennent les neuf dixièmes des maisons de tapisseries, d'édition, de bronze, d'orfévrerie, de joaillerie ; tout le commerce de la haute et de la basse brocante leur appartient, avec tout un peuple de commissionnaires, d'intermédiaires et de rabatteurs.

Un tel embargo ne peut rester sans influence sur la marche et la destinée de nos arts, surtout quand des études ethnologiques nous assurent que la race juive n'est pas encore fondue dans nos sociétés et qu'elle garde, malgré les assujettissements journaliers, les empreintes de ses atavismes.

D'une hérédité nomade elle a tiré une sorte de vue d'ensemble sur le monde philosophique, comme sur le monde des affaires. Par contre, cette hérédité doit la priver encore de la considération due aux arts immobiliers et particulièrement à l'architecture et à la grande décoration.

En effet, dans leurs primitifs déplacements, les Juifs ne pouvaient emporter leur maison, leur temple et leurs idoles, et ils ne purent attribuer d'importance à ce qui ne les suivait pas. De là, toute leur sollicitude pour la musique (le vieux pasteur emportait sa cithare) qui les fait aujourd'hui si savants d'harmonies orchestrales. De là, leur propension aux choses du théâtre (ils portaient avec leur religion le culte du cérémonial) qui les fait avertis d'arts dramatiques. Quant aux arts plastiques, ils ne les conçurent que dans le bibelot, la chose transportable, et actuellement, malgré le sédentaire de leur nouvelle position, ils n'envisagent toujours que la production d'art foraine.

Longtemps proscrits, relégués dans un faubourg de la cité; bannis de toutes les affaires municipales, écartés des corporations, ce n'est pas ainsi que leur esprit pouvait s'intéresser aux embellissements d'ordre général, à l'esthétique des rues et des monuments publics.

Leur inaptitude physiologique fut donc entretenue malgré eux. Elle eut ce contre-coup, de développer leur mercantilisme.

Les arts, aux prises entre l'inaptitude au concept décoratif et l'aptitude au mercantilisme, accaparés par une organisation où critiques, directeurs de revues, antiquaires, éditeurs, se tiennent coreligionnairement et se ramifient au capitalisme par les liens les plus étroits — les arts ne reçoivent plus d'éléments de succès que s'ils sont de chevalets, de socles ou de vitrines. Le *Monument* et toute la décoration qui s'y rattache sont négligés, car l'agio sur eux n'est pas courant et faut-il attendre la vétusté et la démolition d'un immeuble pour qu'alors seulement, les motifs ornementaux prennent de l'intérêt : panneaux, grilles de jardin, de balcon, rampes d'escalier, portes ouvragées, etc., c'est-à-dire dès l'instant où ils perdent toute leur signification décorative.

On comprend ce que cette race, par ailleurs si admirable d'intelligence et d'énergie, a d'impropre à la direction et à la diffusion des arts plastiques et ce que doit souffrir notre art décoratif d'une gérance aussi intempestive.

Ce n'est pas qu'il soit éternellement défendu aux Israélites de s'éveiller au concept de la grande décoration. Leur place dans les études philosophiques et plus récemment dans la sociologie, ne doit-elle pas les mettre à même de se rapprocher des problèmes de l'esthétique et d'y travailler eux aussi.

Nous avons vu comment la Révolution avait livré les arts usuels à toutes les incompétences en abolissant les corporations. Il y eut d'abord des hésitations, une sorte de respect de soi-même qui interdisait au citoyen, comblé uniquement d'audace et de numéraire, de s'improviser maître en l'une des branches de cette plasticité. Hésitations, respects, ne durèrent pas. Pensez donc, faire fructifier son avoir dans une position d'élite, s'intituler arbitre du bon goût, attacher son nom à une renommée qui pouvait approcher de celle des plus grands artistes et qui menait aux plus grands honneurs ! N'avoir jamais tenu un crayon ni un ébauchoir, n'être que M. Ixe, et entendre dire admirativement « une tapisserie, un bronze ou un meuble de Ixe » !

L'orgueil des commerçants ne connut plus de borne. Non seulement ils s'attribuèrent le talent, mais inconscients du faux qu'ils commettaient, ils en arrivèrent à signer les œuvres qui sortaient de chez eux, à la complète exclusion, bien entendu, du véritable auteur.

Il fallut la venue du syndicalisme et du mouvement des idées modernes pour que, timidement, l'auteur osât revendiquer au moins le titre de collaborateur et l'autorisation de signer à côté du fabricant. Ce ne fut pas sans combats.

Dans le « grand art », les artistes se virent employés sans discernement par les amateurs et par les Etats parvenus. comme les artisans l'étaient par les fabricants improvisés. Au moins laissait-on aux artistes le privilège de signer leurs œuvres quand ils n'étaient pas embauchés par les marchands de faux tableaux. Et le commerce, sans parti pris, tablait sur l'obscurité de l'artisan, sur la renommée du grand peintre et sur la contrefaçon du malheureux copiste.

Le commerce a pris le droit de maîtrise. Aucune loi ne contrôle les professions d'art où toutes les ambitions se sont ruées comme vautours après la bataille. Aussi, que dire de ces « lois de liberté » qui permettent à tel personnage de diriger et de repartir beaux arts et arts appliqués selon le plus sûr rendement de ses affaires ?... lois qui se suffisent de patentes en règles !...

Quand on pense que le moindre cantonnier à notre époque doit connaître la science d'un agent-voyer, que celui-ci doit avoir des connaissances d'ingénieur pour passer ses examens d'admission, on reste frappé de stupeur en songeant que le dernier trafiquant venu peut devenir du jour au lendemain fabricant de bronze ou tapissier et qu'il pourra être l'ordonnateur de ce qui constitue la meilleure part de la sensibilité humaine et son expression la plus pure.

On ne confierait pas l'éducation d'un morveux à une maîtresse de classe qui n'aurait point obtenu ses diplômes d'institutrice et qui ne serait ferrée sur la pédagogie, et on accepte l'éducation de la foule par un monsieur qui peut n'être qu'un adroit bouffon caressant le mauvais goût.

Cette libre entrée dans une carrière qui dispense de la beauté, semble aussi criminelle que si l'on abolissait les longues études des médecins qui dispensent de la santé — et les éditeurs d'art compétents seraient certainement les premiers à réclamer un brevet de capacité pour des charges aussi délicates, et si peu compatibles avec de bas trafics.

Les corporations et les maîtrises d'un temps passé n'auraient jamais laissé un charcutier se mettre tapissier, ni un tapissier se mettre charcutier. S'il est bon d'avoir donné toute liberté à toute initiative, il est mauvais de ne point avoir organisé cette initiative. Sur ce mot « liberté » d'ailleurs s'est posé le quiproquo le plus pénible qui soit : les individualistes s'en sont emparés et y ont mis une signification à leur service. Ils en ont fait leur créature. Liberté pourtant ne veut pas dire : faculté de laisser pousser toutes les herbes folles sur la terre !

Au nom de la liberté, nos lois garantissent le négoce à tel point qu'elles permettent et sauvegardent les vandalismes les plus stupides, les plus monstrueux.

Deux exemples suffiront à nous expliquer :

On connaît la mentalité des antiquaires, ne s'embarrassant pas de scrupules. Ils entretiennent sciemment ou non des rabatteurs, des « rats d'église », des escrocs qui dévalisent avec effraction ou avec persuasion les possesseurs de trésors artistiques ; cambriolant ici, surprenant plus loin l'ignorance du vendeur, ou pistant de longues années le dénuement d'héritiers irréductibles, bafouant la piété du souvenir, massacrant les vieilles demeures qu'ils ne peuvent emporter entières, mais dont ils arrachent tous les ornements, toute la parure, et qu'ils abandonnent en se sauvant par les portes crochetées, ou bien — pas moins malfaiteurs — après avoir jeté quelques louis aux dépossédés ahuris et grelottant dans la maison nue où résonne le reproche des choses. Ah ! de combien de désespoirs se monte une boutique « d'objets anciens » !

... Mais, voici un antiquaire duement patenté et décoré même. Il a acheté un authentique « bonheur du jour » Louis XV ; ce meuble est délicieux, il est intact des injures du temps. Cupide, l'antiquaire cherche à en faire exécuter un certain nombre de copies (mettons la demi-douzaine) qu'il songe à vendre pour « de l'époque ». Il engage un très bon artisan, mais craignant que ces copies ne fussent prises pour telles par les experts et ne soient cotées qu'à des prix intrinsèques, il n'hésite pas à faire fracasser le délicieux « bonheur du jour » authentique, à le débiter en six morceaux, afin que chacun d'eux retrouvant sa place dans chacune des copies, serve à authentifier un meuble que l'antiquaire met en vente comme « un peu restauré ».

Si dans ce premier exemple, on voit l'agio se développer sur une question de qualité (parfois discutable) on va voir, dans le deuxième, l'agio s'occuper de la question de quantité.

Soit un aquafortiste. Il vient de terminer une planche originale. Imaginons que c'est un chef-d'œuvre. Pour faire monter le prix de vente des épreuves, son éditeur lui conseille un tirage numéroté et limité. Le problème est simple : plus le nombre des épreuves est restreint, davantage le prix de chacune doit monter et ce, en raison de l'égoïsme humain, de la vanité à être le rare possesseur. Quel ne doit pas être le crève-cœur de l'artiste, quand aussitôt la dernière épreuve tirée, il est tenu de rayer à grands coups de burin, un cuivre qui lui a coûté tant de travail, tant de méditations, où il a mis tout son cerveau, tout son enthousiasme, quelquefois toute sa vue ; qu'il a créé enfin, qu'il a fait vivant et qu'il assassine comme un fou, le bras tenu par l'éditeur, et son sacrilège escompté par l'immoralité des acheteurs.

Ce geste abominable est imposé par les besoins d'un commerce que met aux abois la concurrence actuelle. Il est le même qui brûle les planches de bois gravé d'un livre de luxe, alors que ces bois à peine usagés voudraient donner jusqu'à tout effacement leur relief et en multiplier la signification. Mais telle « Société des amis des Arts » comme telle société de bibliophiles n'auraient su se constituer sans avoir recours à ces procédés.

L'immoralité de l'acheteur qui se complaît à ces vandalismes nous amène à dire un mot sur la psychologie de l'amateur d'art.

L'histoire de celui qui piste la misère de l'artiste pour lui arracher son œuvre à peu de frais, est trop connue pour qu'on y insiste. Admettons même qu'elle présente l'exception.

C'est la vision anormale de l'amateur que nous analyserons. On le voit sortir de chez lui : la rectitude des avenues qu'il arpente, ne le fatigue pas ; la banalité des façades de maisons devant lesquelles il passe ne l'offense pas ; les tramways à trolley non plus ; le profil des lampadaires municipaux non plus. Là, sur la place, ce vieux savant en bronze qui fait de l'équilibre sur son socle ne le gêne pas. Il entre au musée : le tohu-bohu des œuvres amoncelées ne l'étourdit pas ; les sujets disparates des toiles, les sarabandes des statues ne l'inquiètent pas. Il rentre chez lui : voici le crépuscule sur le fleuve ; là-bas, la cathédrale dresse sa silhouette rose, les lumières scintillent déjà sur les quais, les bateaux glissent dans de doux clapotis... il ne vibre pas ! Il s'est arrêté pourtant, mais c'est pour fourrer sa tête dans une de ces boîtes de bouquiniste installées sur le parapet. Il reprend son chemin ; ... cette belle fille qui passe ?... il ne la voit pas ! Enfin le voilà de retour ; sa maison est banale, ses vêtements, ses meubles usuels le sont plus encore, mais là, sur sa cheminée recouverte de peluche rouge poussiéreuse, là, au centre du plus mauvais goût, il y a le chef-d'œuvre, la toile ou le marbre, joyau de la collection, but suprême d'une affection puérile, d'une parcimonie émotive, qui accepte dans la médiocrité, tous les instants de la vie pour une minute de joie transie.

Tel n'est point ce que devrait être l'amateur, si son esprit étroit pouvait s'ouvrir aux concepts solidaires. Là, ses préoccupations d'art iraient de l'esthétique à donner à la plaque d'égout de sa rue, jusqu'à l'esthétique même de sa ville. Pour cette encyclopédie du goût, il aurait fort à faire, c'est vrai. Il aurait besoin de devenir un citoyen dans toute la vitalité de ce terme, et c'est plus difficile que de rester un maniaque.

Le mécène a une psychologie différente. Si l'amateur aime les arts pour les accaparer, le mécène les aime pour les propager. L'un est intimiste, dévotieux, l'autre est expansif, ostentateur. Si l'amateur n'a de culte que pour l'objet, le mécène s'intéresse à la production de cet objet. Au surplus, le mécène a deux façons bien nettes de se donner comme « protecteur des lettres et des arts » : Ou bien, c'est à la suite d'un vœu, d'une disposition testamentaire, un trop-plein de fortune qui l'invite à rendre gorge, recherches d'honneurs, etc. Dans ces conditions, il ne se base sur aucune conviction esthétique ; il ne vise à aucune répercussion originale de sa donation; et pour administrer celle-ci, il prend volontiers modèle sur les institutions de son pays, augmentant le prestige des Académies — tout confondu qu'il est pour elles, de respect. Ce mécénisme est le plus courant.

L'autre a un but combatif. Exprimant au contraire une conviction esthétique très arrêtée, la donation en envisage une propagation formelle. Mais comme cette conviction est toujours de parti pris, de bon plaisir, elle se heurte toujours à une conviction adverse aussi bien dotée (d'argent et de fantaisie) et elle se trouve neutralisée, à tort ou à raison. C'est du ravitaillement qui anime des compétitions déjà pénibles et c'est tout. Mais qu'importe au « généreux donateur », son nom désormais sera clamé aux distributions de prix des hautes assemblées et gravé sur les marbres votifs !

Les meilleures volontés n'ont rien à faire individuellement. Elles ont à se rechercher, à se grouper, à rassembler leurs dons et, vis-à-vis des arts, piocher longuement les lois d'esthétique pour prévoir la répercussion des encouragements disponibles — et, encore là, comme partout, c'est une bien autre affaire que de jeter son nom et sa poignée de louis à l'aveuglette.

II

Amateurs et mécènes sont bien loin toutefois de représenter la clientèle des métiers et des industries d'art, heureusement.

A côté de ces snobs, de ces dilettantes, il y a le gros public, manquant de fine érudition peut-être, mais qui voudrait bien assurer son existence, autant que possible, dans des vêtements, dans des meubles, dans des locaux, dans une cité conçus pour le bien-être.

C'est là où « le grand art » semble bien comme superfétaire à la vie et où les arts appliqués apparaissent si souvent comme impropres à donner ce bien-être — à remplir ces conditions si difficiles d'appropriation usuelle et d'agréable aspect.

Il faut dire, à la décharge des arts appliqués, que la Science, principalement les sciences industrielles, précipitent à notre époque les transformations de l'habitat, à tel point que les arts ont peine à les suivre et à revêtir convenablement les formes qu'elles ébauchent. Les inventions surgissent, qui obligent des procédés d'éclairage ou de chauffage, par exemple, à abandonner leurs expressions anciennes où un charme restait de ce qu'elles avaient été si longtemps étudiées. Les procédés nouveaux ont cela d'intéressant, qu'ils font de plus en plus, du collectivisme à leur manière : Le chauffage d'une maison à loyers par les radiateurs nous rassure près des petits locataires, mieux que l'individualisme du foyer, allumant, consumant, éteignant son feu sans se soucier du voisin. De même pour la lumière. Mais ces nouvelles dispositions du bien-être ne peuvent s'arrêter en si beau chemin, et l'artiste décorateur le sent si bien, qu'il néglige d'embellir tel procédé et se chagrine à peine si l'embellissement en est impossible. C'est que, au chauffage collectif d'une maison pourrait bientôt se substituer le chauffage collectif d'une ville ; l'éclairage des milliers de lampadaires municipaux pourrait peut-être se concentrer sur quelques foyers lumineux intenses ; et des petits moyens aux grands, les modes d'expression peuvent changer du tout au tout : ainsi la tuyauterie du gaz, qui a tant lésé l'esthétique des appartements est remplacée par les fils électriques, qu'on a pu quelquefois employer en dispositions décoratives. Mais, bien mieux, l'électricité est appelée à rester cachée, elle a là un rôle magique, et dans l'habitation, l'ingénieur avec l'artiste doivent concevoir des surfaces lumineuses, ne présentant aucun dispositif d'appareil, et qu'un commutateur *ouvrirait* le soir comme des fenêtres ensoleillées. Et encore, ces fils électriques dont les ramifications arrivent à encombrer les antichambres, ne sont-ils pas appelés eux aussi à disparaître ? La lumière froide ne nous promet elle pas une « lumière d'art » en même temps qu'une grande économie ? Ou bien, des récepteurs de lumière et de chaleur ne vont-ils pas, un jour prochain. supprimer toute conductibilité visible ?...

On peut pardonner la perplexité et bien des fautes de goût, au décorateur moderne, qui suit bouleversé, haletant, le rêve de l'ingénieur et qui ne s'attache pas à soigner les imparfaites réalisations que l'ingénieur lui-même abandonne.

Après tant de causes exposant la décadence de nos arts décoratifs, celle-ci vient encore. Il y a là une transition inévitable du progrès et on ne peut y pallier qu'en établissant une étroite sympathie entre l'ingénieur et le décorateur. Il faut les prémunir contre les méfiances qu'ils se suggérent devant tant de difficultés à vain : il faut les élever au-dessus des suspicions imbéciles qui leur sont suscitées de l'un à l'autre par des idéologues rétrogrades ; il faut les unifier dans la « synthèse de l'utile dulci ».

Sans doute, le résultat de leur collaboration doit abolir bien des détails dans la décoration usuelle. Bien des appareils, bien des bibelots artistiquement agrémentés disparaîtront à jamais. Une grande simplification dans l'ameublement en résultera, dans nos costumes aussi. Ne le regrettons pas : ce que nous perdons en détail, nous le gagnons au centuple en ensemble. En se refusant à la vie casanière, le home futur se refusera à l'intellect casanier.

Nous verrons plus loin, tout ce qu'une esthétique rationnelle doit attendre de l'industrie, de ses matériaux nouveaux, de la captation des forces naturelles, etc. Nous verrons aussi qu'elle est l'organisation ouvrière qui doit produire avantageusement l'habitat, le meuble, le vêtement et qui doit faire de la Mode, autre chose qu'une tyrannie du goût.

La Mode n'est devenue de nos jours aux mains des marchands, qu'une habile pourvoyeuse de clientèle. Elle est le pivot commercial du costume et de la parure. Le couturier actuel n'a pas plus le sens de la décoration — c'est-à-dire, de l'association de son œuvre aux milieux à prévoir — que l'artiste peintre, harmonisant dessins et couleurs sur la toile, sans se soucier de la destination de son tableau. Au grand couturier, comme à la confectionneuse, les lois du commerce moderne défendent tout autre état d'esprit. Ce commerce a besoin de tels débouchés, qu'il n'hésite pas à envoyer sous toutes les latitudes, les mêmes vêtements dont le modèle a été conçu à Paris ou à Londres.

Ou ce costume fut composé en vue de convenir à toutes les latitudes, et il ne peut convenir à aucune, ou il est taillé pour les habitants d'une région et ne doit pas en affubler d'autres.

La centralisation de la Mode est exigée par la centralisation industrielle. Elle doit garantir les débits des exploitations intensives et permettre les coalitions marchandes. Il n'importe que son exportation ruine le pittoresque de tant de pays, bientôt de tous les pays — si elle enrichit de numéraire quelques gros marchands. Pour la fortune de ceux-ci, les petites industries provinciales sont ruinées, qui fournissaient le traditionnel costume à leurs indigènes, costumes si seyants, qu'au nom de la Mode on ridiculise, et qui disparaissent pour faire place à l'uniformité d'une coupe insipide.

Belles dames espagnoles ou russes ou japonaises, habillées à la parisienne ! Paysans des montagnes, travailleurs des mers, citadins américains, allemands, italiens, habillés du même complet londonien ! Partout, sous les frimas ou sous le chaud soleil, les foules vont endeuillées sous la tenue égalitaire de noir sale !

Coutumes locales, pieuses traditions détruites pour satisfaire aux appétits des gros filateurs, des gros fabricants de confection, qui ont décrété le pitoyable équipement de l'humanité moderne, qui ont tacitement organisé le trust de la laideur ! Coutumes locales, pieuses traditions qu'on ne peut plus perpétuer qu'en mascarades, aux anniversaires où l'on endosse le costume des aïeux, comme des figurants se déguisent !

Un tel développement de leur commerce ne leur suffit pourtant pas. Ils se sont entraînés à une telle surproduction que, dans les centres civilisés, ils créent au nom de la Mode, des fluctuations de goût, capables de faire rejeter un vêtement, un chapeau, bien avant qu'ils soient usagés. Ainsi, imaginons qu'il puisse se créer cette année à Paris un costume esthétique et pratique à l'usage d'une catégorie de parisiens, et conforme à leurs occupations ou à leurs loisirs, adéquat à leurs habitations, à leurs moyens de transport, etc. ; soit une création-type soumise à une longue durée de temps ; eh bien ! un an ne se serait pas écoulé, que le commerce chercherait par tous les moyens, à démoder ce costume, c'est-à-dire, que ce qui aurait été trouvé au nom des arts, du sens pratique et de l'hygiène, devrait recevoir le démenti d'une transformation, donc une déformation — pour permettre l'avilissement des vêtements portés et le prompt achat de la *nouveauté*. Si une objection se levait, non sur la dépense ainsi forcée, mais sur la question de goût reconnaissant le *costume-dernier-genre* moins seyant que celui de l'année dernière, un mot s'imposerait, insipide, féroce, fatal : C'est la Mode !...

O femmes, qui parlez justement d'émancipation, ne soyez plus avant tout si dociles au mot d'ordre des fabricants de Mode !

III

La perversité du Commerce ne s'arrête pas là. On peut dire que partout où agit la grande Industrie et le grand Commerce, l'esthétique est lésée. On sait toutes les infamies, toutes les spoliations commises par la colonisation envers l'humanité ; on ne pense jamais assez aux vols et aux crimes commis envers la Beauté par les exploitations minières, agricoles, forestières, par les prospecteurs, les explorateurs, les concessionnaires et par la soldatesque — par tous ceux enfin qu'il est convenu d'appeler « les pionniers de la civilisation ».

... C'est le « sac de Pékin » où furent enlevés à leur milieu ethnique tant de bibelots rares et d'étoffes historiées de légendes que nos regards sceptiques d'Occidentaux devaient profaner, que les doigts des marchands souillaient et désunissaient : armes, bijoux, objets de culte, pieux souvenirs entassés dans les ballots de pacotille, exposés aux débarcadères à la profanation de notre badauderie, à la risée de notre suffisance, au marchandage de notre lucre. Œuvres d'art massacrées sur place par les soudards ; riches collections pillées, parchemins brûlés, temples incendiés ou dépouillés, idoles arrachées à leur niche millénaire — pour faire de l'argent !

C'est le temple de Philœ, ruines célèbres dans l'île du même nom de la haute Egypte et que des fermiers ont submergé par des barrages établis sur le Nil, afin d'irriguer leurs vastes cultures — pour faire de l'argent !

C'est telle contrée en Amérique, jadis véritable éden où poussaient des orangers, mais qui avait le malheur de recéler des poches pétrolifères. Tout fut saccagé, anéanti. Les sites enchanteurs furent remplacés par la hideur des puits d'extraction ; la pestilence du liquide convoité succéda à l'arome des arbres en fleurs, et le ciel s'assombrit des fumées des machines. Les habitants virgiliens furent enrôlés dans cet enfer ou s'enfuirent éperdus. Un industriel était passé par là et ç'avait été un cataclysme — pour faire de l'argent !

Et c'est le travail des placers, où la force hydraulique délaye les gisements : immenses contrées changées en cloaque pour quelques kilos d'or ! Et ce sont les mines surmontées des hauts-fourneaux sinistres, et ce sont les carrières éventrant le sol, et ce sont les forêts dévastées — pour faire de l'argent !

Pourtant, il arrive que devant la valeur agreste d'un pays, le Commerce fait reculer l'Industrie et approprie au tourisme la Nature épargnée. Alors la dévastation est faite de raffinements — il y a des vandalismes qui construisent comme d'autres anéantissent : Des hôtels, des casinos barrent les horizons et injurient le paysage de leurs géométries arbitraires. Ici un funiculaire vous invite à monter « au beau point de vue » et vous y arrivez prestement, certes, mais il a disparu, détruit par le moyen de l'aller voir, ce moyen étant les gares, les tranchées, les remblais, les viaducs et les docks de charbon ou les réservoirs d'eau nécessaires à sa traction — n'est-ce pas un trolley qui mène au pied des Pyramides ?... Une ville est-elle curieuse et susceptible d'attirer le visiteur ? Alors on la massacre d'une avenue rectiligne, on badigeonne ce qui reste de ses vieilles maisons, on met l'électricité, les dames s'habillent à la parisienne et on hisse devant l'hôtel de ville la statue de quelque gloire douteuse. Le Commerce étale ce qu'il appelle son confort : ici des écriteaux ostensibles et affligeants en font foi ; là des tourniquets barrent les chemins jolis, pour que vous y acquittiez le droit à contempler « le lever du soleil sur la montagne »[1]. Le Commerce du tourisme introduit avec lui l'odieuse horde des rabatteurs, des guides, des mendiants de toutes sortes, pourris de pourboires ou d'offrandes et contaminant les indigènes à dix lieues à la ronde. Enfin, le Commerce amène le touriste (en caravane à prix réduit par les agences), le touriste qui va promener son insolence ignare sur le passage des civilisations mortes, sa lassitude cabotine devant les sites recommandés ; le touriste collectionneur qui mutile les sculptures et le momane du kodak et le pèlerin blagueur. Rien n'est digne de respect pour un touriste des agences, et quand on pense à ceux qui osent banqueter, répandre le champagne et la grivoiserie dans les hypogées des Pharaons, on espère qu'un

1. Le premier résultat d'une campagne en faveur de la Corse, et « pour sauver l'Ile de Beauté », fut la mise en exploitation d'autobus sur les plus poétiques parcours de l'Ile ! Et les sauveurs et les sauvés se congratulèrent avec toute l'ardeur méridionale.

On apprend en dernier lieu, que le « sauvetage » se poursuit : à l'entrée des Calanches de Piana (cette merveille du monde) se dresse un hôtel — horripilante bâtisse économique de quatre étages ! D'autres vont surgir et aussi des exploitations sacrilèges. Les Forces d'argent sont entrées dans ce pays enchanteur, il est perdu !

nouveau Samson fasse écrouler le Temple du Passé sur les modernes philistins !

Si, pour « faire de l'argent », le Commerce bouleverse ou déshonore la beauté du sol, il n'épargne pas plus les produits zoologiques. Entre la destruction systématique des gros cétacés, comme les baleines, et des gros mammifères, comme les éléphants — pourchassés, exterminés pour les fortunes immédiates — toute une série d'animaux rares est en train de disparaître, auxquels on ne donne plus même le temps de se reproduire entre deux tueries, parce que leur robe ou leur plumage font prime sur les marchés.

Mais il est un banditisme spécial aux opérations colonisatrices. Il s'y pratique un troc abominable. Il est une fausse-monnaie qu'on fait accepter aux peuplades sauvages. C'est l'alcool. Un commerçant part pour une contrée neuve avec une cargaison d'alcool de la plus basse qualité, véritable toxique dont il abreuve les nègres en échange de leurs produits : ivoire, caoutchouc, fourrures, etc. A ce sujet, des voyageurs rapportent qu'une province en Ethiopie, qui était peuplée il y a cinquante ans d'une race prolifique d'athlètes, ne présente plus aujourd'hui qu'une peuplade dégénérée et décimée par tous les vices et toutes les maladies ! Et encore, est-il besoin d'aller si loin pour constater de tels crimes, et ne connaît-on pas une autre monnaie d'échange qui consiste en armes et munitions — avec le mode d'emploi !

Où vont les profits de tant de vandalismes, de tant

de destruction ; que devient un aussi monstrueux gâchis de l'effort ? Au profit du progrès, de la civilisation, dira-t-on ? Mais le progrès et la civilisation ne doivent-ils pas avoir comme but justement de prévoir tant de désastres ? Y a-t-il besoin de tant de charbon, de tant de pétrole, de tant d'or, de tant de fourrures ? La consommation de ces produits ne tourne-t-elle pas dans un cercle vicieux, autour du capitalisme, pour un outillage de domination, pour des moyens d'asservissement, pour un gaspillage de luxe subjugueur ?...

En dernière analyse de ses méfaits sur l'esthétique, le Commerce se recommande par la Publicité. Les produits commerciaux, non contents de lutter entre eux de nation à nation par l'emploi de tarifs douaniers, d'impôts spéciaux, de monopoles, ont encore recours à toutes les propagandes par l'annonce, l'affiche illustrée, le catalogue, l'enseigne aux boutiques, etc. C'est le bluff organisé, et tous les moyens sont bons pour attirer l'acheteur. Celui-ci est véritablement poursuivi, harcelé. Dans les villes, les rues commerçantes l'assaillent de pancartes rigides ou animées qui le soir deviennent des enseignes lumineuses et forment des perspectives d'obsession optique. Ses oreilles ne sont point épargnées : des phonographes proclament tel papier à cigarette comme le plus agréable, cependant qu'une minable théorie d'hommes sandwichs lui répète inlassablement qu'à telle heure s'ouvre le café-concert X. Et voici qu'on se bouscule ; tout un rassemblement ; la voie obstruée ; c'est un cinéma qui affirme, par une scène burlesque, la qualité indéniable du cirage Z. L'acheteur présumé ne veut que la paix, il s'échappe dans la campagne, à la mer, à la montagne... horreur ! les agents de publicité sont passés par là en tortionnaires de la Nature. Partout la réclame salit les plus beaux points de vue de son « chocolat supérieur » ou de son « meilleur apéritif ». Est-il une fête ? Aussitôt les organisateurs se voient débordés par une réclame autoritaire, dominatrice. Toute fête est sa fête à elle et tout défilé de chars comporte le défilé de ses chars grotesques, faits de pots de moutarde ou de biberons gigantesques. Des héraults d'arme clament la valeur d'une conserve alimentaire. Des mousquetaires mettent la main à l'épée pour défendre chèrement la suprématie d'une paire de bretelle... Et le moindre chienlit vous donne un prospectus.

Un poëte n'a pas exagéré, qui dans une heure de spirituelle et mélancolique satire *inventa* l'affichage céleste. Certainement, les ciels nocturnes, jusqu'alors impollués, vont servir bientôt d'écran à des projections lumineuses, et l'astronome et le rêveur assez fous pour contempler ces « espaces stériles » seront ramenés à la saine réalité des choses en y lisant en lettres de feu le nom du dernier purgatif !

Déjà les ballons s'ornent de banderolles tendancieuses et de leur nacelle, les aéronautes-camelots vous bombardent des requêtes des boutiquiers. On nous promet les cerfs-volants réclame et des aéroplanes sans doute. Enfin, et pour redescendre au terre-à-terre, n'oublions pas de mentionner une publicité qui s'insinue partout, sous forme élégante, et rendra suspecte jusqu'aux conversations de salon ; c'est celle dont se sert telle grande modiste ou tel orfèvre qui ont réussi à corrompre journalistes ou romanciers besogneux, afin que soit glissé dans l'article, le livre ou au théâtre — à propos de bottes — le nom de l'un ou l'autre fabricant.

Cependant, la réclame a une prétention aux beaux-arts. Elle se glorifie même d'en avoir créé une branche des plus florissantes, d'avoir ouvert — pour nous servir de son jargon — un débouché à la production artistique.

Nous voulons parler des affiches illustrées.

Eh bien ! il faut nier au Commerce une telle initiative. Le Commerce n'est pas allé chercher des artistes, ce sont les artistes qui, se multipliant, encombrant les marchés du « grand art » et subissant la mévente, allèrent, crevant de faim, frapper à la porte des agences de publicité pour disputer leur gagne-pain aux piètres artisans qu'on y employait et ils eurent à lutter pour préparer la voie où les « maîtres de l'affiche » d'aujourd'hui gagnent mieux que des grands peintres. Il faut nier encore au Commerce la valeur artistique de l'affiche, non pas pour elle-même souvent, mais toujours quant à sa prétendue fonction de décor. Nous nous refusons en effet à accorder la moindre beauté à ces palissades bariolées de mille couleurs, de ces mille couleurs dont la seule raison est de hurler à qui mieux mieux. Dans ce tam-tam sans mesure, chaque cymbalier, chaque tambourineur a peut-être du talent, mais un tam-tam produit par de bons artistes n'est-il pas encore plus affreux que celui qu'exécuteraient des sauvages.

CHAPITRE VII

L'Art et les Réjouissances.

I. Incohésion des diverses réjouissances : Sports, Jeux et Spectacles. — Les Sports caricaturisent les meilleures performances. — Leur barbare public.

II. Les Jeux. Où les jeux de hasard et de calcul, les jeux d'adresse et de parade, les jeux de société, les divertissements, les jeux d'enfants se dépensent sans beauté.

III. Les Spectacles. Tout l'art scénique porté au théâtre en manière de comédie, dépossède les cérémonies civiques. — Inconséquente mise en scène des théâtres en plein air. — Impossibilité actuelle, pour le peuple, d'organiser ou de prêter son concours à des fêtes publiques.

I

Il convient de classifier ce qui passe pour être nos réjouissances actuelles, par les SPORTS : courses hippiques, cyclistes, d'automobiles, courses à pied, tir, gymnastique, foot-ball, escrime, lutte, boxe, chasse, tauromachie, yachting. Par les JEUX : jeux d'adresse, de calcul, de hasard, jeux de prestidigitation, jeux de représentation, jeux de société et jeux d'enfants. Et par les SPECTACLES : théâtre, carrousels, carnavals, fêtes patronales, municipales, nationales, fêtes de charité, cérémonies civiques, pèlerinages, kermesses, pagents, foires périodiques, inaugurations d'expositions, de monuments, etc.

Les réjouissances sont d'esprit religieux — spirituel ou paganiste. Nous avons dit au Chapitre Ier comment, selon nous, la première civilisation s'était ébauchée, comment s'était fondé le primitif Autel qui fut le foyer symbolique des hommes — foyer de pierres plates piédestalisant la flamme — comment l'Ancêtre avait ramené à cette initiale architecture les éléments de danse, de musique, de sculpture, de peinture, de costume et de parure, et en avait fait les arts. Nous avons vu qu'au cours des siècles, et plus spécialement à partir de la Renaissance, les arts s'étaient détachés du foyer symbolique et que dès lors, ils avaient été condamnés à se perdre dans l'accessoire.

Nous allons voir maintenant comment les SPORTS, les JEUX et les SPECTACLES, qui devraient être dirigés par les arts vers la perfection esthétique et pour concourir à l'ennoblissement de la race, à l'éducation de ses sens et à l'épanouissement de son lyrisme, se développent anarchiquement de par la décadence des arts.

SPORTS, JEUX et SPECTACLES se sont classifiés dans des tendances tellement lointaines, qu'il semblerait difficile à un compositeur scénique de faire admettre en une seule pièce la coopération de cavaliers, de musiciens, d'acrobates et de chanteurs, comme si ces derniers n'étaient pas tous les enfants du rythme, par le muscle, par la sensibilité, par le courage et par l'émotion.

Les sports représentent en parades la plupart des moyens de combat d'autrefois. Ils entretiennent chez l'homme, employeur ou non d'animaux et de machines, les dons belliqueux de force, de vitesse, de souplesse et de ruse. Ils utilisent et détournent un résidu de violences que nos civilisations tendent à négliger enfin, si l'on en excepte le militarisme qui nous est imposé par l'inorganisation sociale. Toute l'action musculaire ou astucieuse des sports a été mise en valeur dans notre société pour correspondre à l'esprit de « lutte pour la vie » qu'entretient l'individualisme. C'est-à-dire qu'à part l'excursionnisme, les sports opposent individus à individus ou groupes à groupes dans les courses, les matches, les assauts, les concours et les championnats. Il s'ensuit une exagération de l'effort, soutenue par l'appât de prix souvent fort importants, émulation vénale qui crispe et caricaturise les meilleures performances.

Prenons les courses hippiques. Sous prétexte d'amélioration de la race chevaline, l'entraîneur nous présente « un cheval étique, à l'encolure concave, à la tête de bique, à la croupe anguleuse ornée d'une queue de rat »... tronquée. « Des montures de cette espèce réclament une race d'écuyers spéciaux. A l'aide de procédés chimiques supérieurs, on est parvenu à créer le jockey, une race intermédiaire entre le lapon et le jocko » (nom vulgaire de l'orang-outang).

Le coureur cycliste n'est guère plus séduisant. Penché sur son guidon, le cou tendu, ses jambes nues et sales moulent des kilomètres, pendant que son pauvre cerveau s'hypertrophie vers cette unique « présence d'esprit » : gagner en vitesse. Même mentalité échoit à son collègue des automobiles ; mais celui-ci a de grosses lunettes, endosse d'épaisses fourrures et se crispe au volant d'un bolide qui bondit, qui meugle, dans la poussière ou dans la boue, en dévastateur des sérénités sylvestres. Ces spòrts de la mécanique prétendent n'être que des épreuves nécessaires au perfectionnement des machines. En réalité, c'est surtout prétextes à réclame des fabriques.

Le foot-ball représente des états de luttes où l'on voit en raccourci des images de la mêlée sociale, c'est pourquoi il est très en honneur. Chaque camp est une hiérarchie d'endurance et d'initiative qui cherche à porter un ballon dans le camp opposé. Ce ne sera jamais là un spectacle d'art, car il y a quelque chose de grotesque dans la disproportion de cette somme musculaire en jeu et ce ballon si petit, si puéril. Le costume adopté par les footballeurs (large culotte coupée à mi-cuisse) n'est pas là pour le faire oublier.

La lutte romaine vise au contraire à l'esthétique, et ce serait en effet le sport alliant par excellence la force à la beauté. Malheureusement, l'organisation moderne des championnats fait naître des corps à corps brutaux, dans la précipitation des éliminatoires et sous l'œil d'un public qui ne compte que les points et qui s'impatienterait, comme à du temps perdu, devant des attitudes et des défilés plastiques. A cette impatience s'ajoute la cruauté quand, convié aux assauts de boxe, ce public fait salle comble, surtout si le manager a insinué, vrai ou faux, que les pugilistes mis face à face sont de mortels ennemis. Rien de plus ignoble que ces repaires où, sur une estrade, deux individus, que viennent d'exciter les polémiques des gazettes sportives, vont s'assommer. L'éponge est là pour le sang qui va couler, les bandelettes sont prêtes et le chirurgien attend... A quoi sert ce dévouement ? Qui va être sauvé par le sang répandu ?...

L'escrime est restée le privilège de l'armée, des hautes classes, des polémistes, mais ils sont bretteurs de moindre allure que leurs aînés les chevaliers et les mousquetaires — si du moins leur mentalité y ressemble dans les duels où se joue, pour un singulier honneur, la raison du plus fort.

Les progrès du tir n'ont pas apporté non plus le « beau geste » aux tireurs, si ce n'est de la précision aux armes. La guerre moderne enseigne aux soldats de ramper comme des bêtes, de tirer dans les poses les plus recroquevillées, les plus dissimulées. Toute parade est rigoureusement proscrite ; les costumes si étincelants jadis, se simplifient ; on enlève les brandebourgs, les parements, les panaches, on limite les galons, on cherche la teinte grise qui doit confondre le combattant avec le sol. La guerre n'a plus même ses splendides chevauchées, ni l'excuse des furies, des bravades, des impétuosités

— c'est la réglementation scientifique du meurtre. Le chasseur d'animaux n'a rien à envier au chasseur d'hommes quant à la décadence de ses attitudes. A s'en convaincre, il suffit de comparer ces deux images : L'une est photographie d'actualité et représente le premier citoyen de l'Etat assis sur un pliant et tirant sur la volaille levée par les rabatteurs en blouse blanche, cependant qu'un chef forestier recharge inlassablement l'arme présidentielle. L'autre est une miniature du xve siècle qui fait admirer « le roi se rendant à la chasse » avec ses veneurs, ses fauconniers et ses meutes. Les belles dames suivent, montées sur leur blanche haquenée par « grant plaisance » et en « bel arroi »... — insister serait cruel.

Les courses de taureaux, chères aux Espagnols, ont la prétention d'être spectacles d'art. La parade n'y manque pas en effet, ni les défilés, ni les poses plastiques, ni les habits chamarrés d'or. Pourtant, les phases de la course ne multiplient que des péripéties prévues : le taureau est là, harcelé, cerné sur une piste sans issue pour lui, et sa mort imminente n'est pas douteuse, malgré les feintes fanfaronnes des matadors. Et puis la figuration des corridas détruit le premier plaisir des yeux : ce n'est bientôt qu'éventrements de pauvres haridelles dont on recoud en hâte les entrailles afin que debout encore et toutes frémissantes, elles soient le butoir où se fatiguent les cornes du taureau.

Les sports nautiques nous donnent les courses à

la voile sur mer, qui sont de purs régals de la vue, mais si fugitifs, pour complaire, messieurs les chronométreurs ! à ce programme insipide d'une course, qui consiste à aller le plus vite possible d'un point à un autre. Les matches à l'aviron n'ont pas l'excuse d'un déploiement de voiles gonflées par le vent. Les constructeurs des canots de course ont tout sacrifié dans la structure d'embarcations réduites à porter pour un minimum de déplacement d'eau, une forte équipe de rameurs, et voilà des scolopendres monstrueux s'agiter au fil de l'eau... mais tout de même faut-il préférer la cadence de leurs rames, aux battements furieux et perturbateurs d'ondes que nous montrent les canots automobiles.

Le public des sports se recrute dans toutes les classes de la société. Mondains, bourgeois et prolétaires s'y coudoient dans une fraternité de cet instinct qui, nous l'avons vu devant les luttes et les pugilats, se rattache le plus souvent à l'animalité des temps barbares. Il faut le voir, aussi ce public de canaques névrosés, devant les coureurs cyclistes ou pédestres, pousser de ses acclamations ces loques humaines qui vont jusqu'à l'épuisement, qu'on relève comme des bêtes malades, qu'on éperonne de massages, de cordiaux, pour les mener plus loin s'abattre dans les convulsions. Et voilà ce public d' « amateurs d'énergie », d' « admirateurs de l'effort », de « vie intense » et de « régénérateurs de la race ! »

Enfin, c'est ce public qui ne voit le progrès des sciences mécaniques que par leurs manifestations extérieures ; sa sympathie ne connaît que les expérimentateurs d'une machine, non les inventeurs. Il délire d'admiration devant un aviateur gagnant une course, et il ne voit pas que cette prouesse est le résultat d'activités multipliées et anonymes. Il voit un bras manier un gouvernail qui soulève l'appareil et ne voit pas les milliers de bras acharnés depuis des siècles à cette tâche, les milliers de volontés enfin réunies et palpitantes, les milliers d'efforts dont la somme *seule* est là qui triomphe ! Il ne voit, ce public, qu'un courage, à l'exception des milliers de courages « qui ont tenu la pose plus longtemps » passée aux tâtonnements d'une invention. Pour le fétichisme de son enthousiasme simpliste, il lui faut un vainqueur, il lui faut un gagnant. Il décerne des honneurs et des fortunes à un acrobate téméraire et chanceux et le fait bénéficiaire étonné de tout un monde d'études. Est-ce ainsi une manière de racheter son mépris des tentatives malheureuses ou tragiques, son ignorance des héroïsmes obscurs et de tous les dévouements antérieurs ; est-ce ainsi qu'on répare l'injustice par l'injustice en cherchant à réhabiliter en un individu, tous les utopistes, tous les rêveurs et tous les fous géniaux qu'on a indignement bafoués, et tous les poètes qu'on a tant méprisés, ces précurseurs de l'aviation, qui ont forgé Pégase !

La mentalité des foules aux hippodromes n'est pas meilleure. Le pari est là administré officiellement et convoque tous les provocateurs de chances : riches désœuvrés, nobles décavés et gens sans aveu. Le pari est là qui accueille tous les vaincus, tous les tarés que la société repousse de ses administrations, de ses ateliers. Le pari est là qui devient le rendez-vous des révoltés, réfractaires aux dures lois de l'effort, devant le pesage qui offre à leur convoitise légitime, l'apparat des fortunes.

Hasard heureux, illusions déçues, égoïsmes et rancœurs parcourent la foule, entre la pelouse et les tribunes, entre le bookmaker et le lanceur de mode, et du mannequin au pickpocket.

... Jockeys, et vous coureurs, lutteurs, boxeurs, jouteurs, champions de force, d'adresse ou de vitesse, vous êtes ainsi que les travailleurs manuels, des exploités et l'on vous envie bien à tort. Ici, réclames vivantes des manufactures de machines, là ouvriers à la solde des gros entraîneurs, numéros de managers et toujours chairs à pari, qui mourez avant l'âge, de fatigue ou d'accident ! Pourtant, vos exhibiteurs peuvent affirmer qu'ils vous arrachent à la pauvreté des campagnes, à l'insipide existence des usines, à l'abrutissement des casernes, et que si vous peinez pour eux, vous goûtez au moins l'ivresse des bravos, ces bravos fussent-ils de sauvages ! Et cette assertion est tristement acceptable. Nous la préférons à celle qui, à propos des courses de machines, voudrait faire de ces exhibiteurs des propagateurs de progrès mécaniques — comme si l'entente des constructeurs ne serait pas plus profitable en ce sens que leurs rivalités.

Ainsi, les sports sont tombés aux mains d'entrepreneurs. Chaque terrain est un comptoir et les sociétés sportives font des affaires. C'est pourquoi chaque sport indépendant poursuit son point de vue exclusif, là où nous ne voudrions voir que des exercices, des entraînements, surveillés par des *compositeurs de fêtes*, pour être mis ensuite à leur disposition, et coopérer à des mises en scènes grandioses.

Il en est ainsi des JEUX.

II

Les jeux sont d'adresse, de calcul et de hasard ou participent des trois le plus souvent. Par l'adresse, ils rejoignent les sports : tennis, jeux de boules, etc.; par le calcul, ils satisfont nos antécédents astucieux ; par le hasard, ils trempent dans la superstition.

Les premiers hommes cherchèrent à lutter d'agilité, à s'éduquer aux combinaisons retorses, à s'habituer aux fluctuations des Imprévus brillants ou misérables — on retrouve des palets, des échecs, des jeux de dés, des osselets dans les plus vieilles civilisations. Nous exercer à affronter les Risques, les Sorts, nous tremper physiquement et moralement à leurs coups, voilà ce à quoi prétendent les jeux. Ils prétendent encore, dans les jeux de calcul et de hasard, à nous instruire de la sagesse du Fatalisme.

S'ils servent à fatiguer nos convoitises, ils servent aussi à les exaspérer, et c'est en cela surtout qu'ils sont de plus en plus en vigueur à notre époque, le heurt des individualités étant porté à son comble. Il faut voir ces joueurs et ces joueuses attablés devant le tapis vert, les visages crispés d'angoisse ou de dédain, ou rayonnants d'insolence. Le tripot est bien l'enfer où nous conduit notre religion de l'Or.. Ces joueurs ont le mépris d'un travail que la société a organisé en esclavage, et ils sont venus là cambrioler les portes du Destin !

Les jeux sont aussi jeux de parade. Nous ne nous arrêterons pas à ces « attractions » de nains, de phénomènes, d'estropiés sensationnels, à qui un public sadique permet une telle prospérité, qu'il existe des fabriques de monstres où l'on torture de pauvres êtres pour les donner en pâture — fous de honte — aux curiosités malsaines.

Préférons voir, chanteurs, mimes, équilibristes, belluaires, prestidigitateurs et danseurs — amuseurs en momeries, grimaceries, cabrioles et farces ; baladins, chemineaux de mascarades et de folâtrerie. Parmi ces artisans du rire, les plus ambitieux sont de nos jours accaparés par les cirques et les music halls ; vedettes de programmes, ils sont les bohémiens huppés, les saltimbanques appointés. Les autres, gueux farouches, vont pitoyables et errants, parmi les populations sceptiques qui marchandent « la bonne aventure ». Voyez leurs tréteaux branlants dressés à l'entrée du village et qui, au lieu d'attirer une foule amusée, font se fermer les portes, et font lâcher les chiens. Pourtant, étoiles de café-concert, cabotins en tournée ou bateleurs de la route, n'êtes-vous pas les descendants des ménestrels, porteurs de la gaie-science, et ne devrions-nous pas faire de vous, non des mendiants de sous, mais des donneurs de joie !

Nous vous voyons les messagers de l'Enchantement : caravanes chatoyantes, dotées d'aise et de prestige par les cités futures qui communiqueraient entre elles et avec le monde, par votre exubérance et votre séduction — mieux que par le transit des marchands !

Les jeux sont encore dits « de société », distrayant veillées d'hiver ou repos champêtres. La danse est ici la conseillère par excellence, elle provoque les jeux de galanteries et demande aux garçons et demoiselles, de faire assaut de politesse, de malice et d'esprit. Un vieil auteur, qui intéresserait nos modernes économistes, prétend que les danses de société « sont practiquées pour cognoistre si les amoureux sont sains et dispos : à la fin desquelles il leur est permis d'embrasser leurs maistresses, affin que respectivement ilz puissent sentir et odorer l'un de l'autre, s'ilz ont l'haleine souefve, de façon que de cet endroit, oultre plusieurs commoditez qui réussissent de la dance, elle se treuve nécessaire pour bien ordonner une société ». Gageons que nos coureurs de dots savent méconnaître cette moralité prophylactique et que le souci de la race et de ses descendances ne les inquiète pas.

Et puis, « le temps est aux affaires ». Le salariat s'organise. Le capitalisme est sur la défensive. Les jeux de société cachent les conspirations de l'un, les rendez-vous de l'autre. Que sont ces banquets de mutuelles, ces banquets de propagandes?...

Comme il est triste aujourd'hui d'entendre affirmer d'un ton supérieur par chacun : « Ah! je n'ai pas le temps de m'amuser! » Quelle est cette cruelle nécessité, ou cette morale imbécile qui nous fait rejeter avec mépris la seule raison de vivre! Quelles sont ces lois du travail, à qui appartiennent ces machines qui devaient réduire l'effort et l'ont multiplié, qui devaient nous donner tant de loisirs et tant de subsistances et ont fait une humanité trépidante où passent des meurts-de-faim!

« Prouesses de jeux et esbattements » ne se présentent plus que par les niaiseries des soirées mondaines ou par ce qu'il est convenu d'appeler « faire la noce » : C'est le prolétaire nanti de sa paye, qui va *s'amuser* dans la tournée des bistros ou à la fête de quartier (chevaux de bois, baraques, orchestres mécaniques, fritures). C'est le bourgeois qui, au sortir de sa partie de café, va lorgner un vaudeville obscène ou qui, avec des « gens chics », entre dans une *boîte à chansons* se faire fouetter de couplets rosses, de frissons rares devant des rôles d'apaches. Et voici le fils à papa, le joyeux fêtard qui parcourt les beuglants en chantant des inepties, s'étourdissant de tapage et jetant l'or à poignée, admettant sans doute que la société pourrie va enfin crouler comme lui dans la nausée. Et voici les comparses et les parasitaires de la mauvaise fête : filles et hommes de joie, entôleuses, sigisbées, souteneurs, trafiquants et proxénétes.

Décidément la vie est bien mal jouée !...

Nous sommes loin de ces *cours d'amour* qui n'avaient pas craint au moyen-âge d'organiser la joie, de la régler par un code du merveilleux, et nous sommes plus loin encore de ces civilisations qui mettaient au premier rang de ses cortèges de fêtes, les courtisanes dont notre hypocrisie a fait de pauvres filles ou d'arrogantes mondaines.

Bien des jeux d'enfants, de ces rondes de fillettes accompagnées de chansons mignardes et délicieuses, nous viennent de ces cours d'amour et perpétuent encore des rites de joliesse et de grâce. Mais ces jeux qui étaient d'agréables apprentissages d'élégance, ne sont plus dirigés par les parents, « à qui le temps manque pour s'occuper de ça » et qui ont sérié ces frivolités : S'il s'agit de jouer pour l'enfant, on lui achète un jouet d'un sou ou un jouet cher. S'il s'agit de *maintien*, l'enfant pauvre devenu adulte ira « jeter sa gourme » ou « se dessaler » au bastringue, tandis que le jeune parvenu sera confié au cours de danse à forfait. Mais, les manufactures de jouets surtout sont achalandées, car, ainsi que la conscience troublée donne un louis à un mendiant, on fait l'aumône à l'enfant d'un beau joujou, pour « qu'il fasse ce qu'il veut et nous laisse tranquille ».

Quant à l'esthétique des jouets, et devant la routine industrialisée des artisans, quelques rares artistes s'en sont occupés, sans aucune compréhension et n'ont créé que des bibelots d'art. A un autre point de vue, des pédagogues ont préconisé le jouet instructif, comme si le jouet le plus instructif n'était pas celui que l'enfant façonne lui-même. Seuls, les gros fabricants ont tablé juste, en produisant le jouet de luxe, le jouet compliqué, non pas le jouet qui doit amuser l'enfant, mais le jouet qui doit payer les relations et les services entre les grandes personnes. C'est en ce sens que le jouet est devenu réellement instructif, et c'est ainsi que sont les « étrennes utiles ». L'enfant n'est plus qu'un truchement d'affaires et il le sait et il se venge comme cette fillette qui boudait au reçu d'une nouvelle poupée perfectionnée et s'écria : « Je ne m'amuse plus, parce que j'ai trop de joujoux ! »

III

Voyons maintenant ce que nous appelons le SPECTACLE.

Le théâtre moderne est celui des arts qui est resté le plus synthétique, car il a souvent besoin de la présence simultanée des autres arts. C'est en le rénovant dans la Cité future, qu'il aidera à toute une réorganisation esthétique et morale. C'est le Théâtre qui commandera aux Sports et aux Jeux, et il produira une science des féeries, un art des apothéoses auprès desquels nos feux d'artifices et nos fêtes vénitiennes seront de pâles souvenirs. En attendant, il n'y a rien à tenter pour faire sortir le théâtre de l'*action divertissante* où il se confine, pas plus qu'on ne peut songer à rehausser l'éclat des réjouissances publiques.

Que ce soient les tentatives de décentralisation des grandes scènes, les essais de fêtes civiques, l'exhumation de traditions régionales, les théâtres de verdure, les enquêtes sur un théâtre du peuple, tout doit fatalement avorter, quels que puissent être les talents mis en jeu. Evidemment, telles entreprises peuvent faire des affaires, mais leurs efforts n'en resteront pas moins impuissants sur le terrain où nous nous plaçons.

C'est que, la véritable action théâtrale pour un peuple doit être celle qui s'incorpore à son histoire et relie de ferveur ses périodes ; celle qui accompagne et magnifie ses manifestations civiques ; celle en un mot qui exalte la vie au sein même de la vie : Anniversaire météorologique, inauguration d'un monument, d'un fait scientifique, élections, concours, couronnement d'un labeur commun, etc.

Il n'y a aujourd'hui pour ces cérémonies que le discours ministériel ou du comice agricole ânonné du haut d'une estrade échafaudée n'importe où et recouverte de l'insupportable grenat frangé d'or. Prétexte à harangue politique, distribution de décorations asservissantes, défilé des pompiers et de l'orphéon, notables endimanchés d'habit noir, gibus déformés ou huit-reflets, beuveries, voilà le spectacle affligeant et ridicule qui devrait se pourvoir au contraire des règles de groupements, de maintien, de diction, et du décor et de tout l'apparat enfin capable de faire de ces cérémonies des œuvres d'art — et ce n'est pas au surplus en invitant, comme il se fait maintenant, quelques comédiens ou danseuses notoires, que de telles cérémonies peuvent prétendre à la Beauté ; le résultat, devant le contraste des gestes gauches des uns et de l'aisance apprise des autres reste trop évident.

En regard de ces pauvres cérémonies, la tendance théâtrale, depuis les scénarios des dramaturges, jusqu'à l'enseignement du Conservatoire, s'astreint à accaparer et à cloîtrer les arts scéniques derrière *la rampe*. Comme les arts plastiques négligent la décoration des monuments publics, pour encombrer les musées de toutes leurs richesses, les arts scéniques négligent la décoration des années, négligent d'organiser les fêtes civiques et d'éduquer leurs représentants, pour se consacrer à la scène, ce musée de la cinématique, et pour éduquer des cabotins de gestes éloquents, de diction convaincante « pour rire ». Comme la peinture actuelle s'expose dans le *cadre-de-chez-l'encadreur*, le scénario s'objective sous le *manteau d'arlequin*. Le théâtre enclôt le lyrisme comme le musée d'art fragmente l'effusion plastique, théâtre et musée, dans la même aberration, accaparant tout ce qui doit embellir la vie elle-même, pour en faire des œuvres récréatives — en faible dédommagement! Ainsi, quittant un labeur dépossédé de joie, « l'on va au spectacle » alors que c'est le spectable qui doit se lever d'au milieu de nous et transfigurer nos peines. On se sauve de la triste réalité, on va chercher de l'oubli, « c'est une heure de beauté », dit-on, arrachée à la dure journée, quand cette journée devrait être l'ascension de cette heure de beauté!

Mais, dans un ordre sociétaire en souffrance, les théâtres ne peuvent qu'être des refuges, des échappatoires à la lutte quotidienne. Ils ne peuvent prétendre à diriger les foules, comme nous le désirerions, en les enrôlant tour à tour, actrices et spectatrices, les baignant d'enthousiasme au milieu de leurs travaux. Et c'est pourquoi le théâtre actuel est faux, avec ses acteurs ici et son public là, sans liaison d'action, l'un toujours actif et l'autre toujours passif. Et c'est ainsi que notre société vit comme cet avare aux vêtements grossiers qui s'enfermait le soir venu pour contempler sa fortune et pour rêver des riches costumes dont il se privait.

Affligé de la platitude d'une cérémonie municipale ou d'un protocole de réception, on s'échappe vers une mise en scène historique que représente le théâtre voisin, et l'on se dit : « Pourquoi tant de science de maintien et de déclamation dépensée ici par manière de comédie, quand nous venons de voir des personnages officiels si pauvres de tenue dans un rôle véritable »... Et pourtant le peuple a été autrefois si trompé par les belles manières de ses seigneurs, qu'il tiendrait en suspicion aujourd'hui ses représentants, si ceux-ci n'affectaient au contraire la « tenue sans façon » ; c'est encore là du battage, mais notre démocratie, flattée de ces désinvoltures, n'est pas prête d'envoyer à l'école de maintien ses municipes, ni de faire des artistes de ses entrepreneurs de cérémonies civiques.

Au fait, ces cérémonies ont la distinction qu'elles méritent : anniversaires, inaugurations, élections, revues, concours, sont trop au profit des privilégiés pour que le peuple s'intéresse à leurs splendeurs, et participe à leur gala, autrement qu'en badaud sceptique et gouailleur.

La stupidité d'une fête du bœuf gras n'est pas plus la fête des ouvriers de l'alimentation que la mi-carême n'est la fête des muses du travail ; le fait de jucher sur un char, cette ouvrière déguisée en reine pompadour, est une charge indigne. Est-ce pour ravaler un ancien régime à une mascarade ou pour salir d'un sceptre honni, la main d'une simple fille ?...

Les fêtes mondaines qui, devant les colères prolétariennes, se parent de plus en plus du titre de « fête de charité » ne recueillent pas davantage de considération de la part du peuple. Celui-ci connaît les trafics qui soutiennent les fêtes de charité. N'est-ce pas trop souvent le moyen d'enrichir quelques gros organisateurs et le prétexte au dévergondage des classes enrichies? L'immoralité des fêtes de bienfaisance ne se trouve aucunement rachetée par un souci de l'esthétique. La plupart du temps, la fête se trouve composée « de morceaux choisis », fragments d'opéra, comédie, etc. Il y a aussi les ventes de charité où les dames patronesses jouent à la marchande, minaudent caquettent, font des œillades aux acheteurs : tout est permis ce jour-là, c'est pour les pauvres !

Détournons-nous et entrons aux bals privés des artistes des beaux-arts. L'intérêt qu'ils présentent vient de ce que, à l'encontre des bals masqués où se coudoient les costumes de tous les temps, ils préparent un programme scénique avec cortège et défilé, auquel programme, doivent adhérer tant bien que mal, les invités. Mais, comme le peuple se distrait aux beuglants de ses faubourgs, la bourgeoisie aux vaudevilles, l'aristocratie à ses réceptions, les artistes, portes fermées, s'amusent à leurs bals, qui se gangrènent d'invertis. Ainsi la joie aussi a ses castes ; les réjouissances à notre époque de « fraternité » ne rallient pas, n'homogénéisent pas un peuple, ne le rassemblent même pas un moment pour le faire vibrer à l'unisson, comme au Colisée sous les Césars !

Les promoteurs de théâtre en plein air ont cru

vaincre ces critiques en reliant, par le décor champêtre, l'art dramatique à la vie sociale. Ils ne le relient même pas à la Nature.

Un jour qu'on donnait un drame antique dans un de ces théâtres, nous vîmes au delà des barrages qui gardaient les curieux, la plaine immense où les moissonneurs arrimaient, dans le soleil couchant, le chargement des blés. Un gars avait escaladé un chariot et y plantait des branchages que des filles rieuses apportaient en courant des bosquets voisins. Quand nos yeux se reportèrent sur la scène artificielle où les gloires fardées exhumaient péniblement l'Antique, nous eûmes l'envie de crier en grand scandale : « Arrêtez, dramaturges, comédiens, coryphées, arrière figurants et machinistes, et toi, public en mal de littérature, lève-toi et regarde là bas, et applaudis l'ébauche jolie d'une « fête des moissons ». Comédiens, allez instruire ces rustres et vous instruire près d'eux ! »

A quelque temps de là un espoir nous vint. Un centre vinicole de France annonçait une « fête des vendanges » largement dotée et où les sommités du théâtre allaient concourir. Quelle déception ! Pas un vigneron, pas une vendangeuse n'était là et le raisin était de carton. Parodie injurieuse pour les travailleurs de la vigne, qui dans les champs voisins allaient et venaient courbés sans joie sous le faix des pampres.

A Paris, à la fête des fleurs, les mondains n'invitaient aucun horticulteur, aucune fleuriste, aucune des petites bouquetières qui avaient tant travaillé à entasser ces monceaux de gerbes odorantes, qui s'étaient ensanglanté les doigts à les dégarnir d'épines, afin que d'autres puissent sans crainte en faner des jardins entiers pendant un soir.

Et nous comprenions. Comment pourrait-on faire participer le prolétariat à des fêtes, aujourd'hui qu'il sait être frustré plus que jamais, et que ses moindres loisirs doivent être employés dans les syndicats à organiser sa revanche et son triomphe. Foin des petites fêtes, pour la grande fête qu'il prépare et qui sera la Révolution de demain ! Et l'on voudrait organiser la fête du Travail !... Mais l'on ne pourrait avoir recours qu'à des comparses mercenaires, à des camelots sans scrupules, ou bien ce serait la protestation d'un monde qui souffre et alors l'on verrait...

...L'on verrait les pauvres midinettes rongées de chlorose par les veillées, et tous les apprentis auxquels on n'apprend rien ; on verrait des débardeurs, des hommes de peine, déformés par les charges inexorables ; des mitrons montrant par leur fatigue qu'ils ne sont pas fautifs si tout le monde n'a pas de pain ; on verrait plus loin, traînés pêle-mêle dans des charrettes, tous ceux qu'on aurait sortis des hôpitaux ce jour-là ; les ouvriers des soutes qui portent le feu dans leur poitrine, les coloniaux dysentériques, les couturières tuberculeuses, les inventeurs martyrs et fous, les petits retraités gâteux, et tous les alcooliques et tous les mutilés ; enfin, en queue interminable, l'armée des sans travail, horde tragique que suivrait une vieille marchande des rues, cassée, ridée, agitant sa crécelle et criant : « V'là le plaisir ! »

DEUXIÈME PARTIE

LE PROCÈS

Critique de l'Administration des Arts actuels

CHAPITRE VIII

Le Rôle de l'Etat.

I La politique des Etats, étant centralisatrice et régionalicide, produit des arts sans caractères ethniques.
II. Notre élite officielle. — L'Institut et son conservatisme intellectuel. — Ouvrez au peuple la porte des délibérations esthétiques !
III. Au parlement règne, de l'extrême droite à l'extrême gauche, la même ignorance de notre avenir artistique. — Le groupement des élites.

I

La formation des grands États européens marque la plus pénible évolution qui soit dans l'histoire des peuples. Pour sauvegarder son intégrité, chaque État doit imposer à ses provinces le sacrifice de leur personnalité. Centralisée dans une métropole, la Raison d'État réclame une uniformité de sentiment aux races les plus diverses, établies sur son territoire. La Raison d'État impose en premier lieu, une direction unique de l'Enseignement, direction qu'il est aussi faux de faire prévaloir loin de la métropole, dans d'autres climats, près d'autres mœurs, que d'arrêter brusquement à l'extrême limite d'une frontière — derrière laquelle la direction enseignante d'une métropole voisine a amené tout un esprit d'incompréhension.

Pour l'unité de Patrie, se trouvent anéantis les dialectes régionaux, les coutumes, les particularités indigènes. Tout ce qui pourrait, dans une province, constituer un apanage ethnique, une autonomie de goût, est suspect à la Raison d'État. Par tous les moyens, la Raison d'État doit noyer les levains de pathétisme locaux qui peuvent fermenter çà et là, qui ébranleraient la construction artificielle du Pays et seraient susceptibles par suite de le livrer à l'invasion étrangère.

Ce drame angoissant de la paix armée en Europe, ce drame où agonisent tant de provinces de caractère, est particulièrement douloureux en France.

Chez nous, la Renaissance, la Monarchie, la Révolution, la République, furent les phases qui construisirent notre unité nationale. Mais n'avons-nous pas vu qu'à chacune de ces phases, qui garantissaient de mieux en mieux l'intégrité française, correspondait une désagrégation qui, de mal en pis, envahissait les arts !...

L'Art est régionaliste.

La Raison d'État est régionalicide.

Le Nationalisme est antiesthétique.

Ceux qui ont voyagé aux quatre coins de la France, ceux qui se sont rendu compte de la variété de ses climats, de ses sites, de ses races, peuvent seuls comprendre tout ce qu'il a fallu détruire, salir, pour émasculer des provinces autrefois si puissantes, si différentes, et de toutes leurs déchéances, constituer la Patrie française.

Pour complaire à la Raison d'État, la Métropole attire les forces du territoire, prive les provinces de leurs enfants laborieux et géniaux et ne leur rend que des fonctionnaires. Alors congestionnée, pléthorique, la capitale raille *la province*, mettant dans ce mot toute l'ironie, tout l'irrespect qui vont aux choses veules et vaincues.

Faut-il qu'un gouvernement soit sûr de la viduité de ses provinces et les traite avec mépris, pour leur imposer jusqu'à une *direction générale du dessin* ; une direction générale du dessin à un pays que bordent des mers si changeantes, des montagnes si diverses, où poussent du houblon, de la vigne et des cactus !

Le nivellement, cet instrument d'unité nationale, saccage les heureuses traditions, démantèle les vieilles cités inoffensives, corrompt les sentimentalités populaires, uniformise partout. La Raison d'État de la Patrie française ne tient que par le vandalisme des mœurs et des consciences provinciales. Pour les « intérêts vitaux du Pays » on a sacrifié les intérêts lyriques des provinces. Pour « l'indépendance de la Nation », on met en dépendance la totalité de ses nationaux !

Ah ! comme écho aux cris d'angoisse, qu'arrachent encore les deux provinces mutilées par l'Étranger, que ne s'élèvent les cris de compassion pour les trente-deux provinces que la France mutile tous les jours !...

Et l'on parle du relèvement des provinces, de décentralisation des arts, et l'on cherche à s'illusionner par quelques déplacements de cabotins ! Comment peut-on croire à la décentralisation, comment l'État peut-il affirmer qu'il y est sympathique, quand sa Raison est d'y être opposé, devant les Raisons d'hors frontière.

Hors frontière pourtant, vous ne voyez que provinces anglaises, allemandes, italiennes, geignant sous le joug des lourdes fédérations étatistes ; des régions se vident de toute originalité, de tout esprit de terroir, de tout amour du « pays ». Impuissantes à épouser le conventionnel sentiment national, autrement que dans les discours des préfets, elles se retournent vers le passé, mijotent dans la réaction, s'abêtissent dans l'alcoolisme, les campagnes se dépeuplent ; villes du midi ou du nord ne s'animent que par leurs casernes, n'alimentent plus leur esprit qu'aux cafés-concerts. Ah ! pauvres cités potinières et radoteuses de province ! Ah ! ragots des réceptions préfectorales ! Et toute la saleté des élections — des élections sans « enthousiasme-moteur »... Mais tant de corruption n'empêche pas des soulèvements. Des jacqueries se préparent ; chez nous, mineurs de Flandre, pêcheurs de Bretagne, viticulteurs du Languedoc et de Champagne s'exaspèrent tour à tour. Que vaut cette Patrie pour laquelle ils sacrifient tout art et tout humour et qui ne les nourrit même pas ! Aussi, les provinces commencent-elles à comprendre que leur relèvement ne peut s'espérer que par l'internationalisme, qui contient le Régionalisme intégral.

Le malheur des provinces celtiques, germaniques ou latines cherche à se faire entendre. Il dit que les États européens sont devenus les provinces du capitalisme et que c'est le capitalisme qui profite de l'unité de Patrie, soit-elle monarchique, impérialiste ou républicaine, et qu'il fait, des gouvernements, autant d'administrateurs diligents de sa fortune.

En France, qu'a-t-elle gagné la plèbe à l'intégrité nationale ? Notre République n'est qu'une féodalité industrielle et chaque centre manufacturier est devenu plus souverain que le fief de jadis !

Le rôle de l'État paraît donc néfaste aux arts. Mais, comme ce rôle se transformerait, si les dirigeants des divers Etats devenaient de grands esthéticiens ! Comprenant que l'harmonie des arts doit développer toutes les harmonies sociales, ces dirigeants ne hâteraient-ils pas l'alliance des peuples, aux dépens de l'idée de Patrie !

Malheureusement, étudier l'élite dirigeante, c'est rassurer pleinement le nationalisme. Étudions :

II

Ceux qui prétendent rassembler les facultés de science et d'ordre, sont en France, comme dans la plupart des nations, classés en deux groupes distincts : les Académies et les Chambres législatives. Soit les dirigeants de l'Intellectualisme, soit les dirigeants de l'Exécutif.

Les Académies : Sciences, Belles-Lettres, Morales et Politiques et Beaux-Arts, fondées au XVIIe et au XVIIIe siècle, croient avoir recueilli la somme du haut savoir, comme les Chambres législatives sont persuadées représenter la volonté nationale par le suffrage universel.

Si les Chambres législatives influencent et sont influencées par les Académies, si des hommes du Parlement sont des académiciens et si des académiciens siègent au Parlement, il n'en est pas moins vrai qu'il n'existe, en dehors de contacts administratifs, aucun rapprochement entre les deux Collèges : le spirituel et le temporel ; entre la Pensée et l'Action ; entre la tête et le bras.

Notre époque matérialiste a donné tout le pouvoir au temporel, à l'action, au bras. Elle n'a même pas donné voix consultative au spirituel, à la pensée, à la tête. Et la formation des Académies ne pourrait être changée que par les Chambres : c'est le bras qui commanderait la tête.

On dirait que la Pensée humaine est une chose accessoire, un luxe. Quand le Parlement nomme une commission à l'effet d'étudier une loi nouvelle, cette commission se forme de politiciens, alors que l'Institut d'à côté, dit abriter les sommités intelligentes.

Mais, que vaut l'intelligence de l'Institut ? Que vaut le pouvoir des Chambres ?...

L'intellect de l'Institut est tel, que si l'Académie avec sa composition actuelle était appelée à faire nos lois, ces lois subiraient une rétrogradation incalculable.

En effet, le Corps académique, par son mode d'élection, ne se compose que d'éléments conservateurs. L'Institut derrière sa porte s'élit lui-même ! Cette cooptation traduit le plus pur esprit aristocratique, et il est fâcheux de constater que les associations secrètes ou interlopes y ont toujours eu recours — que ce soient les sociétés jésuitiques, franco-maçonniques ou les associations de gredins. On sait de quelle façon se cuisinent les élections sous la Coupole, quels en sont les marchandages et les compromissions, et comment elles se rient d'être soumises à l'approbation du chef de l'État.

Les privilèges de l'Institut, pourtant, furent respectés par la Révolution, qui venait d'abolir les corporations (1791). A peine doit-on tenir compte de ce que l'Académie Française « soupçonnée de sentiments monarchiques et accusée de constituer une aristocratie intellectuelle » fut assimilée à une classe de littérature et incorporée dans l'Institut — en attendant que la Restauration la remette à la tête. Non seulement, la Révolution respectait la réglementation de l'Institut, mais elle fondait sur les mêmes principes de votation immorale, l'Académie des Sciences Morales et Politiques (1792) et groupait de la même façon, différentes sections des Beaux-Arts (1795) parmi lesquelles on ne voit pas figurer la moindre section d'art décoratif !

On comprend la force d'inertie que peut opposer au progrès de l'intelligence, un Institut qui a pu braver les révolutions et les changements de régime ; un Institut qui a vu couper les têtes de l'aristocratie nobiliaire et protéger son aristocratie des Lettres ; un Institut qui dit représenter l'Idée, et qui a vu se concentrer aux Chambres législatives, tout l'esprit réformateur des générations ; qui a vu le peuple hypnotisé par le prestige des lois, monter à l'assaut du Parlement parce qu'il croyait que là seulement était le siège du pouvoir, oubliant le pouvoir de l'Idée ; un Institut qui a toujours conservé sa quiétude et son immunité dans les pires tourmentes des guerres mondiales, des guerres civiles, des crises ouvrières, et qu'on n'a jamais rendu responsable et qu'on n'a jamais envahi à la tête des proscrits et des libertaires, parce que le peuple voit l'impôt qu'on prend à sa bourse, à son sang, mais non celui qu'on prend à sa mentalité, à sa conscience ! Un Institut enfin que n'a jamais secoué aucune Révolution lyrique !

On comprend que les railleries qu'il subit depuis l'époque romantique l'indiffèrent et le laissent invulnérable. Bien mieux, son intransigeance, parce qu'elle est exaspérante, le rend fautif de la production désordonnée des indépendants des Lettres et des Arts, et il arrive presque à se donner comme indispensable, et il réussit à figurer pour beaucoup une pondération de bon aloi.

Traditionnaliste par définition, l'Institut a bien accueilli quelques actualistes qui ont fait amende honorable ou qui sont fourbus, mais sa haine des novateurs est devenue proverbiale.

C'est sans l'Institut, c'est malgré l'Institut, que le jugement humain se développe et que les rénovations s'opèrent dans toutes les activités.

— Aussi bien, ô Immortels, ne vous êtes-vous jamais douté que la plus haute faculté de l'homme est de *créer* et non de *savoir*. Vous avez formé une hiérarchie arbitraire, une hiérarchie à l'envers, laissant l'esprit d'invention en bas se débattre dans la misère et dans l'obscurité, et mettant au sommet glorieux et rémunérateur vos platoniques facultés de mémoire et votre érudition professionnellement stérile. Vous vivez cependant sur tous les esprits originaux du passé et du présent. Vous ressassez ceux du passé au point de les déformer et vous profitez encore de ceux du présent quand ils ont réussi à rejeter l'éteignoir de vos préjugés ou qu'ils se soumettent à composer avec vous, eux les outlaws et les mal outillés.

Tout le Corps universitaire subit votre ascendant. La troisième République décrète l'instruction obligatoire et laisse intact votre mauvais exemple : Tous les lauréats de l'Université, comme les vôtres, ceux des plus petits examens d'école, jusqu'à ceux des plus hautes nominations, représentent le moins d'initiative, le moins d'activité. Partout, l'esprit inventif attire la défaveur. C'est ainsi, ô Immortels, que vous gardez vos privilèges dans une société dont les cadres sont faits à votre image, qu'ils soient administratifs ou privés. Sous votre égide, les dociles et les routiniers montent aux postes de choix et l'opinion publique ainsi conduite vous fait confiance, subit le prestige des situations acquises, courtise les diplômes, croit en leur valeur, et, servile à votre mot d'ordre, décourage les travailleurs des recherches !

Oh ! ce n'est pas que nous ne connaissions ces petits livres de morale civique à l'usage des enfants où les grands inventeurs sont prônés... Mais, ne voyait-il pas juste cet instituteur qui, venant de faire le panégyrique de quelque inventeur mort à la peine, disait en sortant du cours à son fils : « Mon garçon, tu m'as entendu louer cet inventeur, je n'ai fait qu'obéir aux programmes de l'école ; il faut bien d'ailleurs des chercheurs et même des utopistes, car sans eux les civilisations n'existeraient pas. Pourtant, écoute bien ceci entre nous : N'invente jamais rien ! ou malheur à toi ! N'invente jamais rien et les grasses sinécures et les honneurs t'attendent. N'invente jamais rien !... jamais rien !... »

Immortels, vous trompez la démocratie. Elle vous croit les Initiés et les protagonistes de la foi nouvelle qu'elle a mise dans la Science. Vous entretenez un esprit terre-à-terre qui surtout en France dédaigne l'utilisation lointaine d'une idée. Cet esprit « pratique » est celui-là qui s'est assez moqué du problème de l'aviation et qui a démontré par votre

A + B officiel que le plus lourd que l'air était une pure folie. Cet esprit « pratique » est celui-là qui a jeté l'anathème sur la première école de magnétisme. Et n'est-ce pas cet esprit « pratique » qui a méprisé chez nous les recherches sur l'esthétique et qui ne s'aperçoit pas encore que si les Anglo-Saxons deviennent nos maîtres en décoration, c'est qu'ils sont justement les premiers qui osèrent aborder les lois des harmonies plastiques afin de créer une science du Beau — dont leur industrie des arts va profiter autrement que notre recours aux bluffs et aux tarifs douaniers !

Enfin, n'est-ce pas au nom d'un esprit « pratique » que vous réprouvez les programmes de libération sociale, qui seuls portent la Morale, comme une conséquence, comme un épanouissement, et non comme une méthode de soumission au plus fort, et non comme une philanthropie qui soigne la misère et entretient l'injustice [1].

Plus vous vous maintenez dans la réaction, plus vous cherchez à donner de l'éclat à vos cérémonies. La plus honorée parmi vos sections, l'Académie Française, ne rassemble-t-elle pas les moins utiles d'entre vous, est-elle autre chose que la grande estrade des histrions de Lettres ? Les réceptions, les investitures, le discours des élus et des récipiendaires

1. Au lendemain de 1848, le Pouvoir exécutif fit commande à l'Académie des Sciences Morales et Politiques, de petits traités de Morale pour *combattre le socialisme*.

devant le béat auditoire mondain ne sont-ils pas des bouffonneries affligeantes. Les solennités où vous couronnez les œuvres qui nous sont les plus déférentes ; où vous distribuez les « prix de vertu », les encouragements à la servitude ; où se donnent les gratifications aux dévouements qui vous plaisent et aux médiocrités de tous ordres, ne sont-elles pas révoltantes ?...

Qu'il soit donc des Sciences, des Beaux-Arts, de la Morale ou des Lettres, l'Institut ne représente pas l'élite pensante de la Nation. Il y manque tous les contempteurs et tous les émancipés.

S'il faut envisager qu'un Institut national soit nécessaire pour colliger les sentiments régionaux, il conviendrait d'en faire un *Comité de conservation* et il faudrait lui opposer un *Comité de recherches* pourvu au moins d'autant de prérogatives. Ce comité de recherches accueillerait toutes les idées nouvelles et préparerait en sécurité la marche en avant. Il y aurait bien les Anciens, mais il y aurait aussi les Jeunes. Des subventions pourraient être données pour la Documentation, mais des secours d'études, au moins égaux, seraient affectés à l'Invention, Des missions grassement dotées aideraient les archéologues à défricher le passé, mais des missions plus grassement dotées encore seraient confiées aux précurseurs pour défricher l'avenir et il y aurait le budget des Tentatives comme le budget des Résultats. Le perfectionnement de la société ne serait plus attendu de l'imprévu, et les Anciens deviendraient persuadés enfin, que même si les découvertes des Jeunes « devaient demeurer à jamais dans le domaine de l'abstraction, elles auraient encore une utilité supérieure : agrandir le cercle de connaissances et diminuer celui des erreurs et des superstitions, fruits de l'ignorance et causes de la plupart des maux moraux et physiques qui affligent l'humanité ».

Ainsi, ces deux comités auraient à fusionner — l'Inspiration précédant l'Expérience, la Sagesse guidant l'Enthousiasme — un comité de Gauche, un comité de Droite. Et ne voilà-t-il pas la composition d'un Institut qui aurait chance de comprendre l'élite pensante de la Nation, si on lui assurait un mode d'élection publique.

Ce ne serait plus la Gauche et la Droite, servant à des dénominations d'estime, à des repérages subtils et superflus d'échotiers, et la Gauche de l'Institut n'aurait plus la nuance d'une extrême Droite de la Chambre. Ce ne serait plus une assemblée, se dépensant dans des congratulations oiseuses, ou à des controverses élégantes. Ce serait deux partis délibérant toutes sections réunies, travaillant dans l'intermédiaire du progrès des régions et du progrès de l'humanité. Ce serait un Institut agissant dans l'alerte constante du Mieux, au for des énergies créatrices, et non un Institut vautré dans une irresponsabilité glorieuse et inamovible.

Cherchons par quel mode d'élection publique,

l'Institut trouverait à se régénérer, et comment les académiciens pourraient devenir les représentants élus de l'Intellectualité, de toute l'Intellectualité rêveuse, active, chimérique, méthodique, précieuse et féconde — foyer des aspirations réunies.

Puisque Belles-Lettres, Science, Morale et Beaux-Arts peuvent devenir les sommets du savoir humain, nous ne voyons pas pourquoi on n'en ferait pas comme la consécration des métiers et par conséquent du syndicalisme qui a fait des corporations le centre de toute vie familiale et sociale.

Nous ne voyons même pas pourquoi on limiterait l'élection de telle ou telle académie à telle ou telle corporation. On donne bien au pays la faculté de se nommer des hommes d'action, pourquoi ne pas lui octroyer la faculté de se choisir des hommes de savoir. On objecte que le savant ne peut pas être apprécié par un moins savant que lui. En ce cas, il n'y a pas d'élection possible, non plus pour faire un Parlement, car il faudrait dire qu'un homme de moindre action ne peut juger puissance de travail à lui supérieure — et pourtant nous avons vu que le Parlement, malgré un système de votation incomplet. est beaucoup plus éveillé aux idées générales que l'Institut.

Comment ! la science politique — la sociologie — est la science la plus complexe, puisqu'elle représente l'universalité des connaissances humaines, et par une aberration inexprimable, on refuse au peuple — en prétextant de son incompétence — toute action consultative aux questions sous-jacentes telles que la justice, la morale, l'hygiène, l'esthétique, etc... Mais, c'est accorder à un individu le droit de connaître les mathématiques en lui niant la faculté d'apprendre l'arithmétique et la géométrie !

Une consultation est une émulation, elle développe le jugement, et il semble bien certain que ce n'est que lorsque l'électeur sera entraîné à apprécier la justice, la morale, l'hygiène et l'esthétique, qu'alors seulement son jugement prendra sa réelle valeur aux consultations sociales.

Plus spécialement pour le domaine de l'esthétique les pontifes actuels s'écrient : « Le public ne peut pas être admis à juger une œuvre d'art, car sa compétence est nulle ou pervertie ; nous seuls, des Facultés ou de l'Institut, sommes qualifiés pour lui dire : ceci est beau, ceci est laid ».

Et voilà le peuple dans une impasse où s'atrophie son goût sous l'anathème répété de : « Tu ne sais rien et nous jugeons pour toi ». Et le peuple répudié, avilit son goût, il est vrai, mais se venge inconsciemment en reflétant sa sottise sur ses éducateurs, et c'est ainsi que sombre la Beauté. Initialement le mauvais goût n'est pas. Il est tout artificiel et provient d'une mauvaise éducation et du contact d'œuvres laides.

Vous connaissez l'histoire de cet homme bien constitué, qui pendant des mois fut le but d'une plaisanterie de voisins lui affirmant une claudication, et qui, sous le coup de cette suggestion continue, devint réellement boiteux.

Eh bien ! affirmons au peuple qu'il n'est pas boiteux et il ne boitera plus. Rappelons-lui que ses aïeux de la vieille Athènes, pas plus que ceux de Florence n'étaient bannis des problèmes esthétiques ; qu'ils avaient voix aux concours de beauté et qu'en ces exercices coutumiers s'était éveillé et avait vibré leur goût, et que ce goût, le goût du peuple, avait été le meilleur soutien des artisans et des artistes.

Le physiologue a dit justement : « la fonction crée l'organe ». L'on peut déduire : l'*inertie crée l'atrophie*.

Et cependant, combien de fois n'avons-nous pas vu le peuple montrer tout ce qui lui restait encore de bon jugement, d'ailleurs inaccepté. En voici un exemple :

Il y a tous les ans la « fête du pays » dans de jolies localités des bords de la Seine. Le « clou » c'est un concours de décoration vénitienne. La municipalité de l'endroit a invité les riverains à façonner sur leurs barques des sujets de leur choix dont les silhouettes se dessinent le soir par les petites lampes qui y sont accrochées. Au bord de l'eau, sur une estrade, on a installé le jury, ces messieurs du conseil municipal, et ils jugent ces bons bourgeois, et ils jugent sans recours, comme l'Institut, comme les jurys de Salons, et tout comme à l'Institut, et tout comme aux Salons, la meilleure distinction est donnée le plus souvent à la médiocrité. Or, nous avons vu chaque fois le peuple pousser ses acclamations spontanées vers le meilleur numéro du concours. Il ne se trompait jamais, mais presque toujours à l'encontre des pontifes juges.

Aux élections corporatives, aux fêtes populaires, aux concours, partout enfin, ouvrons au peuple la porte grande des délibérations esthétiques. Ne prenons garde à son hésitation première. Assurons-lui qu'il n'y a pas de mentalité d'exception. Il va se ressaisir, et au milieu des convictions qui l'invitent à ces meetings d'un nouveau genre, et des tumultes mêmes des contradictions à prévoir, va naître une conscience du Beau. Et pour inviter le peuple, n'attendons pas, comme d'aucuns le prétendent, « qu'il ait gagné sa dignité corporelle et morale » car ce serait attendre qu'il n'ait plus de vice pour lui donner droit à la Justice. N'intervertissons pas les phénomènes des causes et des effets — ce serait subordonner le remède à la guérison.

Participant à la renaissance des arts, le peuple en serait encore le premier défenseur en prévenant les vandalismes qui chaque jour se consomment sous ses yeux indifférents. Il redeviendrait le collaborateur des artistes — artiste lui-même, soignant sa tenue comme ses propos, ennoblissant son attitude pour tracer un sillon ou frapper sur l'enclume... décuplant sa force par la cadence et le rythme du geste.

Ainsi, par les élections populaires, l'Institut enregistrerait le sentiment synthèse des régions et protégerait toutes les fédérations provinciales des arts, soucieuses de faire refleurir un art régional, de sauvegarder les vieilles coutumes, le costume indigène et jusqu'aux idiomes typiques.

III

Examinons maintenant ce que vaut le pouvoir des Chambres législatives.

Moins quiet que l'Institut, le Parlement réveillé par la montée formidable du syndicalisme ouvrier, se penche un peu vers les travailleurs, mais subordonne leur sort aux rouages d'une politique complexe et rouillée. Cette politique fait deux parts des travailleurs : Les uns embusqués dans le fonctionnarisme servent sans hâte un Etat-patron trop généreux ou trop parcimonieux ; les autres, laissés libres, se débattent sans secours, sans conseils, sans direction, dans les aléas des fortunes et surtout des misères — et les deux camps du travail font deux castes hostiles, cherchant à se gagner d'autorité chez les puissants ou à se rejeter les causes de leurs déboires chez les subalternes, et c'est là que se perd le meilleur des revendications, à la grande satisfaction des profiteurs de tous acabits. Et c'est là que l'art trouve encore des causes d'abandon et de dispersion multiples, se fonctionnarisant ici, s'idiosyncrasisant partout.

Il faut dire au reste que si le Parlement est plus ouvert que l'Institut aux idées sociales, il est aussi ignare sur l'avenir de la question artistique. Les politiciens de gauche ou de droite sont en art si peu avertis, que c'est à se demander comment les commissions des beaux-arts peuvent se recruter.

Les politiciens de droite voient dans l'art une marque de richesse privée ; ceux de gauche, une marque de richesse publique, mais pour les uns comme pour les autres l'art n'est qu'un agrément. Excusons ceux de droite, mais n'excusons pas les socialistes.

Comment ! voici des hommes qui cherchent une société harmonique et qui ne soupçonnent pas quel merveilleux collaborateur l'art peut être pour eux, quelle haute mission on doit attendre de lui. Voici des hommes qui ne comprennent en art que superfluités — quand ils ne s'en servent pas pour statufier leurs revendications — et c'est ce petit rôle qu'ils lui ont donné dans la Cité future ! Comment ! il y a là, le seul reproche que les adversaires du socialisme peuvent proférer utilement, c'est le seul argument qui empêche tous les artistes et tous ceux qui craignent un progrès sans beauté, d'entrer en foule dans les rangs d'avant-garde... et les socialistes négligent de répondre aux adversaires, et ils négligent des contingents si nombreux, parce qu'ils ignorent qu'une société harmonique ne peut être qu'une société esthétique, parce qu'ils ignorent que le plan économique de la Cité future aura tellement besoin d'un cadre dans l'espace et dans le temps, que les arts plastiques et cinématiques trouveront à combler ce désir, le maximum de leur éclat et vibreront à un diapason de beauté qui n'aura jamais été atteint jusqu'alors !

Ce n'est qu'éveillée ainsi, que la politique pourrait apporter en art quelques bienfaits. Tant que cette belle vision n'aura pas éclairé le Parlement, on assistera dépité à des budgets de beaux-arts bouclés sans discussion, dans l'ignorance commune. Sans cette belle vision, la politique se laissera toujours circonvenir par les faux chefs-d'œuvre ou laissera flotter misérablement les virtuosités artistes.

Mais aussi, il faut imaginer le Parlement constitué par une représentation d'intérêts professionnels, et non d'intérêts de classes. Il faut imaginer tous les mandataires des métiers, sciences et arts, groupés et recherchant à embellir, à moraliser une production qui est arrivée à son plus haut degré de confusion.

Ce n'est qu'à la tête d'une telle tendance que peut se trouver un jour prochain, l'élite organisatrice de la Nation collective et des communes — l'élite qui saura voir dans les arts autre chose qu'un luxe et un passe-temps, l'élite dont les délégués provinciaux ne seront plus les vassaux des pouvoirs centratralisateurs, mais les défenseurs des prérogatives esthético-lyriques de leur terroir.

Et nos dirigeants, ceux de l'Intellect et ceux du Positif, les Penseurs et les Organisateurs, auront encore à fusionner en assemblées plénières, pour une grande expansion de Savoir et de Forces !

A bien provoquer de tels accords, la Cité future ne devra pas négliger d'assembler et de grouper dans un ordre déterminé, les édifices susceptibles d'accueillir, d'abriter, d'encadrer les élites. Il doit se définir un cadastre de la Pensée, c'est-à-dire un ensemble de plans capable de réunir les différents corps constitués des compagnies savantes et législatives. On doit trouver une architectonique qui puisse souder esthétiquement et spirituellement des Chambres de députés, des Instituts, des Universités.

Nos vieilles civilisations ont bâti ou approprié, au cours de tâtonnements de toutes sortes, au long des siècles et aux hasards des terrains disponibles, ici un Parlement, à trois kilomètres de là un Institut, autre part les Universités, plus loin et plus éparpillés encore, les Conservatoires, les Musées, etc.

Il est temps de voir d'ensemble ; de convenir de la suggestion bienfaisante que peut opérer le voisinage de telle ou telle Faculté des Sciences et des Lettres, de la Morale et des Arts. Il est temps que le rapport symbolique qui est souvent fait entre certaines branches de l'activité, soit figuré par un chemin praticable, et que ce qui était idéal, le soit davantage encore en devenant réel. On a pris l'habitude de dire lyriquement que les travailleurs de telle catégorie devraient se rencontrer en des carrefours de paix, avec tels camarades d'autres métiers. On a bâti des avenues de rêve parce que leurs réalisations étaient impossibles devant les incertitudes de leur tracé et au milieu des accaparements des terrains. Mais, la Cité future qui s'établira toute neuve, ou la vieille Cité qui pourra se transformer et qui l'une comme l'autre seront maîtresses de leur budget et de leurs terrains, devront s'inspirer du cadastre imagé pour délimiter les avenues et les carrefours du quartier des élites.

Dans ce quartier, le pouvoir de l'Etat ne sera plus le « reflet des moyennes et des médiocrités » comme on a dit justement, mais il recevra par l'afflux des votes multipliés, la jeune ardeur des foules et en sera le bénéficiaire prodigue.

Le vote, c'est l'exercice de la volonté consciente, c'est la provocation de l'initiative personnelle dans la dépendance des initiatives générales — et c'est la discipline travaillant à un ordre humanitaire en attendant que les hommes habitués par des siècles d'harmonies organisées se dirigent naturellement en harmonies libres.

CHAPITRE IX

L'Enseignement et la Direction.

I. La Faculté des beaux-arts repose aveuglément l'Enseignement du dessin sur trois sciences erronées et encombrantes.
II. L'Histoire de l'art est administrée comme un stupéfiant. — L'Anatomie conduit à l'appauvrissement des formes. — La Perspective sèche le lyrisme.
III. Pénible position de la Direction des beaux-arts entre l'Institut et le Parlement.

I

La refonte de l'Institut amènera la refonte des Facultés, des professorats, du programme des cours, etc.

Occupons-nous de la Faculté des Beaux-Arts.

Nous avons vu la décadence de nos arts plastiques se précipiter pour bien des raisons. En voici une qui est puissante : elle ne représente pas moins qu'un faux critérium esthétique de l'enseignement.

Comment, en effet, pourraient se confectionner les programmes des cours, des examens ; comment pourraient fonctionner les jurys, non pas ceux des Salons (nous les verrons tout à l'heure), mais les jurys et les inspections délégués par l'Académie des beaux-arts ou par l'Etat, ou par les Villes, pour apprécier le savoir des élèves ou les capacités des candidats aux cours ou aux professorats.

On a bien compris « en haut lieu » qu'un critérium de l'enseignement ne pouvait être aujourd'hui qu'un critérium scientifique ou bien qu'il n'aurait aucune autorité, qu'il n'existerait pas. Il est donc scientifique puisqu'il prétend grouper trois sciences, mais le pauvre n'a fait de ces trois sciences que trois dogmes, trois erreurs au point de vue de l'art et de sa décoration. Les voici :

L'Histoire de l'art.

L'Anatomie.

La Perspective.

Quand l'enseignement officiel du dessin a constaté qu'une œuvre n'était pas critiquable à ces trois points de vue, elle est déclarée bonne. Quand un candidat a répondu convenablement devant cette sainte trinité, il est admis. Quand les trois vieilles se sont inclinées, les membes du jury ratifient et s'en vont bien tranquilles, leur jugement s'est fait tout seul, et c'est toujours ça de gagné.

Et l'enseignement veut tellement s'imposer comme scientifique, qu'il a fait de ses trois faces autant d'austérités rébarbatives, comme s'il craignait qu'autrement il ne fut pris au sérieux. La Science ne doit-elle pas être triste pour beaucoup ?...

L'Institut revendiqua, comme l'on s'en doute, une part importante à la confection de ce critère qui a plié longtemps jusqu'aux plus indépendants des artistes.

Sa prétendue valeur scientifique ralliait et trompait tout le monde et la Direction de l'Enseignement ravie d'une telle trouvaille, le mit partout, dans les écoles supérieures ou professionnelles, aux cours du soir et dans les examens. Détail touchant, il forme aussi bien les programmes des Ecoles d'art industriel que celui des Beaux-Arts. Les académies privées le prirent comme base. Les académies étrangères lui firent le meilleur accueil.

... Pourtant, il est des milliers de chefs-d'œuvre qui n'ont même pas soupçonné, ou qui ont méconnu sciemment ces trois sciences, et ce sont justement les plus beaux, les plus décoratifs parmi les chefs-d'œuvre. Non seulement l'histoire de l'art, l'anatomie et la perspective ne remplacent pas la technique décorative perdue, mais elles l'empêchent de renaître et de progresser, elles stérilisent le haut enseignement, produisent des œuvres compassées et engendrent cette race atonique qu'on appelle « les bons élèves ».

Voyons comment est enseignée l'Histoire de l'art.

II

L'Histoire de l'art est un stupéfiant administré à haute dose dans les écoles d'art, parce qu'elle est un cours d'archéologie pure et non appliquée.

Son but serait d'exposer, comment telles ou telles populations vivant sous tel climat, à telle époque, avec telles religions, mœurs et politiques, ont développé leur civilisation et de démontrer quelle en est la valeur morale et artistique comparativement à notre vie moderne.

Ce n'est pas sous cette forme critique que le professeur d'Histoire de l'art fait son cours, et, le voudrait-il, que les programmes le lui interdiraient. Le professeur est avant tout un érudit, et son amour du passé le porte à louanger les régimes honnis ou tout au moins le rend bien indulgent à leur égard. Il est en tous cas un rétrograde au point de vue sociologique, et plus il est érudit, et plus il nous paraît inapte à juger du présent autrement qu'en dilettante et non en organisateur. Les cours d'Histoire de l'art, comme les cours d'histoire générale ont séparé les actions éclatantes des conséquences mauvaises. On fait admirer telle bataille pour l'habileté des tactiques déployées, pour l'impétuosité des chevauchées et le courage des combattants, mais la misère des vaincus, si elle n'est pas de notre côté, ne nous inquiète pas. De même l'archéologue explique élogieusement l'esthétique de telle forteresse ou temple ou château ancien, sans parler de l'oppression que ces constructions ont permise sur le peuple pendant des siècles. Le Beau n'est pas différencié du Mal et les sens de l'archéologue, plus prompts à s'émouvoir que l'esprit, lui font confier au Beau un rôle prépondérant. C'est ainsi que l'archéologue ira jusqu'à jurer de l'incompatibilité du Beau et du Bien, de l'impossible mariage des sens et de l'esprit

— et s'apercevant que notre contemporanéité est pauvre d'art monumental, il admirera les tyrannies défuntes qui surent commander tant de merveilles plastiques. Les faits semblent lui donner raison.

Mais l'archéologue ne peut juger sainement de la valeur esthético-sociologique d'une œuvre. Nous avons vu le littérateur, préoccupé uniquement du sens utilitaire des choses, encourager inconsciemment la *laideur plastique*, ou détruire des formes belles ayant une attribution symbolique qu'il croit suspecte. Eh bien ! l'archéologue commet l'erreur contraire. Purement préoccupé du sens artistique des antiquités, il est tenté de préconiser les régimes qui les édifièrent et à encourager avec leur retour la *laideur morale*. Ni l'un, ni l'autre n'ont la révélation que l'union de l'esprit de morale des choses et de l'aspect harmonieux des formes est la clef des rénovations espérées, car chacun table sur l'erreur de son antagoniste pour se fortifier dans la sienne propre.

Quand le professeur d'Histoire de l'art s'élèvera à la compréhension esthético-sociologique, son cours deviendra autant un cours de morale qu'un cours d'art. Sa double faculté lui fera découvrir, devant les élèves, la faute plastique de tel monument du passé, qui résulte de la faute politique de la société qui l'a bâti.

Quand le professeur d'Histoire de l'art saura découvrir par exemple la tare du style grec qui correspond à l'esclavagisme de la même époque ; quand il conviendra que l'inharmonie sociale doit conditionner l'inharmonie architectonique et inversement, et qu'à l'appui de ses dires — dégagé qu'il sera des admirations apprises — il fera voir l'acropole d'Athènes comme un fouillis de monuments de toutes échelles, comme une oligarchie de pierre, nous n'aurons plus à craindre que son cours soit un stupéfiant, rendant l'élève incapable d'aborder le futur avec optimisme.

Car en fin de compte, si l'Histoire de l'art n'est pas un tremplin à mieux faire, elle est nuisible, elle manque son but dans les écoles d'art, où l'émulation doit être constante, où l'élève doit être comblé de confiance anticipée, plus que d'enthousiasme rétrospectif.

Actuellement, nous défions cet élève de ne pas sortir du cours tel qu'il est enseigné, avec une admiration outrée pour le passé et un dégoût, non pas pour le présent (ce n'est que trop naturel), mais pour l'avenir — ce qui est une aberration déprimante.

« Pas de politique dans les programmes des écoles », dira-t-on. Bien évidemment, le capitalisme qui conduit aujourd'hui les gouvernements ne permettrait pas qu'il soit expliqué dans les dernières leçons d'une Histoire de l'art, que si notre modernité manque d'homogénéité esthétique, c'est la faute à ce capitalisme, et la bourgeoisie régnante ferait jeter dehors le professeur qui oserait faire envisager à ses élèves extasiés, le prodigieux champ d'action qu'ils auront, le jour où les collectivités seront maîtresses devant la bourgeoisie agonisante !

Voyons maintenant comment est enseignée l'anatomie comparée.

Comme l'Histoire de l'art, l'anatomie artistique est enseignée pour elle-même — et guère différemment qu'à la faculté de médecine. Cette anatomie a été déjà quelque peu décriée. Mais son amphithéâtre, ses écorchés de plâtre, ses squelettes et son tableau où le pastel rouge du professeur a bombé des muscles, semblent garants d'une éducation sérieuse. Rien n'est moins vrai. Rien n'est, pour nous, plus contraire à l'art décoratif — à l'art en un mot — que l'anatomie.

L'anatomie donne la vérité vivante du corps humain ou des animaux, et la décoration qui emploie ces figures, exige des amplifications, des exagérations, des stylisations, des transpositions, des mensonges, afin de rétablir visuellement les déformations que l'atmosphère, l'orientation, la situation, la matière, la couleur, font subir aux motifs sculptés ou peints. Et puisque tout n'est que décoration, même un buste, même une miniature, on peut dire qu'une figure qui serait pure de toute faute d'anatomie serait une mauvaise figure. Si bien que le bon élève pour le professeur d'anatomie doit être le cancre pour le professeur de décoration. Il faut pourtant choisir : on ne peut laisser l'élève se voir donner sur un même dessin la note maximum dans un cours et la note minimum dans un autre. Voilà deux sciences, anatomie et décoration, qui prises en elles-mêmes ont des fins tout à fait opposables, qui se combattent, qui se neutralisent, mais que les programmes supérieurs font voisiner dans toutes les écoles professionnelles !

Si l'anatomie doit être enseignée dans les écoles d'art, c'est en la mettant au service de la décoration, c'est-à-dire en instruisant l'élève du jeu des ossatures et des muscles, non pas pour qu'il le respecte, mais pour qu'il s'en libère au contraire avec connaissance de cause ; pour qu'il n'ait plus peur de procéder aux amplifications que nécessite son œuvre, pour qu'il devienne enfin meilleur décorateur.

Certes, l'adversité de ces deux sciences ne se juge pas aussi vivement dans les écoles. C'est que la science de la décoration est tout à fait perdue ; elle s'enseigne au petit bonheur, et jamais aucun professeur de décoration n'a pensé que son collègue du cours d'anatomie lui faisait tort. Le nu photographié pour la peinture ou moulé pour la sculpture ou obtenu avec des moyens de mise au point aussi mécaniquement respectueux de la nature, sont placés sans autres retouches dans les compositions d'ensemble. Et l'on ne s'aperçoit pas que le résultat de ce « respect de la nature » fait des motifs maigres, roides, pauvres, sans vie et... *déformés !*

Déformés, et en voici un exemple : Décorant la face la plus en vue d'un chapiteau, un petit personnage est assis. Son corps est-il exactement proportionné, le torse semblera trop court au spectateur placé à 6 ou 8 mètres au-dessous et sans grand recul ; il semblera trop court, parce que l'angle de ses genoux reportera le rayon visuel toujours trop haut malgré l'inclinaison qu'on a pu lui donner. Il convient donc de faire une grosse faute d'anatomie en allongeant un torse démesuré qui se rétablit une fois en place et perspectivement dans l'œil du spectateur. La faute voulue en anatomie est devenue une qualité en décoration et un vrai respect de la nature.

Il en est de même pour le dessin. Le mouvement d'une figure reste figé comme de la photographie instantanée si un jeu de silhouettes ne vient superposer des temps de geste qui doivent composer une *anatomie vivante*.

Que vaut enfin le troisième de ces sacro-saints piliers de notre enseignement artistique.

La perspective est le trompe-l'œil linéaire des surfaces planes. On se doute de quelle vénération elle est choyée à une époque où la vérité mécanique tient lieu de technique décorative, de cette technique décorative qui a su et qui doit savoir bientôt mieux encore être exaltatrice de toute beauté.

Comme l'anatomie, la perspective telle qu'elle est enseignée, est l'ennemie du vrai décorateur. Comme pour l'anatomie, le décorateur devrait recevoir les principes de la perspective pour les mieux détourner et non pour y subordonner son inspiration. La décoration murale a tellement été envahie par les peintres de tableaux que ceux-ci marouflent à toutes hauteurs des vues perspectives, comme autant de fenêtres ouvertes, avec cette différence, que les horizons de ces vues montent et descendent ici et là, à vous en donner le mal de mer. Nous ne formulons point là, une critique sur la façon dont sont effectuées les commandes de peintures monumentales. L'individualisme fait un devoir à chaque peintre de composer sa toile comme il l'entend, sans se soucier de son voisin, et une direction républicaine des beaux-arts est trop respectueuse des libertés de chacun... Les horizons, disions-nous, pourraient se trouver tous au même niveau, mais nul horizon serait fort bien concevable ou mille horizons de fantaisie, autant de *points de vues* et de *points de fuite* qui ouvriraient, non plus des fenêtres sur une nature « comme si c'était vrai », mais sur des fantasmagories, sur des pays de fées, sur de l'enchantement, de l'emportement où l'abondance des formes et la puissance de couleur se déchaîneraient d'autant que le décorateur échappé à une perspective terre à terre, trouverait la perspective idéale à chaque composition et pour chaque ensemble de composition — perspective qui serait à la fois méticuleuse et lyrique comme le *contre-point* musical.

Ainsi que nous le disions pour l'anatomie, on peut être certain qu'un tableau qui n'a aucune faute de perspective est un mauvais tableau et qu'il ne peut s'associer à nul décor. Par contre, nous connaissons des paravents chinois où exubèrent une flore fantastique, une faune extraordinaire, des personnages fabuleux, hors d'échelle les uns par rapport aux autres, où les seconds plans ne semblent pas respecter toujours les premiers, et ces paravents ne décèlent pas moins une harmonie impeccable, à croire que les artistes d'extrême-Orient ont entrevu le contre-point dont nous parlons. Il en est de même dans bien des peintures primitives ; ce qui nous paraît être une gaucherie de mise en place est certainement une manière de composer qui enveloppe et qui charme.

Au surplus, l'optique physiologique combat le principe de la perspective actuelle, car elle est une perspective unioculaire, une perspective de borgne. On connaît ce phénomène de la vision : un objet apparaît toujours à chacun des yeux sous une face légèrement différente et sur un plan contrarié. C'est d'après cette constatation que le stéréoscope est construit. La vue normale d'un objet est faite sur deux *tableaux*, sur deux *points de vue*, et c'est ce dualisme rétinien qui donne le relief et la vie des choses. La perspective la plus scientifique doit donc être une perspective binoculaire — non pas pour obtenir l'illusion stéréoscopique, mais pour créer les *mouvements* de la composition.

Les peintres impressionnistes modernes, soit par la constatation des phénomènes visuels, soit instinctivement par besoin de faire vibrer l'atmosphère de leur toile, ont établi des perspectives bâtardes : les perpendiculaires des objets peints (une maison par exemple) ne sont pas parallèles au cadre. Ce n'est pas là, comme les pontifes le croient, une indépendance puérile, c'est au contraire une plus grande dépendance de la vérité acquise. On sait également que les décorateurs de théâtre ont une perspective tout à fait particulière et où participent justement plusieurs points de vue.

Enfin, n'est-elle pas connue cette exclamation de l'artiste qui vient de respecter perspective aussi bien qu'anatomie et qui, constatant le froid résultat, s'écrie : « Il faut tricher maintenant ! » Cette tricherie ne constitue-t-elle pas un procédé empirique que doit remplacer une science nouvelle ?

Et l'on s'aperçoit en effet qu'il nous manque toute une science des *phénomènes de l'optique appliquée aux arts* ; que c'est sous sa direction qu'anatomie et perspective doivent être transformées, enrichies.

Plus savants des réalités, nous nous transporterons hors des réalités, à la découverte d'une anatomie vibrante et de toutes les perspectives de rêve. Connaissant les lois des illusions géométriques, nous saurons mieux provoquer l'illusion artistique. Et « l'humanité moins ignorante de la propriété des corps, des lois de la dynamique, admirera sans doute des œuvres bien différentes de celles où se sont complu les générations passées ».

A maintenir le mauvais critère de l'Université

des beaux-arts, à laisser l'archéologie, l'anatomie et la perspective encombrer les programmes des écoles d'art, il y a le plus grand danger, dans le désarroi actuel : d'un côté, les timorés se raccrochent à ces sciences et leur obéissent en courtisans, voire en désespérés ; d'autre part, les dénigreurs avertis, piétinent tout sans mesure, et tombent dans les plus folles licences.

Nous verrons comment la technique décorative, appuyée sur la science des phénomènes de l'optique et placée à la tête de tous les cours, sera capable de régénérescence. Nous verrons que, plus difficile à apprendre que les trois officielles, elle suffira, dans sa recherche d'un « beau plus complexe », à sélectionner les tendances artistiques et à éviter tous ces soi-disant talents de manœuvres, toutes ces ambitions déchaînées et toute la misère qui en résulte.

Après la critique des bases fondamentales de notre Enseignement, passons à la critique de la Direction des Beaux-Arts.

III

La Direction des beaux-arts, comme son nom l'indique, dirige le seul « grand art » ; elle ignore l'art décoratif. S'il arrivait à un artisan décorateur de s'y présenter afin d'y réclamer assistance, il n'y trouverait aucun bureau qui le concerne et on lui répondrait : « Voyez donc aux ministères du commerce ou de l'industrie, mais vous allez faire sans doute une course inutile ». Ainsi, l'art décoratif, qui fut tout l'art du passé et tout le meilleur de ses richesses, n'a même pas de bureau au milieu de toute la bureaucratie des ministères ; il est en marge de la sollicitude et des bienfaits des pouvoirs publics.

... Et nous n'avons pas un seul grand décorateur !

Y a-t-il au moins à la Direction des beaux-arts un bureau des recherches comme il en existe dans d'autres ministères ? Mais cette question même est une injure pour l'Institut. Tout est trouvé, tout va bien, tout est admirable. Un bureau de recherches ! Pour rechercher quoi ?... Et nous imaginons un artisan ou un artiste ayant découvert une formule d'art nouvelle, ou une technique décorative, ou un contre-point pictural, ou une théorie des complémentaires plastiques, ou un « archéomètre » capable de produire la liaison des différents arts, etc., etc. ; et nous imaginons un esthéticien apportant une méthode rationnelle du dessin, ou une intelligente révision des programmes aux écoles d'art — la moindre de ces trouvailles est précieuse aujourd'hui. — Cependant les uns et les autres vont se voir éconduits comme des intrus. Pensez donc, mais les recevoir serait avouer notre décadence ; leur démarche est révolutionnaire ! Toutes les commissions et comités officiels et tous les chefs de bureau et tous les inspecteurs, de quoi auraient-ils l'air ? Et l'Institut, mais ce serait la mort de l'Institut et l'Institut omnipotent ne le permettra jamais !

La seule ressource qu'en ce cas la Direction des beaux-arts puisse accorder, c'est d'envoyer un de ses inspecteurs chez l'artiste afin de faire un rapport sur la valeur des prétendues recherches. Eh bien ! l'inspecteur étant impartial, l'inspecteur étant artiste lui-même, le rapport ne peut qu'être défavorable, c'est de toute logique. Voyons, voici cet inspecteur, il est dans la maturité d'âge, ses idées sont faites. On lui présente des tentatives qui, forcément, se sont affranchies des formules acceptées encore par tout le monde à ce moment. Il est dérouté, ça le dépasse, il lui est défendu de juger, serait-il l'inspecteur le plus libéral. Si l'on ajoute que toute tentative néglige le fini des œuvres longtemps ressassées, on se rend compte que l'impression du visiteur s'en amoindrit encore et que le meilleur rapport ne peut qu'être de banales louanges à l'adresse du visité.

... Et il nous manque des novateurs !

Nous avons vu au précédent chapitre ce que l'Institut et le Parlement représentaient d'indigence intellectuelle sur la question artistique.

La Direction des beaux-arts, entre cet Institut et ce Parlement, est bien mal placée, et y changerait-on les hommes qui sont à sa tête, que les nouveaux ne sauraient agir que comme leurs prédécesseurs, c'est-à-dire en se dépensant surtout en diplomatie. Un réformateur serait broyé.

En ces conditions, comment réclamer à cette Direction plus de discernement qu'il n'y en a dans la double pression qui l'accable — et qu'elle a le rôle de contrôler. Comment faire, de son « comité de perfectionnement des arts du dessin » autre chose qu'une vaine bureaucratie ? Comment demander l'organisation de grands ensembles décoratifs, alors que l'émiettement du budget satisfait dans l'achat d'œuvres hétéroclites, les recommandations multipliées de l'Institut et du Parlement ? Comment espérer une renaissance de nos arts régionaux, alors qu'il y a une centralisation esthétique et politique qui ne se maintient qu'en nivelant tout dans la nation : le langage, le costume et l'esprit !

Inaugurer tout ce qui se présente, pour faire preuve d'éclectisme ; faire des commandes au hasard des hautes influences ; faire des achats au hasard des expositions ; respecter les palmarès avec leurs erreurs ; distribuer périodiquement le poison des décorations ; satisfaire le plus d'individualités ; se ménager le plus de crédit ; tenir tête à tout ce qui reste de mécontents, c'est perpétuer l'anarchie du monde des arts et c'est ce à quoi en est réduit l'office qui a pour but d'orchestrer tout un peuple.

CHAPITRE X

Ecoles d'Art, Manufactures et Conservatoires.

I. Des directeurs et des professeurs.

II. Où l'on voit l'École des beaux-arts se transformer heureusement en une Ecole d'art décoratif, puis en une Ecole-Manufacture. — L'erreur de Sèvres et des Gobelins.

III. Description d'une Ecole-Manufacture. — L'élève dégagé de l'*étude pour l'étude* est immergé dans la réalisation des travaux. — Abolition du professorat : le professeur, chef d'atelier. — Idéale situation d'une Ecole-Manufacture entre un conservatoire d'Arts et Métiers et un conservatoire de Musique.

I

L'école a prétendu remplacer l'atelier de l'artisan, désorganisé par la Révolution, et l'école n'a pas remplacé l'atelier, et l'atelier est resté désorganisé. A la place d'un maître d'œuvre, on a mis à la direction et à l'inspection de nos écoles d'art, des politiciens chenus, des journalistes besogneux, quelquefois des artistes à fin de carrière — qu'importe si la crise de l'apprentissage menace ce qui nous reste de prospérité artistique, si des générations d'élèves sont destinées à végéter et si les propagateurs de « l'art à l'école » se dépensent en pure perte.

L'école de métier est pourtant aujourd'hui le seul

refuge pour la jeunesse qui se destine aux arts, puisqu'on a laissé le Commerce et l'Industrie faire de tous les ateliers privés, des usines.

Mais, après la révision des programmes scolaires, les directions données à des maîtres d'œuvres, les inspections confiées à des économistes-esthéticiens, il faut encore envisager le recrutement des professeurs :

Tous les examens de professorat se passent à huis clos, devant l'aréopage où figurent l'Institut, quelques artistes de moindre titre, quelques braves délégués politiques qu'on a tirés on ne sait d'où et qui siègent là sans scrupule, qui donnent des notes à la va comme ça vient. L'absence de public livre le candidat à toutes les roueries plus ou moins intéressées des questionnaires ; il n'a qu'à répondre et à faire montre d'une docilité de mémoire, comme d'une soumission d'initiative. Il lui serait impossible d'exposer une innovation pédagogique. Aussi, le meilleur candidat est-il toujours un ancien bon élève, qui a dépensé toute son application à devenir très fort en histoire de l'art, en anatomie et en perspective, c'est-à-dire que c'est un fruit sec qui ne pouvait être qu'un sous-ordre, qu'un bureaucrate, mais qui peut, qui doit faire un professeur.

Quant aux professeurs des Écoles des beaux-arts, ils sont présentés par l'Institut. A Paris et tout comme le directeur, ils sont de l'Institut et sont inamovibles. C'est l'Institut qui enseigne. Les Beaux-Arts de province sont les succursales de la maison mère de Paris, elles sont entièrement sous la domination de l'Institut et l'Institut tient tout son monde, garde tout son prestige par l'appât scandaleux du Prix de Rome.

II

Comment est donnée l'éducation artistique aux Beaux-Arts de la métropole ?

A l'architecture, les générations de professeurs ont déposé les couches d'éruditions composites, qui ont formé un style d'école, affreux mélange de Renaissance et de Louis XVI, sans lequel il n'y a point de salut. Les plans dans les rendus de concours, et quel que soit le sujet de la construction, doivent correspondre à certaines symétries appelées à « bien faire sur le papier » ; l'aménagement, le confort, pour ne pas en détruire les grandes lignes, vont se caser où ils peuvent ; quant à la décoration, on colle un pavé ici (voir groupe sculptural) ou une frise là, ça n'entre pas dans la composition du monument, ça s'ajoute — et l'éducation de ces Français va se parfaire à Rome et non à Chartres ou à Chenonceaux.

A la sculpture, comme à l'architecture et à la peinture, tous les cours tendent au Prix de Rome, tous les élèves sont hypnotisés par le Prix de Rome. Comme le Prix de Rome consiste, en sculpture, à exécuter soit un nu de 1 m. 30 de haut, soit un bas-relief dans un rectangle de 1 m. 55 sur 1 m. 15 ; comme la peinture doit se réfugier invariablement dans un cadre de 1 m 46 sur 1 m. 15, on se garde bien de travailler à d'autres fins — et pour le style ou plutôt pour la « facture » on se réfère aux derniers primés et ainsi de suite, jusque dans l'amollissement de toutes formes.

L'École des Beaux-Arts est, des différentes facultés, la seule qui ne voit jamais de réclamation de la part des élèves, ni des professeurs ; dans laquelle on n'ait jamais discuté ouvertement la valeur d'un examen, le résultat d'un concours. On dirait que les élèves craignent le bruit qui porterait l'attention sur eux, sur leur école ; il y a comme un pacte de silence passé avec les professeurs et la direction ; ils redoutent ce qu'une enquête dévoilerait, non pas une enquête administrative — on sait ce que ça vaut — mais une enquête publique, un scandale qui ferait s'écrouler la boîte de la rue Bonaparte et balaierait ses occupants, qui emporterait enfin, par la suite, cette citadelle de la monarchie artistique qu'est la villa Médicis.

Les deux seules fois que les élèves se départirent de cette sage prudence, les deux seules fois qu'il y eut un chahut dirigé contre l'administration, ce fut jadis, lors de l'inauguration du cours de décoration et plus récemment quand les jeunes filles enfin admises, firent leur entrée rue Bonaparte. Jadis, les élèves protestèrent contre un cours qui « ternissait le renom du grand art ». Plus récemment, les jeunes rapins qui savaient par quels faciles procédés le « grand art » s'exécutait, virent une lourde concurrence dans les camarades féminins, et si ce ne fut pas un jour de gloire pour la galanterie française, quand les pires grossièretés accablèrent les pauvres filles, il fut au moins dévoilé que le fameux renon artistique de l'École était usurpé.

A part ces troubles « motivés », on n'a jamais entendu parler de mise à l'index d'un professeur ; de refus de travailler sur tel programme de classe ; d'obstruction aux concours ; de sabotages d'épreuves. Jamais on n'a vu aucun monôme détourné un instant des rigolades imbéciles et servant à conspuer telle affligeante érection de statue, telle destruction d'admirables vestiges [1]. « Ces disciples d'Apollon assistent impassibles à tous les crimes contre l'esthétique et l'archéologie ». C'est une école qui ne vibre pas, qui n'est en gésine de rien. Les petits vieux jeunes gens qui la composent, réunissent des fils de bourgeois, tout d'abord étonnés de décrocher

1. Les architectes ont cependant chaque année, l'occasion de manifester à leur guise. A l'issue du « Prix Rougevin » ils organisent un monôme qui part de l'École des beaux-arts, pour aboutir place du Panthéon. Au lieu des transparents obscènes voiturés dans le cortège, et des pitreries qui les accompagnent, les architectes pourraient promener les « motifs » des derniers vandalismes commis. Passant dans le quartier de la jeunesse intellectuelle, ils rallieraient cette jeunesse et la foule à leur bruyante réprobation, et l'autodafé de la place du Panthéon prendrait une signification toute particulière.

tant de médailles, tant de diplômes avec si peu de chose, puis qui s'habituent aux douceurs de l'ignorance récompensée et qui précipitent la décadence même du « grand art » à ce point, qu'un prix de Rome de maintenant ne serait pas monté en loge, il y a dix ans.

Naturellement, jamais la plus petite notion d'art décoratif n'est venue troubler la quiétude de ces jeunes gens.

Pour les élèves des Beaux-Arts, l'art décoratif est une invention d'ornemaniste, c'est une profession d'ouvrier. Fi donc !...

...Et les syndicats des professions artistiques auront envahi l'école de la rue Bonaparte, bien avant qu'un massier des ateliers de sculpture par exemple, ait répondu au délégué de l'Institut annonçant le thème d'un prix de Rome :

— « Monsieur, j'ai mandat de vous exposer que nous, élèves, par décision de notre dernière réunion, il nous est impossible de nous mettre au travail sans chercher à imaginer la réalisation décorative du thème donné, et en conséquence, avant que vous n'ayez fait réponse aux questions suivantes :

« 1° Le pays (climat, mœurs), l'édifice, le milieu décoratif où notre composition doit être comprise ?

« 2° L'endroit exact où elle doit être placée ? (intérieur ou plein air).

« 3° La situation du motif en hauteur, en orientation ?

« 4° La matière définitive? (pierre ou marbre ou cuivre ou bois, etc).

« 5° Sa signification morale?

« C'est que nous n'ignorons plus, Monsieur, qu'un motif sculptural est subordonné à un ensemble décoratif, comme cet ensemble doit l'être par rapport au milieu topographique et ethnique où il est établi — c'est-à-dire que ce motif doit s'associer de près comme de loin à ses entours.

« C'est que, une sculpture de plein air ne s'ordonne pas du tout comme si elle devait être placée dans un jour d'intérieur, pas plus que les amplifications à y apporter ne peuvent se conduire indifféremment si le motif reste placé sous les yeux, ou s'il ornemente une corniche à 15 mètres ou un tympan à 25 mètres, et s'il reçoit la lumière du nord ou du midi.

« C'est que, le choix des matériaux d'exécution doit nous guider pour oser ou restreindre les mouvements de notre statuaire, et même pour en concevoir les plans, car on ne doit pas modeler de même façon un objet à destination de pierre (qui absorbe la lumière) ou de métaux (qui la rejettent).

« Enfin, Monsieur, sachez que la valeur morale du sujet donné nous inquiète autant que les conditions de sa réalisation matérielle, et vous aurez à peu près l'exposé et les considérations qui nous obligent à manifester.

« C'est assez vous dire, Monsieur, que d'accord avec les peintres, qui doivent vous tenir le même langage (sauf différences pour questions de métier) et sous les conseils des architectes, nous refusons purement et simplement de concourir au prix de Rome.

« Qu'au surplus, Monsieur, architectes, peintres et sculpteurs de l'Ecole, nous ne voulons plus être écartés de la confection des programmes de concours pas plus que des délibérations des jurys et de leur participation. Il y va de notre dignité comme de celle de nos professeurs et des jurys eux-mêmes. Il y va aussi de notre savoir, car si les jugements ne cachent pas de passe-droits ils doivent être l'enseignement précieux, la correction par excellence de nos maîtres, en même temps que l'exercice de notre jugement.

« Enfin, Monsieur, dites bien aux membres de l'Institut, que dorénavant nous ne nous considérons plus ici comme une aristocratie des arts. Que notre but est de remplir un rôle de citoyens dans la nation et non plus en dehors, et non plus pour des affinités égoïstes et inharmoniques. Que fraternisant aujourd'hui avec nos camarades rebutés, les artisans, nous convenons que la statuaire la plus belle n'est en somme qu'un ornement et qu'il est de notre devoir et de notre satisfaction de la considérer ainsi, et qu'en conséquence, nous demandons à ce que notre école devienne l'Ecole des Arts décoratifs [1].

1. Ainsi la question des Ecoles d'art décoratif, inconfortables, insalubres, serait solutionnée. Ces écoles emménageraient rue Bonaparte.

ainsi que les succursales de province qui par surcroît doivent obtenir leur autonomie régionale ».

Que ce manifeste soit présenté un jour par un massier délégué des élèves ou qu'une fédération des métiers d'arts s'en serve pour transformer l'Ecole, et l'on s'apercevrait aussitôt que les sujets de concours des sculpteurs et des peintres, devant s'entourer d'une ambiance architectonique, cette ambiance serait à demander aux architectes de l'Ecole — les projets de ces derniers contenant lesdits sujets de concours.

Chaque architecte serait donc un moniteur de classe, il aurait à se choisir ses peintres et ses sculpteurs, et cette collaboration intime ferait la plus utile camaraderie et la meilleure besogne.

Mais, c'est le cours des trois-arts, dira-t-on rue Bonaparte !

Il existe en effet aux Beaux-Arts un cours qui a pour but de relier les différents ateliers. Mais ce cours consiste à donner des devoirs aux élèves, en interchangeant leur métier et non en les faisant collaborer à des projets en commun. Tout comme le cours de décoration qui existe aux Beaux-Arts aussi, le cours des trois-arts est suivi en rechignant par les boursiers de province qui doivent totaliser des notes et c'est tout ; il ne sert même pas à effacer ces dualités entre corporations, qui là, rue Bonaparte, existent aussi stupidement que dans l'armée entre cavaliers et fantassins.

Ce qu'il faudrait, c'est une constante pénétration des différents labeurs, car ils ne peuvent vivre les uns sans les autres et cette communion des trois arts ne serait pas un cours accessoire, ce serait le cours par excellence, le seul cours et tous les autres lui seraient accessoires.

Chez les sculpteurs et chez les peintres, la tâche journalière ne consisterait plus à « copier, copier bêtement » le sempiternel modèle vivant, avec le respect de ses tares physiologiques et de sa résignation appointée. Cette tâche serait un peu plus variée que ne l'est un procès-verbal linéaire, et l'artiste n'aurait plus « l'œil assimilé à une vitre et la main à un appareil pantographique ». La flore, la faune, la stylisation des éléments, l'étude des draperies, la confection de costumes propices à la reproduction esthéthique de notre époque transformeraient les programmes ; et les moindres études, et les moindres morceaux, et les moindres croquis seraient toujours subordonnés à la composition d'un ensemble, viseraient toujours à une fonction de décor.

Des ateliers de pratique seraient annexés, non seulement pour le marbre, mais pour le bois, l'ivoire, le cuivre, le fer (fonte, repoussé, ciselure) ; pour les matériaux de revêtement (agglomérés, ciments, grès, faïences). Il y aurait des ateliers pour les décors de théâtre, pour les procédés d'illustration. Dans ces cours de pratique, les artisans s'y confineraient ou passeraient selon leurs tendances ou leurs visées, selon qu'ils chercheraient à devenir des spécialistes ou des maîtres d'œuvre.

Car il y aurait le cours des maîtres d'œuvre, dirigé par l'architecture, qui, s'emparant des plus « ensembliers » parmi les élèves, les ferait se rendre un compte succinct des techniques afférentes aux divers matériaux et de leurs ressources en construction comme en décoration.

Mais encore et surtout, il faudrait à cette école l'émulation qui manque à toutes les écoles comme à toutes les universités. Nous voulons parler des commandes effectives, c'est-à-dire de la poursuite complète de l'œuvre, qui est la méthode expérimentale, la démonstration intégrale et qui seule fait l'habileté professionnelle.

Avec la possibilité d'accueillir les commandes et de travailler à leur exécution en y faisant concourir tous les élèves et tous les professeurs, ce serait retrouver l'ancien atelier de l'artisan dans l'école.

Il y a là certes, de quoi faire crier d'indignation certaines industries privées, c'est la ruine de leur mauvaise production et c'est justement ce qui doit nous combler de joie. CHAQUE ÉCOLE DEVIENDRAIT UNE MANUFACTURE et nous voici encore une fois de plus entrés dans l'Etat collectiviste, du fait des déductions.

Une manufacture nationale ou communale n'a pas intérêt à faire une rapide fortune en vendant de la camelote, en recherchant des outillages qui multiplient des gabaris lésineurs et insipides. L'exemple des lourdes administrations d'art existantes (Sèvres, Gobelins, etc.) ne doit pas nous inquiéter. C'est justement parce que leur petit nombre les fait tributaires d'un régime commercial exclusif, qu'elles ne peuvent progresser selon le désir de leurs administrateurs. Quand une manufacture nationale du bâtiment — et l'école que nous préconisons ne sera pas autre chose — créera entre une manufacture de faïence et une manufacture de tapisserie, d'autres manufactures de meubles, de bronze et d'orfèvrerie (pour commencer), il est évident que les manufactures existantes aujourd'hui auront un tout autre rôle.

Ce rôle ne sera plus de faire un art-pour-l'art le plus souvent inutile et coûteux, pour cadeaux de souverains, de ministères et d'amateurs. Non, ces institutions restées monarchiques, en dépit de tout le mouvement de la démocratie, doivent être rendues aux services publics. Leur production poursuivie par des corporations d'artisans ne doit plus donner une œuvre qui ne soit conçue en accord avec la matière définitive et les milieux à décorer.

Actuellement, une manufacture de Sèvres appelle un sculpteur du dehors pour lui commander le modèle d'un vase de jardin, par exemple ; mais le sculpteur, malgré son talent propre, ne connaît pas plus les exigences que les ressources de la céramique, et les explications hâtives du technicien ne peuvent remplacer une longue éducation. Un peintre brosse un modèle de tapis pour les Gobelins comme s'il brossait un tableau. Sculpteur et peintre ne se doutent pas que chaque matière d'exécution demande une stylisation appropriée et que cette stylisation, étant le meilleur du savoir artistique, est toute de charme en même temps qu'elle permet toujours une économie manufacturière.

III

Avec l'École-Manufacture, l'artiste vivrait au milieu de la pratique de son métier, il en comprendrait la beauté, il en surprendrait les secrets, il en aimerait les difficultés.

L'élève, dès son entrée dans les classes d'apprentissage, aurait la sensation de ne pas être une non-valeur, mais bien de participer *avec les grands* à des œuvres empoignantes parce qu'elles se réaliseraient. Plus *d'étude pour l'étude* ; plus de ces méthodes de dessin qui mécanisent faussement la jeune vision ; plus de ces cours où se ressasse la copie, le pastiche ; plus de ces devoirs inutiles et ennuyeux à faire chez soi comme des pensums ; plus de discipline obtenue sous l'injonction de surveillants brutaux ou par les palabres d'un directeur qui ne tient avant tout qu'à la paix de sa sinécure ; plus d'émulation entretenue par les rivalités égoïstes des concours scolaires et qui n'aboutissent qu'à des palmarès illusoires, vaniteux et malfaisants... Mais l'élève immergé en pleine réalisation ; mais l'élève doté de dignité, de responsabilité et d'initiative. Et ne serait-ce pas d'une bien autre émulation quand le directeur — le maître d'œuvre — réunirait toute l'école : apprentis, compagnons, vétérans, professeurs et dirait : « Camarades, il nous est demandé la construction et la décoration d'un sanatorium pour tel endroit, dans telles conditions. Plusieurs avant-projets vont être soumis au jugement de de tous, et tous vont travailler au projet définitif dans la mesure de leur âge et de leur talent ! »

Ce ne peut être que dans le va-et-vient des classes d'épures aux ateliers de pratique et aux chantiers d'exécution, que l'élève peut comprendre et s'attacher à son art. Mais l'exécution industrielle des travaux d'école aurait encore pour avantage de mettre les professeurs dans une existence normale et non hybride. Combien d'artistes voient leur carrière brisée ou tout au moins gâchée par un professorat qui ronge le temps et amollit les ressorts laissés aux travaux privés. L'Ecole-Manufacture ferait du professorat, non plus une carrière de raison, mais une carrière d'action. On n'y verrait plus traîner ce pédagogue plein d'amertume, n'ayant que le souci de faire présence à son cours aux heures déterminées et d'y donner sa leçon sans ferveur ; on ne verrait plus ce malheureux poussé à rechercher le cumul d'une fonction qu'il déteste et aspirer aux vacances dès la « rentrée », consommant toute une vie affligée de résignation pour une retraite problématique. On ne verrait plus ce professeur parce que le professorat n'existerait plus.

Aujourd'hui, dans les meilleures écoles d'art industriel (Écoles des Arts décoratifs, Boulle, Estienne, Germain Pilon, Bernard Palissy, etc.), et malgré tous les changements de personnel ou de programme qu'on pourrait y apporter, malgré la meilleure volonté qu'on puisse prêter aux professeurs et aux élèves, on ne peut pas faire de bons artisans. Il manque toujours cette exécution pratique qui n'a de valeur que si elle répond aux besoins d'un ensemble — à tel point que les premiers lauréats sont eux-mêmes obligés, au sortir de l'école, de refaire un apprentissage dans un atelier privé avant de trouver un patron embaucheur.

L'apprentissage à l'école industrielle ne peut conduire à l'atelier particulier parce que l'école ne vise pas à des résultats commerciaux, tandis que l'atelier particulier n'envisage que ça au contraire. Entre une esthétique dégagée de tout souci pratique (c'est l'école) et une pratique dégagée de tout souci esthétique (c'est l'atelier privé) l'élève n'est ni un apprenti, ni un compagnon, ni un artiste, ni un industrieux. Il doit se débattre à sa sortie de l'école, et serait-il le plus méritant, le plus médaillé, il se voit abandonné dans une transition pénible, en face d'un utilitarisme qui se gausse de ses notions les plus sûres, qui piétine ses dispositions les plus nobles

Dans ces tourments, l'élève va revoir ses maîtres qui n'y peuvent rien ; il va revoir son directeur qui répond n'être point chargé de placer les élèves et décline toute responsabilité ; il s'affilie à la « société des anciens élèves », mais s'aperçoit que ces derniers, s'ils viennent rarement aux réunions, se gardent bien plus encore de faire de l'embauche parmi les jeunes camarades et pour cause. Alors, si l'élève n'a pas trouvé à se caser en demi-apprentissage, à demi-salaire ; s'il erre désœuvré, il lui arrive de rencontrer un ami qui l'entraîne avec des airs de conspirateur.

— « Viens, lui dit-il, viens à l'Ecole des beaux-arts. Si la décoration est un art complexe, mal enseigné, mal rétribué, mal honoré, il en est un qui demande dix fois moins d'étude, mais qui a tout le prestige, qui rallie toutes les considérations, qui mène aux plus hautes destinées. Viens dans une école où les plus savants des élèves ne feraient même pas des apprentis décorateurs, viens ! »

Et l'exode des écoles d'art industriel grandit ; les garçons et les filles affluent aux Beaux-Arts. Et des enquêtes menées par des gens très sérieux cherchent depuis des années le pourquoi de ces exodes inquiétants. On met à la retraite des directeurs, on déplace des professeurs, on demande de nouveaux crédits et le mal ne fait que grandir.

L'école du demi-temps qu'on a préconisée, et qui consiste à mener l'élève le matin à l'école d'art et l'après-midi à l'atelier privé, ne peut que désemparer l'élève, pris entre deux modes d'études antagonistes, entre des intérêts opposés. On ne sera sauvé que le jour où on aura le courage d'ouvrir l'Ecole-Manufacture, car c'est là qu'enrôlé dans un enseignement homogène et continu, c'est là qu'assuré de la « matérielle » par un enseignement productif et par cela même rétributif, l'élève pourra s'éveiller aux lois générales d'une ÉCONOMIE ESTHÉTIQUE pour aborder et résoudre les problèmes de décoration les plus grands.

Pour une Ecole-Manufacture qui serait à construire dans un pays neuf, nous conseillons le voisinage immédiat, à sa droite du conservatoire de musique, à sa gauche du conservatoire des arts et métiers, afin qu'elle établisse les analogies fécondes des Cadences et des Forces, afin même qu'elle indique à ses nouvelles annexes le remaniement de leur programme.

Nous avons fait entrevoir à la fin de la première partie, ce que l'art dramatique avait à apprendre pour se préparer à sortir au plein air et se relier à la multitude.

Les Arts-et-Métiers n'ont pas moins à se transformer. Ce conservatoire doit être entièrement livré à l'étude des sciences appliquées aux arts. Il doit être surtout un laboratoire d'expériences, un atelier d'outillage au service de l'Ecole-Manufacture, et à la gauche de cette école, mettre ses ingénieurs en rapport avec l'esthétique et leurs travaux de réalisation sous le contrôle de l'Harmonie.

Ce groupement d'universités serait seul capable

d'élaborer à certaines époques de grandes fêtes d'arts synthétiques, en réunissant la science des constructions aux arts plastiques, cinématiques et musicaux. Multipliez quelques-uns de ces groupements parmi les provinces et concevez qu'ils sauraient comprendre la décoration d'un pays et embellir l'existence des citoyens.

Et voilà chaque province susceptible de garder ses enfants, au lieu d'en faire des déracinés, qui viennent encombrer la Capitale de leur misère ou de leurs succès — en tout cas de leur ignorance des ambiances, des besoins artistiques d'un milieu où ils passent dans la fièvre des années d'école et où ils s'attachent dans la fièvre plus déprimante encore de la lutte quotidienne.

CHAPITRE XI

Les Salons et les Concours.

I. Un Salon d'art décoratif est un non-sens. — Le mépris des Salons des Beaux-Arts pour les sections d'art décoratif.
II. Incompétence des jurys d'admission et de récompense : Ils fonctionnent à huis clos sans aucun criterium esthétique.
III. A l'École-Manufacture, il n'y a pas de jury, pas de limites d'âge, pas de médailles. — Le travail en commun exige l'anonymat des œuvres. — Pas de bourses de voyage, mais des missions urgentes. — Les concours trouvent toutes garanties morales et artistiques.

I

Le jour où l'art décoratif sera tout ce qu'il doit être, le Salon aura vécu.

La plus parfaite exposition d'art décoratif ne peut être en effet que l'exécution définitive d'un ensemble. L'invitation à visiter tel immeuble (maison ou palais) dont la construction et dont l'aménagement viennent d'être complètement terminés et disposés en réception, est le meilleur « vernissage » qui puisse s'imaginer, car chaque motif de tapisserie, d'orfèvrerie se juge d'après le meuble qu'il décore, comme les meubles à leur tour s'apprécient par rapport aux pièces et à leur agencement, comme ces pièces ne se comprennent qu'à la condition d'assembler la bâtisse et comme enfin celle-ci n'a de valeur esthétique qu'en association avec son milieu topoethnique.

C'est assez dire qu'il devient impossible de porter un jugement complet sur une de ces parties d'un tout, si elle est isolée de ce tout. Au plus, pourrait-on convenir de l'habileté répandue dans des détails et reconnaître les virtuosités qui assujettissent chaque matière.

C'est ce qui a conduit des artistes décorateurs à exposer des appartements entiers dans les sections de Salons qui leur sont accordées. La poterie sur le meuble, joue déjà un rôle qui lui manque emprisonnée dans une vitrine ; le meuble encadré de boiseries et d'étoffes provisoires, souffre au moins l'examen. Mais les décorateurs sentent si bien que l'appartement n'a tout son attrait que dans un aménagement général, que profitant de certaines expositions d'habitation à bon marché, ils y construisent à grands frais des maisons entières pour éviter le stand et pour se rapprocher du *tout* dont nous parlons.

Ces folies somptuaires sont inutiles aux arts.

On peut fort bien les ramener (quant à la diffusion à donner aux œuvres décoratives) à des publications illustrées. Les revues d'art de chaque pays sauraient très bien (quelques-unes en ont donné des preuves) représenter détails et ensembles par des photo-gravures et des textes. Et ce serait suffisant pour ceux qui — artistes ou clientèle — se trouveraient trop éloignés et dans l'impossibilité d'étudier de visu l'immeuble inauguré.

Un salon spécial d'art décoratif qui accole les stands de différents exposants, en montre donc trop et pas assez. Mais il suffit à un cénacle de tapissiers qui manquent de boutiques et il devient vite le centre commercial d'artisans-éditeurs.

Un Salon de beaux-arts n'a donc jamais été compris pour exposer de la décoration. Ainsi, les Salons annuels ne se dédoublent-ils, ne se multiplient-ils, ne sont-ils faits surtout que pour produire « l'art pour l'art ».

Les grands Salons ont bien ouvert des petites sections aux arts décoratifs, mais avec combien de restrictions avouées ou non ! Les Salons, les grands Salons officiels sont tout à la dévotion de messieurs les peintres « de tableaux » et de messieurs les sculpteurs « de statues » ; le reste n'existe pas.

On se demande même comment le Salon des « Artistes français » qui est par excellence le Salon de l'Institut, a pu se décider à ouvrir une section — oh ! une sous-section — à la décoration. Il est vrai qu'on a placé cette sous section sous là dépendance des autres. C'est ainsi que les élèves des Beaux-Arts, peintres et sculpteurs, dont nous avons sondé la profonde ignorance en décoration, sont appelés, quand ils sont hors concours de leur section au Salon, à accepter ou à refuser les envois des artisans de la sous-section tandis que jamais un artisan, aurait-il une première médaille, ne sera admis à juger de la peinture ou de la sculpture des grandes sections.

Naturellement, un jury incompétent et porté à être hostile à sa tâche, n'est pas fait pour montrer sous un jour flatteur, une sous-section déjà si décriée. Les emplacements désavantageux, l'acceptation d'œuvres mesquines, l'encombrement des ouvrages de dames, ridiculisent à plaisir un endroit où les exposants craignent de s'aventurer.

Cette sous-section pourtant, quand on pense à ce qu'elle devrait être dans un Salon, si un Salon devait exister ! Mais ce serait la section, l'unique section, et les sections actuellement au premier plan seraient ses sous-sections !

Que l'art décoratif ne se plaigne pas cependant, ce n'est pas en cherchant à développer sa place aux Salons, qu'il gagnera en savoir et qu'il fera des adeptes. Nous avons prouvé suffisamment qu'un Salon d'art décoratif était un non-sens, qu'il était amené à se détruire lui-même et s'il y a intérêt à pousser le *coin* de l'art décoratif qu'on a fait entrer dans les grands Salons, ce ne peut être que pour tout renverser — l'Institut le sent bien.

En attendant, la foire à la peinture s'étend, envahissante. D'année en année, les kilomètres de cimaises et de socles s'allongent et il n'est plus une seule semaine où une exposition de peinture ne s'ouvre — officielle, indépendante ou privée. Il n'est plus une société qui ne fasse son Salon. Il y a celui des employés des postes ; nous attendons celui des garçons limonadiers, des sergents de ville, etc.

II

Et maintenant, cette question : Un Salon doit-il avoir un jury ou ne pas en avoir ?

Notre réponse est brève : Considérant que les arts ne peuvent qu'être décoratifs, qu'un Salon d'art décoratif est une hérésie... pas de Salon, pas de jury.

Ce qu'il y a d'absurde dans le fonctionnement d'un jury d'admission au Salon, c'est que sans direction, sans contrôle, on a laissé se produire des œuvres, on a laissé de jeunes artistes dépenser un temps précieux et souvent de grosses sommes pour amener toile ou statue dans un lieu où le lendemain, au delà de portes closes, les malheureux auteurs, fous d'angoisse, attendent des sentences... sans appel. Si jamais un tel jury devait fonctionner, ce serait à parcourir les ateliers des jeunes confrères, bien avant le vernissage et ainsi, sa tâche aurait chance d'être bonne.

Encore, faudrait-il que ce jury possédât un critérium esthétique pour motiver ses appréciations. En ce moment, l'individualisme artistique, réprouvant tout corps de doctrine, se flatte de laisser à chacun la libre initiative de ses tendances. Il se fait que chaque artiste doit s'imaginer représenter la meilleure conception de beauté. Cet artiste une fois membre d'un jury, ne peut pas juger si l'œuvre qu'on lui soumet participe de lois esthétiques, de normes harmoniques, mais seulement si cette œuvre participe de sa façon de voir. Si bien, qu'il est forcément amené à juger une œuvre en se disant : « Me plaît-elle, est-ce ainsi que je l'aurais conçue ?... Si oui, elle est bonne ; si non, elle est mauvaise. »

Il faut d'ailleurs admirer là une belle conscience qui tend à disparaître pour faire place à d'autres considérations, s'exprimant ainsi : « Cette œuvre m'est-elle recommandée, ai-je intérêt à ménager l'auteur ou ses amis ? Si oui, elle est bonne ; si non, elle est mauvaise. »

Camaraderies, habiles compromis, lâches indifférences, impartialités fantaisistes mais par-dessus tout, l'orgueil de juger autrui, comme si l'on était désigné par Apollon lui-même, voilà tout ce qui fermente dans un jury en fonction.

Ah ! qui publiera jamais « les mémoires d'un gardien du Salon » !

Mais c'est dans un jury de récompense, plus encore que dans un jury d'admission qu'il faut démêler de telles turpitudes. La course aux médailles et aux honneurs est devenue une nécessité commerciale, les diplômes et les décorations étant comme des bandes de garantie subjuguant les clientèles et rassurant les artistes eux-mêmes sur leur propre talent

Jamais les artistes ne se sont distribués autant de médailles ou fait accorder autant de hauts grades dans la Légion d'honneur qu'en ce moment. On dirait qu'à défaut de considération éclairée, ils veulent forcer des considérations factices, afin qu'on ne voie pas, et qu'eux-mêmes ignorent la décadence où ils roulent.

L'obtention des médailles ou des grades est fautrice de la plus grande partie des œuvres de Salon. Car tout devient relatif dans les talents par rapport aux médailles, et le non-médaillé est censé être un mauvais artiste. Et puisqu'il faut des médailles, on œuvre pour les médailles, à destination des médailles. On rencontre un ami, on lui demande ce qu'il fait pour le Salon. Il répond : « Je *fais* ma troisième, ou je *fais* ma première médaille. » Si l'on voit le travail en question, et qu'on se permette une critique, on reçoit cette réponse : « Que veux-tu, c'est idiot, je sais bien, mais il faut pourtant que j'arrive à passer hors concours ! »

Car, s'il n'y a pas de critérium esthétique au Salon, il y a des modes, des manières, certaines dimensions, certaines présentations, certains sujets qui sont plus ou moins susceptibles d'attirer la faveur des médailles. Le résultat, c'est que l'État achetant une grande partie d'œuvres récompensées, nos musées modernes où on les dispose, ne recèlent en majorité que des devoirs exécutés dans les pires soumissions.

Il y a aussi des barrières administratives par lesquelles l'Académie des beaux-arts entend réglementer les jeunes talents, sous prétexte d'émulation : c'est la limite d'âge de trente-deux ans qui abolit définitivement l'obtention des secours d'étude, des bourses de voyage, des encouragements spéciaux et de presque tous les prix en nature, donations, legs, etc., des mécènes — ceux-ci ayant tenu pour la plupart, dans leur candide admiration de l'Institut, à respecter cette limite arbitraire, après laquelle il semble qu'il ne doive plus y avoir de talents à secourir.

On se rend compte, combien une telle échéance qui est une petite mort, doit précipiter d'œuvres qui déjà ont à compter avec les époques fixes des dépôts aux Salons. Un artiste vous soumet un projet intéressant. — « Fort bien, dit-on, mais l'importance de ce projet fait évaluer un rendu d'au moins trois années d'études. » — « Tant pis, répond l'artiste, coûte que coûte, il *faut* qu'il soit *fini* dans six mois, car j'ai trente et un ans passés à présent. » Et voici encore une œuvre destinée à l'un de nos musées !

Devant cette fatale échéance, y a-t-il des recherches possibles pour un artiste, et loin d'être une émulation, n'est-ce pas au contraire une prime donnée aux œuvres pastiches, hâtivement ficelées ? Une limite d'âge ? Mais, c'est la limite contraire qu'il serait bon d'employer si les limites pouvaient s'admettre et ce serait à partir de trente-deux ans que les artistes auraient droit de faire preuve de leur savoir.

Les jurys, comme à l'Institut, s'élisent eux-mêmes dans le sein des hors concours. Laissons-les. Que les artistes avec les artisans, ne se donnent pas la peine d'enfoncer ces portes-là, pour assister aux délibérations des admissions et y fonctionner. La liquidation de ces foires de peinture est plus proche qu'on ne pense. L'assimilation à une exhibition industrielle, de ce qui pendant un siècle aura prétendu représenter le sommet de l'activité artistique, doit être le gage des rénovations attendues.

III

L'Ecole-Manufacture qui grouperait tous les ateliers d'art d'une région, éviterait de tels jurys, de tels à-coups, de tels jugements, et avec ces jurys, disparaîtrait toute cette sale machinerie qu'on appelle le piston ou l'arrivisme.

A l'Ecole-Manufacture, ce serait dans les phases des tâtonnements aux exécutions, qu'on redresserait la faute de goût. Aucune œuvre n'arriverait donc à terme, qu'elle ne fut par avance acceptée. Et si cette collaboration constante des maîtres excluait toute récompense à l'auteur, elle le sauvegarderait, en retour, des *retoquages* démoralisants. Et qu'on ne craigne pas voir cette collaboration exercér la moindre pression capricieuse sur les élèves, puisque les maîtres tableraient sur les nécessités harmoniques d'un ensemble et qu'en définitive, ce seraient les lois de composition de cet ensemble qui seraient conseillères et juges.

Et, devant l'exécution d'une œuvre d'ensemble — un important immeuble par exemple — on se rendrait compte que tel morceau ne peut recevoir une récompense plutôt que tel autre ; que la part des influences voisines, comme des collaborations sont impossibles à délimiter ; que chaque artiste, depuis le moins en vue, jusqu'au maître, n'est qu'un concertant d'une orchestration plastique comme l'orchestration n'est à son tour qu'une concertante des lois d'harmonies ; que, par conséquent, il est injuste de faire bénéficier tel artiste du sacrifice de tels autres et que l'anonymat s'impose, à seule licence de voir signer un ensemble, du nom de l'Ecole.

A l'Ecole-Manufacture, les bourses de voyage ne seraient plus données à un individu, à la suite de l'exécution d'une œuvre, mais au contraire, et rentrant dans la catégorie des missions, elles seraient accordées à un groupe d'artistes pour la documentation utile à une œuvre en projet. Ces missions seraient élues à tour de rôle et selon les besoins qu'on aurait de documents ; c'èst dire qu'elles ne sauraient être soumises à aucun règlement préétabli, ni au point de vue des époques de départ, ni aux lieux à étudier, ni aux budgets à les pourvoir. Elues par toute l'Ecole et à la suite d'une urgence précise, elles resteraient en communication avec leur foyer artistique pour les envois des renseignements, l'orientation des recherches, etc., et le retour serait un véritable appoint au travail commun, comme le meilleur prétexte à des fêtes. Les bourses de voyage ne serviraient plus aux butinages incohérents d'artistes, au hasard des villes et des musées ; elles ne serviraient plus surtout à noceries stupides et à grossières flâneries.

Avec l'Ecole-Manufacture établie dans chaque région et monopolisant l'enseignement et la production des arts appliqués de la construction et de la décoration, on se rend compte que le concours pour l'édification d'un monument public ou pour la commande d'une peinture murale, n'a pas plus sa raison d'être que la bourse de voyage individuelle. Dans l'état de notre centralisation des arts à la Métropole, la ville de Bordeaux a-t-elle besoin d'un monument municipal, elle ouvre un concours dont les épreuves vont s'exécuter à Paris ou partout ailleurs si l'on veut, mais toujours avec l'éducation reçue à Paris ou reçue dans les succursales de province, ce qui revient au même. L'unification des beaux-arts produit le même monument à Toulouse qu'à Dunkerque, malgré l'individualisme de la production artistique ; on pourrait dire — et c'est le plus curieux — à cause de cet individualisme, parce que l'Institut le tamisant par le moyen des médailles, fait adopter à chaque individu la même insouciance des lois d'esthétique — insouciance qui n'en constitue pas moins une règle générale, un *canon* à rebours.

L'Ecole-Manufacture au contraire, régnant sur

une région, travaillant constamment à reconnaître le caractère propre à cette région, établirait les lois esthétiques qui correspondent aux besoins d'art du pays, d'après sa topographie, ses sites, ses origines, etc. Et une diversité des résultats plastiques correspondrait à la diversité des sites, de telle façon que ce serait par des *collectivités* artistes qu'on ferait une *personnalité* à chaque construction, à chaque objet d'art — alors qu'à présent, l'individu banalise la collectivité des choses.

Ce qu'on appelle aujourd'hui un concours public de monument ou de décoration, c'est bien plutôt une concurrence qui sur un thème donné, souvent mal donné, invite un grand nombre d'artistes à se cacher les uns des autres, à se tromper au besoin, à étouffer la publicité du concours, à faire de lourdes avances de temps et d'argent, à *chiquer* leur maquette, à faire toutes les concessions à un jury et à le circonvenir par tous les moyens — et tant d'astuce et tant d'efforts, et tant d'espoirs en pure perte pour la plus grande partie d'entre eux.

Les concours prétendent éviter tout favoritisme. Malheureusement, neuf fois sur dix, ils ne sont qu'un bluff et cachent mieux ce favoritisme. Par exemple, on donnerait bien telle commande à tel artiste, mais, comme l'on craint les récriminations des confrères exclus, on ouvre un concours qui paraît loyal et où le susdit artiste semble participer comme vous et moi... en attendant qu'il soit proclamé lauréat — le jugement était fait d'avance !

N'est-ce pas un procédé misérable que ce concours qui ne craint pas de légitimer une commande sur le dos de concurrents appelés, bernés et désespérés — quelquefois ruinés.

Et en supposant même les concurrents entourés de garanties d'équité, quelles sont les garanties d'ordre artistique mises au service de leur œuvre? Un monument statuaire est-il mis au concours à Brest, il arrive que lors du jugement des maquettes, un inspecteur des beaux-arts est délégué de Paris et préside en toute autorité — entre deux trains — à la viabilité de ce qui doit décorer pendant des siècles, une ville qu'il n'a peut-être jamais vue, pas plus souvent que les artistes concurrents.

Là encore, le jugement se fait à huis clos. Le peuple qui pourtant connaît sa cité, n'est pas appelé à donner son avis sur un monument qu'il va avoir constamment sous les yeux. Aucune consultation ne lui est demandée par voix de référendum. Il n'y a jamais d'enquête de *commodo et incommodo* de la Beauté !

La commande d'un monument à l'Ecole-Manufacture serait, dans le terme exact du mot, un concours : N'est-il pas venu à l'idée de tout visiteur d'une exposition de maquettes, qu'en faisant une synthèse de tous ces efforts particuliers, on trouverait une œuvre complète ? Eh bien ! s'il est bon que plusieurs ébauches assoient une maquette définitive, ces ébauches cherchées en commun à l'Ecole-Manufacture, établiraient une maquette qui serait l'œuvre de tous, tous bénéficiant du concours, tous *concourant* avec le souci *d'arriver*... à produire une œuvre qui soit une parure pour l'endroit qu'elle doit occuper.

CHAPITRE XII

Les Musées et la Ville.

I. Aux Musées modernes, le rôle des œuvres d'art est inesthétique et antisocial. — Comme quoi, il n'y a aucun chef-d'œuvre dans aucun musée.
II. L'Art au Musée corrompt le goût du public et oblitère chez les artistes la faculté du concept décoratif. — Ce que donneraient les travaux d'art épars aux Salons, dirigés vers des ensembles.
III. De l'esthétique d'une ville. — Son fleuve, ses rues, sa banlieue, ses cimetières. — La statuomanie.

I

Des écoles d'art aux Salons, nous avons suivi le développement de la production artistique. Nous allons voir son aboutissement au Musée. Quel y est son rôle ?

Le musée moderne est une institution inconcevable et dangereuse. Il ne faut pas confondre le musée moderne avec le musée archéologique. Ce dernier est le nécessaire refuge de ce que livrent les fouilles ; c'est le dernier abri des motifs disjoints par les inévitables démolitions. Il doit être, ce musée archéologique, un vestige archéologique lui-même. comme la basilique désaffectée devient le musée gothique d'une région, comme le château renaissance, revenant à l'Etat, doit s'aménager des tentures, meubles et ustensiles de son époque.

Et même, telle reconstitution de ville ancienne aurait-elle dû être préférée à l'éparpillement de ses motifs aux quatre coins des musées. Voyez-vous dans un accord international, les British Museum, les Louvre, les Glyptothèques, retourner aux terres helléniques ou d'islam, tant de joyaux arrachés, désunis... et des musées vidés, tout un monde de fragments se retrouver et reconstituer des sites et des villes mêmes, tels des musées vivants, avec leurs habitants ressurgis dans les costumes archaïques.

Pour revenir au musée moderne, tout au plus doit-il se réduire, dans les dépendances d'une Ecole-Manufacture, à être la resserre des cartons qui ont servi à composer, fresques, vitraux, etc. ; des esquisses de sculpture, des maquettes de théâtre ; des originaux des illustrations, estampes, lithographies, gravures, ayant embelli les magazines, historié les livres ; enfin des projets, recherches, etc.

Le musée moderne, tel qu'il est institué, a d'autres prétentions, et réclame en maints endroits la construction d'un vaste édifice pour lui seul. Son but est de recevoir exclusivement des tableaux, des statues et des bibelots d'art contemporain, afin de constituer le « trésor artistique » des municipalités parvenues. Une architecture de musée est donc portée sur ce programme : disposer des salles pour qu'elles reçoivent le plus de cimaises, le plus de socles, le plus de vitrines possible.

Le musée municipal ou national est copié sur la galerie de tableau de l'amateur, et se bâtit le plus souvent à la suite du legs d'une collection qu'un amateur fait à la société. Nous avons vu à la Renaissance l'art fragmentaire naître de l'abaissement de l'art décoratif et progresser jusqu'à nous. Incomplètement absorbé par les particuliers au cours des Salons, des ventes publiques, des exportations, cet art exige des débouchés sur place et notre gouvernement, persuadé qu'il y a là de quoi faire le goût du peuple, encourage et subventionne la création de nouveaux musées.

C'est un fait, que l'individualisme en art fait éclore l'amateurisme, qui à son tour perpétue l'individualisme. Mais que, tout comme les seigneurs d'autrefois, les collectivités fassent de l'amateurisme, que des municipalités socialistes, pour préciser, approuvent la construction de musées à l'instar des galeries aristocratiques, voilà où nous conduit la croyance en art d'un produit d'exception.

Combler les musées modernes, c'est pour nos dirigeants donner la main aux privilèges de richesse, en centralisant en des enclos, des valeurs plastiques considérables ; c'est accentuer l'esprit de l'artiste vers l'incompréhension d'un concept décoratif, en même temps que l'inciter à fournir des œuvres de galerie, de collections, c'est-à-dire des œuvres ayant un caractère de propriété individuelle... C'est une erreur fondamentale que de donner au peuple la même pâture artistique ayant convenu à quelques seigneurs dilettantes, raffinés et dévoyés.

La galerie de tableaux devenue publique par suite de donation, soit ! Et encore faut-il y faire une rigoureuse sélection. Mais ne convient-il pas de s'en tenir là au lieu de diriger vers cette finalité, tout l'effort artistique d'une époque, et n'est-il pas pénible de constater que nos plus profonds démocrates sont les plus chaleureux partisans d'une telle tendance ?

On n'a jamais créé autant de distinctions, d'encouragements de toutes sortes, de prix, de commandes, pour canaliser toute la production artistique vers un but aussi voulu, et jamais ce but ne fut plus antisocial et plus inesthétique.

Plus inesthétique en effet, et le musée est une offense envers l'Harmonie comme envers la Société. Est-il admissible que l'on ne comprenne point qu'un travail d'art, serait-il le mieux ordonné en lui-même, ne peut, dans un musée, que trouver son ambiance choquée par l'opposition imprévue — et de ce fait disparate — des voisins de socle ou de cimaise, et que, pour les yeux, il résulte de ces rapprochements, une inharmonie telle qu'il devient impossible d'admirer l'une d'entre ces œuvres, comme il serait impossible d'écouter le musicien le plus prestigieux exécuter la partition qui lui est chère... au milieu de confrères célébrant chacun son air favori. Remarquons combien notre sens auditif est en perfection sur notre sens visuel, et convenons que si, au moment d'entrer dans un musée, nos yeux devenaient seulement aussi bien éduqués que l'oreille d'un homme fruste, nous serions arrêtés dès l'entrée de ces sanctuaires de la *cacoplastie*, la tête meurtrie par des images heurtées et par l'épilepsie formée des gestes discordants.

Tableaux, statues, bibelots, pourraient nous dire si les uns ou les autres s'animaient un instant, combien ils sont punis de ce que leur auteur ne les subordonna point à la simple fonction d'un décor.

— « Nous en avons assez, diraient-ils, de l'intransigeance qui présida à notre concept. Notre premier orgueil, de nous voir, petites unités libres de tout milieu, de toute ambiance, fut bien vite passé, et nous nous aperçûmes, mieux que notre auteur, de la lamentable existence qui allait aussitôt commencer et qui n'aurait jamais de fin. Si nous étions libres partout, nous étions étrangers partout. Nos fonctions prématurées de vestiges nous ont créé une instabilité inexprimable : promenés de cimaise en cimaise, de socle en socle, de vitrine en vitrine, juchés ici, puis là, décrochés encore pour être emballés et transportés du camion, au chemin de fer, à fond de cale, voguant vers les expositions lointaines ; débarqués, convoyés, exposés, empaquetés, remballés, expédiés, réexposés, réexpédiés et ficelés et déficelés. . toujours la cimaise, le socle ou la vitrine est provisoire !

« Lorsqu'après avoir servi d'atout au mercantilisme le plus éhonté, et après avoir changé vingt fois de possesseurs au cours des transactions et des agiotages, nous avons la rare chance d'échouer dans un musée, le conservateur nous en fera faire méthodiquement le tour... pour revenir souvent à la même place... et le sort devient enviable de ceux d'entre nous, qui pourrissent en paix dans des greniers ou dans des dépôts de marbres.

« Car ces derniers, en goûtant le charme des abandons, sont ainsi préservés de nos visiteurs habituels : Ils n'entendent plus la glose des snobs hébétés et des esthètes neurasthéniques. Ils ne souffrent plus du pédantisme des dilettantes et du puffisme des mécènes. Ils se gardent des palabres de MM. les critiques, comme de la morgue de MM. les amateurs. Ils n'ont plus peur des marchands qui passent en grimaçant des chiffres. Ils n'ont plus à douter d'eux-mêmes en voyant circuler la badauderie du public dominical. Oh ! surtout, ils ne remarquent plus, déambulant par les salles, ce pauvre hère, dont la détresse a fait les yeux sans regards, et qu'on ne peut plus réconforter de rêves. »

. . . .

...Pourtant, le prestige du musée d'art n'est pas près de s'éteindre. C'est que l'art-pour-l'art, non content de régner sur les bienfaits et sur les honneurs, s'approprie les dénominations les plus flatteuses qui existent à la louange de la beauté. Les mots *Génie* et *Chef-d'œuvre* sont accaparés à sa seule glorification.

Au lieu de rechercher si le génie n'est pas dans la conscience des relativités, s'il ne doit pas découvrir le maximum d'éloquence dans la subordination la plus acceptée et la mieux comprise ; au lieu de comprendre que le chef-d'œuvre n'est réellement un chef-d'œuvre que parce qu'il concourt en toute puissance, comme en tout désintéressement à un ensemble harmonieux, les artistes s'imaginent que le génie est dans l'inspiration, la spontanéité, l'originalité ; que le chef-d'œuvre est la chose exceptionnelle, étrange, unique, conçue dans la Tour d'Ivoire... à destination du musée.

Tout l'art fragmentaire ne vit qu'à la faveur de ces deux mots magiques : Génie, Chef-d'œuvre, et rien n'est moins vrai et rien n'est plus antisocial.

...Et nous ne voulons plus de ces œuvres géniales, personnelles et monstrueuses bientôt jusqu'à la monomanie. Et nous ne voulons plus de ces artistes-héros, tourmentés d'actes extraordinaires ; nous voulons des hommes conscients des phénomènes de nos sensations et nous voulons des œuvres qui participent à notre vie et l'embellissent.

En somme, il s'agit pour l'artiste de faire œuvre. Chef-d'œuvre : Hors-d'œuvre.

II

Le musée d'art moderne est le sanctuaire des fausses reliques. S'il recèle de la beauté, elle y est parquée, cloîtrée, elle s'ouvre à des heures déterminées, au regard du peuple, comme une *curiosité* et vicie son premier émoi par le désordre qu'elle présente et le rebute par son ostentation. Sentant que toiles et marbres ne sont pas faits pour lui, le peuple fait trois petits tours et puis s'en va.

Il s'en va, ignoré, répudié des artistes, comme jamais il ne le fut aux époques les plus antidémocratiques. Par contre-coup, et en méconnaissant toute attribution sociale à leurs œuvres, les artistes perdent jusqu'au souvenir des techniques décoratives, à ce point que les commandes des villes ou des particuliers, lorsqu'elles posent des programmes de décoration bien définis — et même défendables — ne peuvent trouver l'exécution qu'elles espèrent : Les artistes, inexercés à résoudre les difficiles problèmes posés, continuent à œuvrer comme pour le musée et ce qui était parqué, cloîtré heureusement jusque-là, se répand au milieu même de notre existence journalière. La statuaire se déverse sur nos places et continue là encore à provoquer l'atmosphère et l'ordonnance du lieu, comme elle est habituée à le faire dans le musée ! La peinture, de même, apporte sur les murailles de nos monuments, l'affirmation de ses visions multiples et insociables. Et si des volontés d'artistes tentent de réagir, l'omnipotent fonctionnarisme des arts ne s'en émeut pas, bien établi qu'il se sait, sur les foules empoisonnées de laideur.

Ainsi, le musée produit la même corruption de goût chez les artistes que chez le peuple. Dépôt mortuaire des Salons, il est le sépulcre de la beauté.

Eh bien ! est-il à peine croyable qu'on a fondé des musées modernes de la décoration ! Oui, l'art décoratif lui-même, l'art qui ne peut être conçu qu'en vue d'un ensemble, s'est vu conduire au musée ! Oui, la tentative d'un style moderne qui était une manifestation contre l'art-pour-l'art du musée, fut ramenée d'où elle s'échappait : aux galères des cimaises, aux bagnes des socles, aux prisons des vitrines ! Les décorateurs œuvrèrent de l'art-pour-l'art en des objets usuels ! Et tout l'espoir de rénovation qu'on avait mis dans un style moderne, n'a pu échapper à l'esprit « d'art en chambre » qu'on nous impose, et il est venu mourir là lui aussi — au musée !

L'industrie et le commerce des arts, qui avaient pu craindre une concurrence chez les décorateurs, furent bien vite rassurés : On vit la municipalité parisienne faire l'acquisition de jolies broderies de rideaux pour les mettre sous globe au musée Galliéra, cependant qu'elle achetait à la grande industrie, des rideaux du plus mauvais goût pour orner ses maisons communales. On vit l'Etat primer des meubles modernes, que l'on disposait sur des piédestaux avec « prière de ne pas toucher » ; les auteurs de ces meubles étaient louangés, décorés, mais derrière ces démonstrations, l'Etat commandait aux bazars, des copies de mobiliers anciens pour ses ministères ! N'est-ce pas là de la meilleure politique ?...

En ouvrant quelques musées d'art décoratif, en

multipliant les musées de beaux-arts, les pouvoirs publics se déchargent à bon compte des mille soucis que cause une décadence. Mais il y a bien d'autres bénéfices dans l'institution du musée. Celui-ci préserve les municipalités des soins esthétiques à donner à leur ville, il permet même des vandalismes rémunérateurs et c'est ainsi que des édiles à qui on reprochait le crime d'avoir démantelé les admirables remparts de leur cité, purent répondre : « Nous, des goujats ! vous ne savez donc pas que c'est nous-mêmes qui avons ouvert le budget des achats pour notre musée ! »

En effet, le musée devient l'aboutissement de tout ce qui peut être beau... et ne peut être beau, qu'un tableau, une statue ou un bibelot rare !

... Dans telle ou telle grande ville de province, on élève à grands frais le monumental musée moderne où dans les salles, bientôt chargées des plus plates copies, se mire l'orgueil municipal. Pourtant, tout un faubourg de la ville reste en proie à la pire saleté : de vieilles bâtisses s'épaulent comme pour mieux ménager leurs assises branlantes, des ruelles, à l'unique ruisseau où ne coule jamais l'eau claire, s'exhale la pestilence — point même ici l'excuse du pittoresque. Le peuple végète dans ce quartier, dans ces maisons, mais la municipalité a ouvert pour lui, pour son éducation, l'admirable musée — l'admirable musée pour le prix duquel tout un quartier neuf aurait pu s'élever. Car c'était là qu'il y avait de l'art à apporter ; c'était là que de riants paysages devaient s'ouvrir pour chaque habitant, dans le *cadre* de sa fenêtre ; c'était là que le bien-être devait créer de chaque citadin, une statue vivante et harmonieuse. C'était là enfin, que devait se dégager le plus grand des chefs-d'œuvre : la lumière ! le soleil ! — la vraie lumière ! le vrai soleil !

On a dit : « Le musée donnera une heure de beauté au peuple ». Mais c'est la beauté à toute heure du jour qu'il faut lui donner, la beauté faisant partie exclusive de sa vie, et devant à tout instant — et même à son insu, imprimer sa mentalité. Et c'est pourquoi, il ne s'agit pas de créer un « art pour le peuple » ! Que veulent dire ces Salons du peuple » et ces « Musées du soir » ! Jamais « un art venu d'en haut » n'aura de vertu éducatrice. « Jamais le peuple ne s'attachera à d'autres œuvres qu'à celles qu'il aura créées lui-même ; celles-là seules feront son orgueil, inspireront ses dévouements, éveilleront en lui les plus hauts sentiments de la nature humaine ».

Il faut l'avouer, nos édilités les plus révolutionnaires restent en art, traditionnalistes. Le musée est propriété commune sans doute, mais non en fait, car le peuple en reste tributaire, sans en bénéficier qu'illusoirement, puisque son « heure de beauté » est faite précisément de sa permanente privation de beauté. « L'Etat collectionneur », « la Ville collectionneuse », voici les termes mêmes dont se servent nos officiels démagogues. Au lieu d'organiser l'art social, ils ont singé le seigneur d'antan qui supportait à côté de ses magnificences, les agglomérations sordides de la misère. Ils ont bâti le musée moderne sur le plan vaniteux de la galerie d'art privée et en ont ouvert les portes à « l'éducation publique ». Placé en indépendance de la réalité, le musée tend à nous désadapter de notre vraie vie, en la négligeant, en nous intoxiquant de faux rêves, de fausses richesses et en nous replongeant plus douloureux dans une existence haïssable. Le musée est un danger social et les municipalités en y consacrant les moindres budgets sont encore fautrices là de *détournement*.

Si tout l'effort d'art au musée, si tout cet art parasitaire encouragé par nos dirigeants, avait été orienté vers une appropriation des milieux sociaux, quel prodigieux enchantement naîtrait dans les cités.

Imaginons seulement le labeur d'une année ainsi développé. Concevons que la somme des travaux d'art, éparse dans les Salons, petits et grands, ait été soumise à un ensemble, ralliant toutes les études qu'architectes, sculpteurs et peintres consacrent à la vanité de leur nom et de leur clientèle. Chaque année ce serait une œuvre colossale qui s'édifierait sans qu'il en coûtât plus. Cette œuvre serait celle-là même qu'annuellement, demandent les besoins des collectivités ; celle-là même qu'on édifie pauvrement ou laidement — que ce soit : hôtel de ville, maison du peuple, théâtre, gymnase, hôpital, sanatorium, maison de retraite, ou la gare ou l'habitation ou l'usine — pendant que le musée d'en face regorge de trésors inutilisables... Et déjà, que de centres de beauté s'édifieraient — sans murailles ceux-là — rayonnant de cités en cités, préludes des futures harmonies que nous rêvons !

III

Nous voici amenés à parler de l'esthétique d'une ville. « C'est précisément dans la manière de disposer les villes, que l'art a plus que partout ailleurs, son influence à exercer ; car son action éducatrice se fait sentir à chaque instant sur l'âme du peuple ».

Toute agglomération citadine s'est d'abord groupée autour d'un chef militaire, religieux ou d'une organisation civile. Château-fort, Temple, Hôtel de Ville, chaque monument a centré de primitifs cadastres en y apportant une *dominante.*

Cette dominante, à quelque parti gouvernementa qu'elle appartint, et quelle que fut la durée de ce parti, se trouvait à certains jours supplantée par une dominante nouvelle et rivale : l'unité esthétique, déjà précaire, était alors brisée. Les dominantes rivales, en se succédant, ne laissaient pas moins ici et là, quelques-uns de leurs monuments qui ont fini par brouiller autant de centres cadastraux. Place d'armes, parvis de cathédrale, place du château, chaque centre nouvellement venu, se créait ses voies de communication en dépit du dernier cadastre, et c'est au cours de ces tribulations que les villes du passé se sont constituées jusqu'à nous. Lorsque les révolutions eurent établi le principe d'individualisme et que l'industrie fut considérée comme l'agio le plus productif, ce qui restait d'harmonie urbaine fut anéanti par les usines et les transits mécaniques. Dans les grosses cités, ce fut un morcellement des parcs, des jardins arrachés aux moines et aux seigneurs, mais livrés aux bourgeois spéculateurs et aux industriels. L'encombrement des bâtisses répondait à l'accroissement des populations ; les propriétaires avides traçaient des faubourgs aux rues étroites, empiétant sur la voirie, profitant des complicités des lois municipales.

Viciées alors par des épidémies endémiques, étouffées sous un cubage de pierre disproportionné, ces villes demandèrent de l'air, des avenues, des places. Il y eut des projets d'assainissement, d' « embellissement ». Sous prétexte d'unité esthétique, on détruisit tout le décor des ruines estimées et le décret fut le même qui régla le gabarit des constructions à établir près de la cathédrale, près de la gare ou près du théâtre. On consulta les plans superficiels *sans s'occuper des plans en relief*, et armés de règles et d'équerres bien droites, les « architectes de la Ville » sabrèrent à travers vallons et montagnes. On nivelait le plus possible. Les trop fortes élévations de terrain n'étaient pas contournées par horreur de la courbe; elles étaient abordées brutalement, ou par une série de droites brisées.

Le principe des voies établies en damier nous

vient d'Amérique. Si l'on admet qu'une cité bâtie en quelques mois par un utilitarisme féroce et provisoire, ne peut se livrer à l'étude esthétique de sa topographie et que la multiplication du quadrilatère est la ressource expéditive de son plan, on ne peut comprendre, par contre, que les édilités européennes aient employé cet expédient barbare pour la transformation et l'agrandissement des vieilles cités.

Il paraît que si pour Paris, le parti rectiligne fut adopté avec tant de rigueur, c'est que « le morcellement de la ville en damier facilitait la surveillance des rues et la prompte répression des révoltes ». Nous étions au lendemain de 48.

En tout cas, et pour des architectes municipaux, une ligne droite semble prêter moins à la discussion qu'une ligne courbe, parce que, arbitraire pour arbitraire, une ligne droite reste un parti-pris entier, tandis qu'une ligne courbe s'attire sur chacun de ses points, les appréciations les plus différentes. Une autre raison qui a fait adopter la ligne droite, même en Europe, est de répondre au souci de vitesse qui dirige les civilisations modernes. Imaginons que pour aller d'un point à un autre, une avenue soit belle à suivre les méandres d'un fleuve ou à contourner une colline, la vitesse s'y refusera, *on perdrait du temps !* On coupera le fleuve ou la colline, afin que, montre en main, on puisse arriver plus rapidement — soit au prix d'un trajet monotone *et qui par cela même semblera plus long*, plus long certainement que *le détour* qui aurait multiplié des perspectives et des changements de lumière et d'ombre. Certes, la ligne droite n'est pas à abolir, surtout égayée de redans et de ronds points, mais elle doit se combiner avec la ligne courbe et plus l'assiette d'une cité est vallonnée, plus la ligne courbe doit entrer en jeu pour tracer rues et avenues.

Un cours d'eau qui traverse une cité doit toujours, rester le générateur des géométries cadastrales.

Ce n'est pas ainsi que la partie urbaine d'un fleuve est aujourd'hui considérée. Loin d'approprier ses rives en larges parcs gravissant des quais éloignés par des pentes douces et riantes, et qui serviraient utilement de déversoirs aux grandes crues, on a encaissé le fleuve malencontreux, le fleuve qui sans se soucier de notre époque « active et pratique » se refusait à prendre la tenue rectiligne et continuait sa course selon le caprice de ses rives... Non content de l'enserrer dans des quais aux murailles tristes comme celles des prisons, on l'a couvert de ponts multiples et multiformes, on l'a encombré de ports, on l'a affligé de docks, on l'a barré d'écluses, on en a fait enfin un tout à l'égout à ciel ouvert. Le fleuve a eu des colères. On le vit, à de terribles inondations, monter sur les quais, sur les ponts, noyer les écluses, renverser les barrages, détruire les ports, les docks et envahir la ville... On a bien distribué quelques secours aux sinistrés, mais on n'a pas compris la leçon qui était donnée.

Dans les villes maritimes, les quais, les môles, les

jetées, les bassins disposent des géométries primaires et despotiques. Les ingénieurs des ponts et chaussées font partout leurs tracés à coups de rectangles. Routes, voies ferrées, canaux, recherchent la ligne droite, parce qu'elle est économique, non seulement au point de vue de la vitesse des communications, mais comme prix de revient. Malheur aux merveilles de la nature : acqueducs, remblais, tunnels taillent, rognent, percent et saccagent tout au nom de « l'intérêt public ». C'est encore l'économie qui fait adopter le même type de gare sur un réseau de chemin de fer de plus de 800 kilomètres de longueur, c'est-à-dire sur un réseau qui comprend plusieurs climats et toutes les variétés de paysages.

Une science échappe encore totalement à beaucoup, c'est L'APPROPRIATION ESTHÉTIQUE DES TOPOGRAPHIES. Certes, aujourd'hui, tout est contre les solutions d'une telle science, mais nous ne devons pas moins nous entraîner à son étude pour les besoins d'une société à venir et qui aura fait de « l'intérêt public » autre chose qu'un champ d'agio aux bandes des capitalistes.

Basée sur cette science, la construction ou la transformation des villes aura chance de ne plus « assimiler une œuvre d'art à un acte de voirie ». Le tracé des rues soulignant la topographie, découvrira les sites, détournera les intempéries. Les banlieues qui sont presque partout le dépotoir des villes, qui sont la ceinture pouilleuse, la zone lépreuse, qu'on enjambe avec dégoût, avec tristesse, deviendront des seuils de verdures, des parcs accueillants.

Les usines débarrassées des concurrences, réduites au minimum. Les rues dégagées des boutiques aux étalages incohérents, bariolés et poussiéreux, luttant jusque dans la polychromie de leur devanture — l'achalandage concentré en quelques grands magasins municipaux, véritables palais du vêtement, de l'alimentation, du ménage. Les trottoirs des avenues aménagés en terrasses ; les métropolitains demi-souterrains, courant entre deux haies de verdure au centre des voies principales. Aux carrefours, désencombrement automatique par « voies superposées » ou « voies à giration ».

Les cimetières par suite du progrès que fait la crémation, restitueront de grands espaces aux vivants. Les columbariums, mausolées collectifs, éviteront de plus en plus les élucubrations de ces marbriers, de ces fleuristes, mises au service des vanités, des hypocrisies et du mauvais goût.

Enfin, la statuomanie qui tourmente les perspectives aura vécu parce que, l'appropriation esthétique affirmera ceci : Une place publique ne peut recevoir une statue ou un monument que lorsqu'un vide dans sa composition réclame cette statue ou ce monument. Le sculpteur doit donc venir là, combler une lacune, perfectionner une ordonnance artistique. C'est assez dire que l'œuvre à adjoindre doit avoir été conçue en complet accord, en totale subordination avec le milieu destiné. On ne peut venir là, coller de force une statue faite sans but décoratif, comme il est procédé à notre époque. Cette statue serait-elle ce qu'il est convenu d'appeler un chef-d'œuvre, elle y détonnera perpétuellement.

Mais il est aussi une autre considération qui doit abolir la statuomanie ; c'est que le culte de *la célébrité* que professe notre individualisme doit être mis au rang des fétichismes les plus grossiers. Quand, plus modestes, nous conviendrons que notre libre arbitre n'est qu'une résultante de notre hérédité intellectuelle et de notre milieu actif, nous n'accorderons pas plus aux autres qu'à nous, une supériorité illusoire. Qu'il existe des individus admirablement doués pour les découvertes scientifiques, les travaux artistiques ou autres, ça ne fait pas de doute, mais qu'est-ce à dire ? Tout simplement que leur conformation cérébrale les met en état de réceptivité, état dans lequel ils accueillent, sélectionnent des idées éparses, émises depuis hier ou depuis des siècles, écrites, proférées *ou peut-être seulement pensées*. C'est un mécanisme en somme, qui a le pouvoir de décanter la cérébralité collective et le *dépôt*, selon la vocation du sujet, devient rouage de machine, tragédie, équation, etc. C'est ce qu'on appelle « avoir des moyens », mais encore faut-il être entouré d'une foule de collaborateurs, qu'il n'y a aucune raison de considérer comme obscurs, selon l'expression courante — une foule de collaborateurs sans lesquels les moyens que l'on a, se réduiraient à rien. Mettez tel écrivain célèbre, tel astronome, tel sociologue dans une île déserte, il n'existe plus ; le milieu actif, l'outillage, les collaborateurs proches ou éloignés, connus et inconnus, toute l'atmosphère en gésine qu'est celle des centres civilisés, lui manquent. Et on statufierait cet individu ? Mais c'est comme si on demandait à un électricien d'avoir une vénération particulière pour l'organe de réception d'un appareil de télégraphie sans fil !... On peut dire que chaque fois qu'une statue est édifiée à un individu, fut-il le plus estimé, il y a injustice, il y a imposture.

Les « victimes du devoir » n'ont pas plus droit au bronze ou au marbre. Elles ont été la proie des circonstances. Elles ont obéi à un instinct qui devant un événement différent aurait pu faire d'eux des lâches, car tout individu est capable de dévouement ou de bassesse selon les contingences.

Les monuments aux idées, aux découvertes paraissent plus admissibles. Pourtant un monument élevé à l'invention de la vapeur, et qui porterait, sans aucun nom, cette inscription : « A tous ceux qui ont participé à la découverte de la vapeur » risquerait bien de nous tromper encore. Combien de découvertes se sont fait jour à la suite d'une imprudence, d'une maladresse ou au cours de recherches dirigées vers d'autres buts. Et puis, pourquoi un monument ? Le meilleur qui soit pour la vapeur, c'est un paquebot, c'est une locomotive. Pourquoi des monuments glorificateurs, pourquoi des statues votives ? Glorifions avant tout la nature, son atmosphère, ses horizons, en la soulignant de pierre et de marbre, comme des points de repères de notre admiration — et que nos vœux soient pour l'agrément de notre tenue, de nos demeures, de nos loisirs.

Bannissons enfin ces dénominations de rues qui finissent par remplacer les anciennes, si pittoresques. Les conseillers municipaux font un jeu politique d'accorder tel nom d'ancien concitoyen à telle rue que ledit concitoyen n'a même jamais habitée. Croyez bien que si une voie nouvelle était à baptiser dans un quartier de couturières, on choisirait le nom ennuyeux de quelque vieux bureaucrate ou la date d'une victoire sanglante et non celui joli de « Rue des Midinettes ».

CHAPITRE XIII

Les Métiers d'Art et le Syndicalisme.

I. Du souci de *la bonne rémunération*, le syndicalisme doit s'élever au culte de *la belle production*. — Le syndicat du bâtiment est appelé à diriger les autres syndicats. L'action du contre-sabotage.

II. Mauvais résultat du « Droit d'auteur aux artistes » . — Coopératisme. — Où l'art décoratif peut trouver le meilleur appui dans le syndicalisme ouvrier.

III. De l'économie et de la moralité de l'effort. — Quelques exemples du gâchis de l'énergie humaine.

I

Nous avons vu le syndicalisme naître de la mort des corporations au lendemain de la Révolution. De syndicats corporatifs en fédérations corporatives et de fédérations corporatives en confédération générale et internationale du travail, le mouvement ouvrier a réussi à préparer une organisation économique capable de tenir tête au capitalisme.

Longtemps, à ses débuts, le syndicalisme a été obligé, pour échapper à la surveillance et aux persécutions des gouvernements, de s'élaborer à couvert des mutuelles professionnelles. Il y a là une tare congénitale, qui le pousse à ne revendiquer qu'un mieux-être purement matériel, ce qui a fait dire du syndicalisme : « C'est une question de gros sous ».

Il faut convenir que le syndicalisme recherche, dans le gigantesque conflit qu'il soutient, un terrain purement économique — et qu'il n'a guère le loisir de s'occuper de la valeur technique des métiers qu'il représente, pas plus que de la capacité des adhérents qu'il recrute. Il va de soi que les syndicats ont d'abord recueilli et possèdent encore en majorité, les moins professionnellement habiles des travailleurs. Les militants, les secrétaires, sont tenus d'éduquer leur intelligence aux idées générales, de s'élever aux concepts sociaux, au détriment de leur savoir d'ouvrier.

Le cadre syndicataire a été encore contraint par sa tactique combative, de sérier les corporations par métiers et non par industries. Par métiers, la production se trouve en quelque sorte casée à l'étroit ; le syndicaliste devient souvent dès l'apprentissage, enrôlé dans un métier imposé ou choisi à la légère. Le groupement par industries donnerait plus d'élasticité, permettrait plus facilement l'éclosion de nouveaux métiers ou l'abolition de tels autres ; il permettrait surtout de rattacher à chaque industrie la masse flottante des chercheurs, inventeurs, qui, sans métier à proprement parler, restent la proie du capitalisme et constituent un danger pour le prolétariat.

... Pour être touchées de ces critiques, il est temps que les coalitions du travail embrassent un noble but ; il est temps qu'elles aient un culte, un idéal, et ce ne peut être que celui de LA BELLE PRODUCTION. *La bonne rémunération* doit rester un moyen d'atteindre le but, de subvenir au culte, de nourrir l'idéal.

Face à cette finalité, le syndicalisme prolétarien groupera les corporations par industries en plaçant à leur tête l'industrie de la construction qui doit commander tout le mouvement ouvrier.

Un syndicat du bâtiment, fort d'un double programme économique et artistique, et auquel convergeraient étroitement tous les syndicats, n'aurait plus à redouter des tactiques imprudentes et serait la clef des socialisations en commençant par la propriété bâtie. Dans le programme artistique, la crise de l'apprentissage est à envisager en premier lieu. Nous n'ignorons pas que des chambres syndicales ouvrières ont à divers moments ouvert des cours du soir de technique, à côté de leur salle de conférence, mais cet enseignement n'a jamais été qu'un dérivé de l'enseignement patronal ou de l'école professionnelle, parce que le syndicalisme, pas plus que le patronat, pas plus que l'Etat, n'a pas encore compris que la crise de l'apprentissage est nouée à la question du régionalisme des métiers — question qu'il devrait défendre pourtant, et placer en tête de sa propagande.

Le syndicalisme aspirant à la belle production, développera des moyens d'action enthousiasmants.

Le sabotage, par exemple, loin de s'associer à toutes les malfaçons patronales, deviendra du *contre-sabotage*.

Le contre-sabotage est la manière de ruiner le capitalisme, en permettant à l'artisan de donner la mesure de tout son savoir, de toute sa probité. Il fut déjà mis en vigueur avec succès en cette circonstance : Des maçons réclamaient une augmentation de salaire. Refus du patron. Les maçons au travail, observèrent alors scrupuleusement pour la confection des mortiers, les dosages scientifiquement établis — toujours inobservés. Les matériaux de mauvaise qualité furent impitoyablement mis au rebut ; enfin les maçons prirent le temps de travailler soigneusement... L'effet ne se fit pas attendre, le patron accorda tout ce qu'on lui demandait.

Le contre-sabotage de ces maçons peut s'exécuter dans tous les métiers. Il peut devenir, il doit devenir la loi même du travail. On juge de sa répercussion bienfaisante, moralisatrice. De quelles explosions de sympathies ne serait-il pas entouré !

II

Mais, n'est-ce pas bien téméraire de demander au syndicalisme de mettre l'intérêt de la belle production, au-dessus de l'intérêt de la bonne rénumération quand on voit les artistes eux-mêmes, ne se dépenser qu'en revendications d'ordre pratique, au détriment du métier, comme à propos du « Droit d'auteur aux artistes ».

Ce droit d'auteur doit faire abandonner un tantième au profit de l'artiste, à chaque vente de son œuvre — où les intermédiaires empochent des bénéfices scandaleux. — C'est on ne peut plus juste, et pourtant, on oublie d'étudier la mauvaise répercussion que ce droit d'auteur doit avoir dans l'art décoratif : En effet, l'art qui se trouve fourvoyé dans un amateurisme progressant, va connaître un nouvel intérêt à se confiner dans *l'épreuve unique*, dans *l'épreuve d'amateur*, et l'art décoratif sera abandonné d'autant, car l'artiste n'hésitera plus à préférer une commande de tableau de chevalet à une commande de peinture murale dont le marouflage sur un mur doit le priver de toute transaction ultérieure. De même en sculpture, l'artiste de figurines va se multiplier, mais celui qui, dédaignant un art facile, aura appris la statuaire monumentale, restera sans espoir de spéculation sur ses œuvres immobilières. Le droit d'auteur est donc un nouvel encouragement donné à l'art de cimaise, de socle et de vitrine. Si des revendications étaient cherchées par groupe d'industrie, les artistes, près des décorateurs, auraient vu le péril et auraient cherché à se soustraire aux iniquités actuelles, sans appauvrir une fois de plus l'art décoratif.

Le droit d'auteur est encore antisyndicataire, puisqu'en protégeant la production foraine, il grossit les rangs des professions libérales indisciplinées. Il doit convenir aussi à un certain capitalisme de la rue Lafitte, qui pour un léger tantième se paiera des travailleurs isolés, pressurables à merci.

De ce manque d'organisation, qui étreint la masse d'artisans et d'artistes chez eux, il résulte pour ceux-ci une misère plus grande que dans les milieux syndiqués, et on constate que maints artistes de talent, ayant fait un long et dispendieux apprentissage, gagnent moins qu'un terrassier dont l'apprentissage a été nul.

Sans doute, il se fait au sommet des professions libérales, quelques grosses fortunes, qui ne tiennent que devant la haute badauderie savamment entretenue, mais qui ne persuadent pas moins à des milliers d'artistes, l'intérêt d'une indépendance où l'arrivisme a libre cours. Le syndicalisme en poussant les professions libérales artistiques vers l'art décoratif, réduira les grands pontifes des beaux-arts et fera rentrer tous les isolés dans des ateliers en commun et pour des tâches communes.

En attendant, on a pensé à grouper les artisans et artistes qui ne s'abusent plus sur leur indépendance, et le système coopératif a été étudié.

Fonder une coopérative de l'habitat et de l'ameublement, où le dessinateur pourrait suivre jusqu'à l'exécution de son meuble et jusqu'à la mise en valeur de ce meuble dans la pièce décorée — et qui participerait aux bénéfices marchands de son œuvre — est d'un certain attrait. Mais, des tentatives ont été faites (notamment à propos du meuble sculpté) qui ont démontré l'impossibilité, à de tels groupements, de tenir tête devant la grosse industrie : Ou bien c'est l'association de deux ou trois artistes et artisans qui mettent frais et bénéfices en commun et trouvent là à végéter dans un abri temporaire. Ou bien, c'est une association nantie d'une commandite, qui malgré son chiffre d'affaire, ne peut que se plier aux goûts et aux tarifs du gros commerce; elle donne une participation plus ou moins trompeuse à son personnel ou à ses adhérents, et tombe au rang d'une mutuelle. Et l'on peut dire qu'actuellement l'action du coopératisme artistique est illusoire, à moins qu'il ne soit possible de l'envisager sur des bases géantes comme nous l'avons tenté plus loin à la description de notre Phalanstère des arts.

En attendant, la meilleure tactique syndicale à suivre, pour sauver la production artistique indépendante, est de la concentrer dans les ateliers patronaux. Dans certaines industries d'art, il semble que le patronat est amené à faire le jeu du syndicat, en montant de plus en plus des ateliers d'art à côté de sa fabrique.

... C'est que, à force d'isoler l'artiste, pour le mieux gruger, à force de lui cacher les « secrets » de la fabrication, pour éviter un concurrent possible, le patronat a *cultivé* des créateurs de modèles, ignorant tout des exigences industrielles — et nous avons vu que ce n'est pas aux écoles professionnelles qu'on peut leur apprendre *la fabrication*. Devant les *loups* qui s'accumulent, les patrons, à contre-cœur, embauchent les artistes isolés afin de les plonger dans l'éducation pratique.

Pour nous mieux expliquer, voici une profession : les sculpteurs du bronze. Du temps des corporations, le sculpteur du bronze faisait partie d'une fabrication qui contenait fonderie, monture, ciselure, etc. Il connaissait donc les difficultés de la matière définitive et composait ses œuvres en conséquence. Vint la dislocation de ces industries constituées, et voilà que s'établirent les métiers à façon : le fondeur-patron, le monteur façonnier, le ciseleur et le sculpteur en chambre. Si quelques grandes maisons conservèrent encore longtemps l'ancienne organisation, elles furent peu à peu obligées, devant les bénéfices du travail à façon, de licencier leurs artisans.

On comprend quelle piètre valeur doit avoir un objet d'art dont chaque phase d'exécution est poursuivie au hasard d'ateliers indépendants.

L'ancien chef d'atelier de la sculpture devint patron sculpteur, ses sous-ordres devinrent ses ouvriers. De tradition, la connaissance de la fabrication tint bon, mais elle se perdit en quelques générations, impuissante d'ailleurs à suivre de près toute la transformation des procédés et des outillages.

Dans d'autres industries du décor, il en fut de même que dans le métier du bronze et maintenant le patronat se voit forcé de rappeler ses ouvriers et chefs d'atelier. A perdre momentanément une indépendance... besogneuse, on sent la force que ceux-ci, bien groupés et affiliés à toute l'industrie du bâtiment, peuvent tenter pour concentrer la production dans quelques grosses maisons et entrer à la gestion de l'entreprise.

Ces quelques grosses maisons, pourvues d'ateliers d'apprentissage, retrouvent en somme le type de l'Ecole-Manufacture que nous avons décrit. Leur concurrence dès longtemps usée par l'action commune de leurs employés est enfin abolie, la direction générale étant reportée à l'Ecole-Manufacture principale de la région.

Conjointement, l'intrusion syndicale dans le fonctionnement des manufactures actuelles de l'Etat amènerait sur le même plan que les industries privées, et à la même heure, ces institutions d'un autre âge. Ce n'est, en effet, que par une action combinée des syndicats des métiers d'art, qu'il sera possible de faire abandonner à ces manufactures la production de faux luxe où les relègue l'industrie privée et les prix élevés auxquels les condamne le monde marchand.

III

Le prolétariat organisé aura à rechercher après l'expropriation du capitalisme, l'abolition du salariat et à délimiter L'ÉCONOMIE DE L'EFFORT.

L'étude de l'économie de l'effort nous fait voir que le machinisme, dans les mains patronales, loin de remplir sa saine mission, qui est d'exonérer les travailleurs, des durs travaux, est assujetti à une production forcenée qui fournit surtout des moyens de lutte et de concurrence sur les marchés. Pour soutenir les prix, le producteur est amené à offrir à la consommation des objets falsifiés sous l'aspect le plus chatoyant. La falsification sous toutes ses formes est l'impasse des concurrences.

Si le consommateur n'a rien gagné au machinisme, les masses ouvrières productives y ont été toujours plus asservies et classifiées, machinisées elles-mêmes. « Jamais la misère ne fut plus grande chez les travailleurs qu'après l'apparition des nouveaux moyens de transport et la formation des centres manufacturiers ». La haine du peuple pour l'inventeur qui le plus souvent sort de ses rangs et va porter au patron l'instrument des chômages ou des servitudes manufacturières, est justifiée. Le travailleur sait que c'est lui qui va encore supporter les frais du nouvel outillage : Les révoltes d'ouvriers brisant les machines, se parent maintenant de légitimité, si l'on songe à l'esclavage des filatures, des manutentions, aux bagnes des entrepôts, des docks, des grands bazars, etc.

Aux mains patronales, le machinisme lamine les mentalités, broie l'initiative, surmène la vie, et pour quel résultat? N'y a-t-il pas toujours des malheureux qui vont pieds nus et grelottant, malgré la fabrication et la surproduction chronique de tant de vêtements? N'y a-t-il pas toujours des malheureux sans logis, malgré les ingénieuses extractions de matériaux et les procédés expéditifs de construction? Quel doit-être le découragement de l'ouvrier qui constate son effort stérile, sa production accaparée — non distribuée. « Bah! se dit-il, bientôt rassuré dans son égoïsme, j'ai fait ma journée et je rapporte de quoi nourrir ma femme et mes enfants ». Il écoute la morale actuelle qui lui confirme que travailler consciencieusement à ce qui vous est commandé, c'est faire *son devoir*.

Les romanciers naturalistes ont chanté la noblesse de l'effort, du travail. Bourgeois, ils ont louangé les grandes entreprises industrielles et commerciales et ont ciselé des strophes pompeuses en l'honneur du gros outillage et des sites usiniers. Ils ont acclamé l'énergie pour l'énergie, comme d'autres font de l'art pour l'art. Ils ont été pris par le mirage des grands mots : Progrès! Science! Travail! Ils ont vanté des types d'action, des brasseurs d'affaires montant aux rapides fortunes, nouveaux tyrans et grands escrocs comblés d'honneurs, et devant les revendications prolétariennes, ils s'en sont tirés en disant que « certains doivent soutenir le poids des Nécessités ». Chaque fois que révoltés, les ouvriers ont saccagé les machines — qu'une cruelle ironie confiait à leurs soins — une répression sanglante les a bientôt domptés, mais plus terrible encore fut toujours la répression morale qui leur fut infligée par les littérateurs abusés et par les économistes soumis au patronat.

...Il fut dit aux ouvriers révoltés, qu'ils commettaient un sacrilège sur le bien public, qu'ils arrêtaient la marche du progrès, qu'ils assassinaient le génie humain, qu'ils étaient ignorants de leur propre bonheur et « devaient servir le machinisme aveuglement comme chaque rouage de la machine coopére à son mouvement général ». Tout ce qui aurait pu être vrai, si le machinisme eut été la propriété commune, était faux dans une société capitaliste. Le prolétariat fut chaque fois égaré et chaque fois se remit au travail.

Le syndicalisme, après avoir doté le prolétarial des matières premières et des moyens de production, doit donc parvenir à la plus haute moralité en s'occupant de l'économie de l'effort, en recherchant la répercussion psychophysique des actes ouvriers — en déterminant la moralité de l'offre et de la demande.

Le travailleur, devant l'économie de l'effort, doit reconnaître à quelles fins son effort personnel aboutit, et établir un contrôle permanent des suites de son activité. Est-ce pour le Bien ; est-ce pour le Beau ; est-ce pour le Vrai qu'il besogne? L'action de sa journée va-t-elle être profitable ou détestable à la collectivité humaine? ...Et le forgeron refuse de façonner l'arme homicide ; le mineur se demande quel feu sa peine entretient ; l'inventeur cherche à garantir sa découverte des exploitations malfaisantes ; l'explorateur ne donne son courage qu'à bon escient; et l'on voit des ouvriers distillateurs se révolter contre la fabrication des spiritueux dégradants!... et l'on voit des bûcherons briser leur cognée plutôt que d'assassiner de beaux arbres!... et l'on voit des maçons se mettre en grève parce qu'on veut leur faire construire une usine qui doit enlaidir un site enchanteur!

Aujourd'hui, le travail devient trop souvent une lâcheté. En tout cas et malgré les protestations des écrivains et des économistes, le travail est une peine, plus qu'il n'a jamais été. On a réussi à ne plus l'envisager comme un châtiment, mais il n'en reste que davantage une fatalité malpropre.

Quelle abnégation, quel dévouement peut-on demander, par exemple, au personnel d'un paquebot: matelots, mécaniciens, officiers. Doublez, triplez, quadruplez leur salaire, ils n'en constateront pas moins, s'ils sont des hommes conscients, que leur tâche est décevante... Ils transportent des passagers. Pourquoi? Où vont-ils ces passagers? Qui sont-ils? — Voici de riches oisifs, promenant un farniente insolent, semant la juste envie et la corruption; voici des administrateurs coloniaux, fruits du favoritisme: voici une mission d'archéologues qui va dépouiller une ville ancienne de ses beaux vestiges; voici des voyageurs de commerce qui vont alcooliser les nègres, des colonisateurs qui vont leur voler leurs biens, des soldats qui doivent les massacrer s'ils n'acceptent pas « les bienfaits de la civilisation ». Pêle-mêle, au fond du navire, voici les émigrants arrachés à la terre natale par de louches recruteurs, pauvres émigrants qui voguent vers les fièvres, vers les déceptions, vers la mort... pour poser des rails et permettre à des trains de transporter les mêmes voyageurs que sont ici ces passagers !

Quelle moralité voulez-vous voir planer sur ce paquebot, et quel encouragement peuvent-ils tirer de cette vision, les constructeurs, aussi bien que les conducteurs qui ont à concevoir, à aménager et à diriger une pareille œuvre de précision et de robustesse, de confort et de vélocité, mise à travers tant de dangers, au service de l'ostentation, de la bêtise et du crime ?... Est-ce à cela que votre labeur doit servir, ingénieurs, matelots, mécaniciens, capitaines, et devez-vous participer au cercle vicieux que trace le capitalisme dans l'immoral effort ?!...

Prenons un autre exemple :

Voici une usine de produits chimiques qu'un industriel monte dans un but de fortune. Il y a pourtant des produits chimiques qui se perdent dans la mévente, le gaspillage, la falsification. Donc usine inutile. Pourtant, la voilà, rébarbative, qui se construit à l'entrée d'un joli village. Elle pollue la rivière de l'endroit ; elle souille l'atmosphère de ses exhalaisons immondes. Tout un personnel est là qui fabrique ce qui est inutile. Au loin, des travailleurs, en plus grand nombre encore, s'occupent de cette usine et de beaucoup d'autres entreprises aussi inutiles. afin de les alimenter de charbon, de matières premières, etc. Et ce sont des administrations de transport, de crédit qui se greffent et vivent sur les inutiles produits. Les fabricants de papier s'établissent pour fournir les paperasseries de ces administrations, et des hommes d'affaire et des juges attendent les litiges que l'immoral effort déchaîne, et des corps de gendarmerie s'équipent à grands frais pour protéger l'usine, les usines, les hommes d'affaire, les juges, etc.

— C'est la richesse du pays, affirment les gens bornés — Mais cette richesse ne ressemble-t-elle pas à celle d'un transport charbonnier qui s'alimenterait de sa cargaison pendant son voyage ?

— Ça donne du travail à l'ouvrier, a-t-on coutume de dire encore. — Et ce travail ressemble à celui d'un gribouille qui se salirait toute la journée à produire un savon qu'il userait le soir venu à se nettoyer !

Mais, où l'on découvre mieux encore le désordre économique, c'est dans certaines philanthropies d'industriels.

Voici un passementier qui a, durant trente ans, condamné des ouvriers au travail dans des ateliers malsains, et pour des salaires de famine. *Fortune faite*, il vend son établissement, et non par remords, mais par ostentation, et surtout sans atteindre son « honnête aisance », il crée un sanatorium de tuberculeux. N'eut-il pas mieux valu que cette grosse somme affectée à cette maison de sant et à son entretien, eut été répartie, en diminution d'heures de travail, en salubrité d'atelier ? Ne représente-t-il pas l'hypocrisie sociale, cet industriel qui a produit de la tuberculose chez ses ouvrières — et celles-ci chez leurs descendants par centaines — et qui, en bienfaiteur, se propose d'en soigner quelques dizaines !

Quand le socialisme, dans un premier résultat, aura assuré à chacun le pain et l'abri gratuit, l'action humaine, débarrassée des contingences misérables, n'aura plus à être enrôlée et dupée en dehors de sa recherche au mieux-être. Quand l'acceptation résignée, que le peuple lui-même met dans ce mot : « Ça fait vivre l'ouvrier », n'existera plus ; quand la discipline sociale ne sera plus une loi de l'abrutissement, il se dégagera devant les mentalités, le programme de l'économie de l'effort. Si bien qu'à propos d'une grosse industrie actuelle, il ne suffira plus de se glorifier en disant : « L'automobilisme fait vivre tant de milliers d'ouvriers », mais il conviendra de savoir qui détient ces automobiles, si ce sont des maniaques de vitesses, véritables fous, meurtriers des grandes routes, ou si chaque médecin en a été nanti pour arriver plus vite au chevet des malades.

Pour revenir plus directement aux arts, exposons un dernier exemple :

La nature dans ses phénomènes géologiques des premiers âges terrestres a produit une matière d'une merveilleuse dureté, d'une merveilleuse blancheur — le marbre.

Voyez : Savamment, pieusement pourrait-on dire, des ouvriers ont extrait dans une carrière, un bloc de ce marbre pur. Quelle beauté d'effort a présidé à l'extraction et au transport de ce bloc éblouissant !

La cadence des leviers, multipliant la force qui le soulève, la patience de l'épanneleur régularisant ses aspérités et le voilà hissé sur le chariot ; les biceps des bardeurs se bombent, oh hisse ! Orgueilleux, les hommes se regardent vainqueurs. On attèle cinq, dix, vingt couples de bœufs et lentement, toute cette force des bêtes adroitement rythmée, entraîne le joyau issu de la sublimité des cataclysmes millénaires...

Laissons le poëte magnifier un tel sujet, dans un tel décor, et suivons l'attelage.

Il n'est pas contestable que ce bloc de marbre peut entrer aujourd'hui chez un sculpteur sans talent, qui n'a eu le droit de commander à tant d'efforts que par la seule persuasion de son argent. Et voici ce marbre et tout le beau spectacle de son extraction et de son transport, aboutir à cet atelier, pour un massacre, que nos lois garantissent !... *Moments* de gestes adroits et forts, amenant *permanence* d'inharmonie et de laideur !...

Si le syndicalisme ne devait faire qu'un prolétariat grassement salarié, il produirait une humanité bien malheureuse. Dans l'ignorance de la propagation de ses actes, au milieu du chaos où se produit sa peine, le travailleur sentirait sa misère psychologique d'autant plus vive qu'il serait débarrassé de sa misère matérielle.

Dégageons L'ÉCONOMIE ET LA MORALITÉ DE L'EFFORT, il y a là une religion de l'énergie humaine à élever, sous l'institution de laquelle disparaîtraient enfin les tares abominables qui sont la honte de nos civilisations barbares. Repoussons le tableau que nous suggère l'aboutissement des sociétés actuelles sur « une terre rasée par l'infatigable travail des générations : ossatures de fer dressées sur les lointains, fanaux immobiles, constructions énormes et géométriques, noir encombrement d'architectures surgies dans les brouillards, populations affairées, aux regards vides ; vains automates sans âme et sans pensée »...

Non, ce n'est pas là que le progrès doit nous mener si nous savons mener le progrès, si nous écrasons une société où le découragement, l'alcoolisme, le suicide, la criminalité infantile et la prostitution, et toutes les prostitutions se multiplient devant un sadisme universel.

Quand nous aurons aboli le travail sur la terre, la malédiction qui nous poursuit, selon l'anathème biblique, et que les capitalistes ont reprise contre nous, sera rompue ; le sortilège qui a tordu tant d'existences et fait répandre tant de larmes et de sang sera évanoui. « Tu travailleras à la sueur de ton front » restera sans aucune signification, puisque le travailleur n'aura plus qu'à se dépenser en amusement ou en dévouement et que l'amusement et le dévouement ne sont pas du travail.

Travailleraient-ils les maçons qui construiraient un Temple à l'Harmonie?

Travailleraient-ils les matelots qui, même à travers la tempête, convoieraient du blé vers une contrée affamée?

... Ne soyons généreux de toutes nos forces cérébrales et musculaires que d'accord avec la fameuse parole : « Créer, c'est produire de l'Ordre ».

TROISIÈME PARTIE

L'EXPOSÉ

Recherche de Régénérescence

CHAPITRE XIV

L'Economie esthétique.

I. Vers la Cité harmonique. — Où l'art ne doit plus produire des objets d'art, mais de l'harmonisation. — Où l'artiste raisonnant surpasse l'artiste inspiré.

II. L'Economie esthétique, est une science qui traite de la production et de la répartition des arts au profit de l'ordre sociétaire. — Ses quatre propositions envers l'Harmonie et la Nature, le Sentiment et la Société. — Le rapporteur esthétique des formes et ses applications.

III. Où l'art, après avoir été dirigé par le despotisme, puis émietté par l'individualisme, est organisé par l'Harmonie. — La Science sera belle. — L'usine devenue le Temple.

I

L'évolution de l'intelligence, part d'une homogénéité, en quelque sorte léthargique, pour entrer dans le champ hétérogène des idées. De là, et par synthèses, elle reforme une nouvelle homogénéité... savante.

L'intelligence des générations humaines, *l'intelligence du progrès* si l'on veut, sitôt qu'elle a subi cette loi, s'est inquiétée de la nature de son homogénéité primordiale.

Chaque civilisation a cherché à identifier la naissance de la première civilisation. Chaque civilisation a été hantée des premiers pas des premiers pionniers qui ont causé la rupture d'un passé complet en lui-même.

Ce passé, c'est pour nous, l'époque de notre vie antérieure, végétative et animale. L'anonyme anthropoïde qui le premier a fait feu de son silex, est notre Adam moderne, mordant au fruit de la Science ; c'est Brahma, Ormuzd, Baal, Ammon, c'est le Prométhée qui ravit le feu du ciel pour le donner aux hommes. Pareil à sa descendance symbolique, notre Ancêtre a brisé de son geste l'unité des paradis terrestres et des âges d'or, ouvrant aussitôt les routes innombrables du monde sensible.

... Paradis perdus, oasis lointaines où la pensée somnole ; douce hébétude que nos fatigues imaginent consciente et qu'elles regrettent, quand fuyards éperdus harcelés par le Doute, et blasphémant l'Effort et ses conquêtes interminables, on se couche au fossé du chemin !

Mais debout ! Impossible de rebrousser l'étape. La science qui a perdu l'unité d'Ignorance, doit reformer une unité du Savoir, et faire un bonheur éclairé de cette quiète passivité où remontent nos affinités originelles.

Déjà, l'action se précise, et si l'entrée de l'humanité dans la société promise doit se voir différer encore, on assiste dès aujourd'hui à des ralliements certains, à peine heurtés de contremarches inévitables, à peine ralentis par les piétinements des irrésolus et des découragés. Sur les flancs, voici qu'apparaissent ceux qu'on avait bannis dans des hâtes mauvaises et ceux qui partirent aux explorations et qu'on croyait perdus ; ils rabattent les égarés, dispersés au large d'un front démesuré. A l'avant de la concentration imminente, les Espoirs se dépensent, guident, poussent des pointes hardies, qu'ils relient par des estafettes d'impatience, annonçant enfin la Cité future !...

Travailleurs des sciences, travailleurs des arts et chercheurs du Bien, alliez-vous. Votre union doit déterminer toutes les unions.

Rappelez-vous votre union passée, depuis le premier feu des hommes jusqu'au XVIe siècle, et que parmi vous, les travailleurs des sciences ne s'attribuent pas la bonne part du progrès et ne retournent pas aux arts ou à l'idéalisme, les recherches avortées ou celles en cours, qu'on traite d'utopiques. Qu'ils n'oublient pas que dans cette trilogie dont le sommet doit revenir aux arts, la science s'est mêlée et se mêle encore aux arts et au mysticisme, malgré la doctrine de *la science à la science*. Qu'ils n'oublient pas que les mathématiques ont leur source dans la symbolique ; que l'astronomie procède de l'astrologie et qu'elle fut même considérée comme un art (Uranie) ; que la physique provient de la magie, la chimie de l'alchimie ; que la biologie, l'hygiène sortent de l'empirisme et que la sociologie est née de l'histoire comme l'histoire est née des légendes et de la poésie lyrique.

Les arts balbutiant à leur début entre des sciences occultes et des idéalismes tourmentés, doivent devenir toute la Science positive et tout l'Idéalisme unifié. Nous abordons un avenir où *l'art ne doit plus produire des objets d'art, mais de l'Harmonisation.*

On comprend ce que cette productivité doit demander aux arts, de Savoir et de Moralité. Pourtant, les arts répugnent aujourd'hui, aussi bien à la science qu'à la moralité, devant leurs aspects inquiétants.

Nous essaierons d'entrevoir à la fin de ce chapitre et au suivant, les rapports de la moralité avec les arts. Ici, nous ferons entrer les arts chez la Science — et que les artistes secouent leur appréhension. Il nous semble que c'est pour les arts que cette parole a été dite : « Un peu de science en éloigne, beaucoup de science y ramène ».

Le mariage de nos besoins et de nos goûts doit dans l'avenir se consacrer indissolublement, et la science, loin d'être l'obstacle redouté, en sera la plus sûre condition. Si même l'on pouvait supposer un instant, l'utilitarisme n'existant pas, l'art serait obligé de le créer pour lui demander le soutien sans lequel il s'égarerait dans l'abstraction, dans l'amorphisme. Le langage idéal a besoin du verbe précis, et l'on a dit justement « l'harmonie n'est qu'un faisceau d'utilités ».

Oui, l'ingénieur et l'artiste, l'art et le calcul, la technique et l'inspiration doivent collaborer ; l'ingénieur donnant à l'artiste la clarté objective, l'artiste ouvrant à l'ingénieur l'hypothèse de son rêve. Oui, l'art ne se magnifie qu'à surmonter les problèmes posés par l'utilitarisme, autrement il se rabaisse à n'être qu'un jouet. Oui, l'art est tellement la transfiguration du rationalisme, que c'est grâce à la science que la musique a su trouver son véritable essor et que la peinture a pu se rénover. L'art musical n'aurait jamais abordé toute la polyphonie sans le secours des mathématiques. La peinture dans la réfraction du prisme a découvert la théorie des complémentaires et donné à sa palette le prestige nouveau qui a fait éclore l'école des impressionnistes modernes.

Ainsi, « nous pouvons espérer parvenir un jour à une théorie du beau, d'après laquelle la peinture, l'architecture et la statuaire seraient traitées comme des sciences exactes, et la composition artistique assimilée à la construction d'un navire à l'intégration d'une courbe, à un calcul de forces et de résistances. C'est alors que l'artiste, jadis homme d'imagination et de foi, devenant homme de raisonnement et de science, brillerait au premier rang dans la sphère de la raison pure... Alors, nous comprendrions que les œuvres de l'art, comme celles de la nature *sont d'autant plus belles et plus ravissantes qu'elles sont soumises à des lois plus exactes*, à une sériation plus profonde et plus compliquée : que là aussi la réflexion et la méthode surpassent infiniment le plus heureux instinct et que le moment approche où, grâce aux théories de synthèse esthétique, *la production raisonnée du beau l'emportera sur les merveilles de l'inspiration spontanée.* »

II

La constitution de cette synthèse esthétique s'impose. Sans elle, toute administration des arts flotte de l'arbitraire à l'éclectisme, de l'erreur à l'irresponsabilité.

Sans elle, une ÉCONOMIE ESTHÉTIQUE, c'est-à-dire une *science qui traite de la production et de la répartition des arts au profit de l'ordre sociétaire*, ne peut s'établir.

Cette synthèse, nous la qualifierons de CRITERIUM DES LOIS HARMONIQUES. Elle doit contenir la symbolique, les méthodes, les systèmes, les métiers — toute la technique décorative enfin et tout l'outillage nécessaire à la production et à la représentation artistique.

Soit :

ÉCONOMIE ESTHÉTIQUE

Relation de l'art et de l'Harmonie.	Relation de l'art et du Sentiment.
Relation de l'art et de la Nature.	Relation de l'art et de la Société.

BASE : CRITÉRIUM DES LOIS HARMONIQUES

MOYEN : TECHNIQUE DÉCORATIVE

OUTILLAGE : *métiers, méthodes, normes, rapporteurs, etc.*

Des quatre propositions de l'Économie esthétique, la *Relation de l'art et de son harmonie* est la mieux étudiée et la mieux outillée. Nous avons expliqué pourtant, et dans quel sens, l'anatomie et la perspective doivent transformer leur méthode, et nous avons noté qu'il manquait aux arts plastiques une application des phénomènes de l'optique.

Cherchons mieux encore à enrichir l'outillage de la technique décorative :

La science moderne a d'abord secouru les arts les plus subtils, nous avons nommé ceux des sons et des couleurs. Par contre, les surfaces et les solides restent déshérités. Ils ont bien la géométrie et la statique pour établir leur rapport en superficie et en équilibre, mais ce n'est pas là une référence qui puisse aider à l'ordonnancement des lignes et des plans — qui puisse présider au groupement des volumes architectoniques ou sculpturaux. Surfaces et solides n'ont pas de rapporteur esthétique.

Si nous nous rappelons que la musique est en plein progrès et que la peinture se défend le mieux dans les arts du dessin, nous devons conclure, une fois de plus, que l'apport scientifique les soutient, et nous ne pouvons plus en douter en voyant l'architecture et surtout la sculpture, privées de cette aide et livrées au désordre.

Essayons donc de rechercher le rapporteur esthétique des formes, il contient celui des surfaces.

Rapporteur esthétique des formes, *ou théorie des complémentaires plastiques :*

Tout volume est composé de trois dimensions : hauteur, largeur et profondeur. A l'aide de dimensions, formons des surfaces : surface géométrale, surface plane, surface latérale.

Soit : trois plans générateurs. Combinons leurs mouvements à surface égale et à pivot commun — ils engendrent une sphère.

En nous rappelant que les trois couleurs, à dose égale, recomposent la lumière blanche, nous déduisons par comparaison que la sphère est la lumière de la forme.

La sphère est ainsi la destruction des plans, c'est l'achromatique des volumes.

Comme les couleurs, les plans ont donc leurs complémentaires, c'est-à-dire que les trois plans primaires, indécomposables, forment par leur mariage de deux à deux, trois plans binaires ou composites. La Planche I l'explique au surplus.

... Pas plus qu'une couleur fondamentale isolée ne peut se juger en sa valeur, chaque surface primaire ne peut avoir de valeur que par rapport à une autre surface, c'est-à-dire que ce n'est que comparativement que la lumière et l'ombre se révèlent. Ombres et lumières se distribuent par la *loi du contraste des plans*.

Ces contrastes que l'instinct devinait, la loi scientifique les précise. Si le sculpteur ou l'architecte cherche une composition calme ou brillante (groupe sculptural, façade de maison...) il saura comment restreindre ou multiplier les contrastes. S'il veut corriger la monotonie d'un plan A par exemple (voir Planche I) il apprendra au lieu de tâtonner, que le rapprochement de motifs conçus d'après le plan binaire D donnera à ce plan A le maximum d'exaltation. C'est à l'artiste de jouer de la mesure des rapprochements ou des espaces, selon le ton d'harmonie qu'il convient d'adopter. C'est à lui de neutraliser (quand les trois plans ont tendance à se mélanger également) ou d'intensifier l'aspect de ses volumes dans toute une gamme — et du détail à l'ensemble et de l'ensemble au décor ambiant, en tenant toujours compte qu'*une surface paraît d'autant plus grande, que sa complémentaire lui est inférieure.*

Certes, l'artiste serait bien déçu, s'il croyait trouver là « un bon truc ». Le Rapporteur esthétique des formes est, pour la sculpture par exemple, ce que la théorie des complémentaires est pour la peinture. Combien de peintres connaissent cette théorie et ne l'ont jamais comprise.

Voyons le Rapporteur esthétique dans ses applications.

Appropriation esthétique des topographies. — L'étude de la valeur des silhouettes dans l'espace, entre elles et par rapport au décor ambiant, doit aider à la *Relation de l'art et de la nature*, notre deuxième proposition.

Selon un thème exposé et un cadre donné, doit se composer l'aspect cubique et chromatique de l'œuvre à édifier, et d'après l'importance de l'œuvre, les moindres silhouettes s'affirmeront en subordination du lieu, comme le lieu, jusqu'à certaines mesures, se subordonnera aux silhouettes lorsqu'elles s'affirmeront monumentales.

L'importance d'une base critique pour l'appropriation des topographies, n'a pas échappé à quelques esthéticiens, car ils ont bien compris que toute l'architecture et toute la sculpture de plein air en dépendaient. Les uns ont essayé de relever par le moyen de cônes graphiques, les composantes des silhouettes voulues. D'autres ont cherché à établir « dans une forme quelconque, les points limites de l'espace où s'érigera la courbe enveloppante, pour un problème donné. Cette courbe, — prétendent-ils — pourrait être déterminée à l'aide d'abscisses et d'ordonnées, véritable contrôle mathématique, conclusion de la courbe, passant en des points invariables de l'espace ».

Pour nous, c'est notre Théorie des complémentaires plastiques qui va nous servir encore ici. C'est toujours la *loi du contraste des plans* qui nous guide.

La Planche II, par quelques schémas, donne des exemples d'appropriation des topographies[1]. Nous

1. Les schémas aux planches II, III, IV, V, ont été tracés *sans échelle* et ne représentent pas plus des maisons que des groupes de bâtisses.

restons là dans les grandes lignes, mais il est bien évident que la moindre statue sur une place publique est sujette aux mêmes lois, aux mêmes calculs, à tel point qu'un bouquet d'arbres placé à sa gauche ne doit pas lui valoir la même *tenue* que s'il était placé à sa droite. La courbe d'un fleuve, le découpé de l'horizon, la nature géologique du terrain, tout entre en considération, mais pour ne point s'égarer, il faut toujours revenir aux trois surfaces primaires du rapporteur esthétique. Nous voyons à la *Fig. 1 bon* (voir Planche II) un plan près de la courbe d'une rivière. Si A B n'était pas plus profond que D E, la distance A C ne serait pas assez grande par rapport à la distance D F et le contraste ne serait pas établi, comme le montre la *Fig. 1 mauvais*. A la *Fig. 2 bon*, l'expansion du fleuve en A doit appeler la masse B. La *Fig. 3* explique que le rond-point de deux avenues n'est pas obtenu autrement que par le contraste des angles. Le contraste encore à la *Fig. 4* fait voir le principe des redans préconisés pour rompre la monotonie des rues droites.

A la planche suivante (voir Planche III) nous avons dessiné des élévations ou silhouettes par rapport à l'emplacement qu'elles occupent. Au faîte des mamelons ou des montagnes, on ne peut y asseoir que des monuments trapus, comme l'indique la *Fig. 1 bon*. Par contre, dans les vallées, les monuments en hauteur prévalent : *Fig. 2 bon*. La *Fig. 3 bon* montre une silhouette adéquate à un flanc de coteau bombé, parce que la déclivité A B est contrastée ou rétablie par l'élévation A' C'. Les *Fig. 4 bon* et *4 mauvais* montrent d'autres silhouettes sur coteau concave.

Mais, le décor environnant, l'horizon plus ou moins imposant, doit commander à son tour les silhouettes. Pour cela, il est nécessaire de définir à l'avance les points de vue principaux, le tracé des allées, l'orientation des façades principales, les perspectives etc., sans quoi le calcul peut se trouver renversé.

A la Planche IV, prenant le parti des terrains plats, pour ne nous soucier que des horizons, nous silhouetterons la *Fig. 1 bon* en contraste avec la dépression montagneuse du fond. La *Fig. 2 bon* expose le contraire. La *Fig. 3 bon* montre un balancement nécessaire. Mais l'horizon ne commande pas toujours un terrain plat et ce terrain en élévation ou en dépression peut modifier les conditions schématiques des *Fig. 1 bon* et *2 bon* comme l'indiquent les *Fig.. 4 bon* et *5 bon*.

Il y a aussi, le plus souvent, l'horizon qui diffère d'aspect selon que le spectateur se place d'un côté ou de l'autre de l'axe d'une construction. En ce cas c'est la façade qui doit réclamer la meilleure harmonie. Et encore, il est possible en tenant compte des déformations perspectives, de composer un géométral capable de donner deux silhouettes différentes — chacune bonne pour son horizon.

Enfin, nous montrons à la Planche V, une étude

comparée des trois surfaces, d'après les planches précédentes.

En vérité, chaque situation topographique renferme en elle-même son principe décoratif, sa loi utilitaire, sa certitude d'appropriation, la particularité de son style.

Sans doute, les terrains mouvementés sont plutôt la rareté pour bien des endroits où l'on bâtit, et si nous avons pris des topographies brutales, c'est pour motiver des schémas plus caractéristiques. Mais il va sans dire que la moindre ondulation de terrain a besoin de contrastes qui répondent aux mêmes lois, c'est à l'artiste de le saisir. Nous avons vu aussi dans les exemples ci-dessus, que le terrain commandait les masses architecturales, mais une masse architecturale peut commander son terrain, surtout lorsque celui-ci est assez plat. Les Chinois et les Hindous n'ont-ils pas fait des montagnes artificielles, n'ont-ils pas creusé des lacs, tracé des rivières, planté des forêts pour encadrer certaines pagodes !

Ajoutons que le découpé de silhouettes établies sur des topographies mouvementées doit être sobre de détails et qu'au contraire, des masses monumentales dans une plaine doivent être enrichies de détails. C'est toujours le contraste qui guide, obéissant *à une dominante*, c'est-à-dire « conçu au point de vue de l'unité ». Ainsi, un château entouré de masses de verdure doit être très sobre de façade. Il doit laisser *chanter* les arbres et être la note de repos. Le contraste nous indique encore pour la couleur des édifices, que dans un pays où la végétation est colorée, il convient que les bâtisses soient neutres et claires. Au contraire, dans un pays au sol pauvre, il est nécessaire de polychromer l'architecture.

Encore une fois, l'instinct des artistes s'est toujours orienté vers le contraste des formes et des couleurs. Les Hindous et les gothiques nous semblent les plus avertis de ces lois.

Au bas de la Planche V nous avons mis un crochet de gable, qui explique sa forme de lui-même. A côté nous avons silhouetté une statue sur son socle comme nos places publiques nous en présentent tant aujourd'hui. Si le statuaire fautif de cette ligne A B C avait eu la moindre connaissance de la *loi du contraste des plans*, il aurait su que la ligne A B ne pouvait être reçue que par une complémentaire, soit B E ou B D, ce qui détruisait son socle d'une façon ou d'une autre et il aurait ramené la ligne A B au pointillé A F, diminuant par suite le socle jusqu'en G.

Psycho-plastie des silhouettes. Ce n'est pas tout qu'une silhouette, que toutes les silhouettes d'une construction s'harmonisent avec le décor ambiant, il faut encore que ces silhouettes conviennent au sujet qui est traité : un casino ne doit pas avoir le même aspect qu'un temple, un groupe sculptural dédié à la Science ne doit pas s'inscrire dans le même dessin qu'un groupe à la Volupté. Il doit y avoir des silhouettes viriles ou des silhouettes gracieuses. C'est là la troisième proposition de l'Economie esthétique que nous avons appelée : *la Relation de l'art et du sentiment.*

Les archéologues, les esthéticiens, ont été frappés depuis longtemps des « divers sentiments qui s'attachent aux diverses dimensions de l'architecture ».

On sait que « suivant qu'il se développe dans le sens de la hauteur ou dans le sens de la largeur ou dans celui de la profondeur, un édifice nous communique des sentiments d'élévation, de stabilité ou de mystère ». L'importance des pleins et des vides, des masses et des ajours n'a pas été méconnue au point de vue du sentiment qu'ils font naître chez le spectateur.

Un groupe sculptural participe des mêmes lois. Voici, même planche, deux sujets : « Le triomphe de Bacchus » fig. 7 et « Ugolin et ses enfants », fig. 9, soit deux sujets de sentiment diamétralement opposé, l'un sujet gai, l'autre sujet triste. L'un comme l'autre s'inscrivent dans un *tétraèdre pyramidal*, qui est la plus triste figure géométrique. Donc l'un des deux sculpteurs s'est trompé grossièrement. L'auteur du Triomphe de Bacchus aura beau avoir recours aux *morceaux* les plus croustillants et marquer les physionomies de ses personnages, de gaîté aux commissures des lèvres, le détail gai ne fera jamais l'ensemble moins triste et son Triomphe de Bacchus restera un groupe affligeant sur une pelouse de gazon. Imaginons le groupement de ce sujet joyeux, inscrit dans une silhouette joyeuse, c'est-à-dire en feu d'artifice ou en éventail (Fig. 8), tout doit se concerter ici pour un sentiment d'expansion — comme tout le détail angoissant de l'Ugolin est d'accord avec sa masse générale.

La Planche VI fait voir les trois silhouettes-types (Fig. 1, 2, 3). Les figures 4, 5, 6, font voir ces mêmes silhouettes où l'action des pleins et des vides, des masses ou des décrochements, s'est manifestée en accord avec le sentiment d'ensemble qu'elles expriment.

La Planche VII donne d'ailleurs les rudiments d'un LANGAGE LINÉAIRE DU SENTIMENT. On y voit aux fig. A et B les deux sentiments types : Gaîté et Sévérité. Chacun de ces sentiments types exprime, selon qu'il épouse un mouvement excentrique ou concentrique, un caractère d'idéalité ou de force (Voir les fig. C D E F.). A la fig. G se trouve disposée la clef des complémentaires linéaires et les premiers tracés de son mécanisme aux fig. H I J K.

Mais si une étude approfondie des affinités psychoplastiques sert à dessiner *l'expression* extérieure d'une bâtisse, il va sans dire que « le choix du site, l'assiette et l'orientation du monument et son harmonie avec la nature environnante » doivent souligner et exalter au maximum l'expression de cette bâtisse. C'est ce que nous appellerons l'accord de la psychoplastie avec l'esthétique des topographies.

C'est sans se rendre compte du rapport de ces lois qu'on a outragé tout le littoral de ces casinos pimpants qui insultent la majesté de la mer ou des montagnes. Les marins et les paysans sentent bien qu'il y a là des malfaçons de commises sur la Nature et que ces malfaçons en abritent d'autres, qui sont les chansonnettes grivoises, les jeux et toute la parade offensante des villégiateurs.

...Loi des topographies, loi des horizons, loi du sentiment des silhouettes et de leur contexture linéaire, voilà bien des lois qu'il doit être difficile d'observer en une même œuvre d'art, dira-t-on. Aussi bien il ne s'agit pas d'en forcer la coordination, car si cette coordination oblige à des sacrifices trop grands, elle n'existe plus de ce fait. On voit donc que pour une même œuvre, il peut y avoir des propositions harmoniques qui exigent des aspects tellement différents que l'œuvre est *inexécutable*. Voyez-vous, le jour où un statuaire savant et probe (cette dernière qualité viendra de la première) répondra à la municipalité qui lui a fait commande d'un groupe pour une de ses places : — Vu l'emplacement qui m'a été assigné, d'une part, et d'autre part le sujet de l'œuvre à traiter, je me suis livré à des calculs d'où il résulte que la moindre solution d'harmonie est impossible et je suis obligé de décliner votre commande sous peine de faire une œuvre mauvaise et une mauvaise action.

Mais nos sculpteurs ne sont pas prêts de discuter des rapports sentimentaux et de la configuration d'un emplacement, puisqu'ils font sans inquiétude des statues sans destination.

Cette parole que nous donnons à un sculpteur, un architecte pourra en user à plus forte raison et le peintre également et le musicien et le couturier et l'artisan, etc.

Pour le costume entre autres, on doit convenir que le couturier aurait à tenir compte pour habiller sa clientèle de la région qu'elle habite et à apporter les variantes adéquates au caractère individuel des clients. Les lois d'harmonie pour construire sont les mêmes pour vêtir et bien des costumes anciens de telle ou telle région nous prouvent quelles affinités ils avaient avec leur terroir, ses montagnes, sa végétation, son atmosphère et sa *couleur*. On objecte qu'aujourd'hui le costume local doit s'effacer devant le va et vient des voyageurs, touristes, etc. Il n'en reste pas moins juste que les sédentaires devraient soutenir l'harmonie de leur décor et forcer les voyageurs à adopter le costume le plus neutre, selon qu'ils passeraient le plus furtivement.

Groupement par l'étude des mouvements composés. Continuant à entrer dans le détail d'un groupe sculpté ou peint, nous dirons un mot sur une méthode de composition des groupements de figures.

C'est le principe du cinématographe qui nous indique cette méthode. Autrement dit, c'est l'étude de la décomposition des mouvements qui nous aide à composer le mouvement des groupes.

Planche VIII, nous avons dessiné un groupe de trois terrassiers (fig. 1). Il faut y voir les trois temps du mouvement d'un terrassier : A, il prend sa pelletée de terre, B, il la soulève, C, il la jette dans le tombereau. On comprendra qu'une seule de ces trois figures, serait-elle admirablement dessinée, ne donnera jamais *l'action* de prendre une pelletée de terre. Les hommes au levier (fig. 2) en sont un autre exemple : A place le levier et B l'actionne. Mais le principe cinématographique permet encore de relier les groupements des grandes compositions (surtout en peinture) et de les commander en quelque sorte par des arabesques d'action. La *fig. 3* en donne une idée : c'est le travail d'un bûcheron en cinq temps.

Les mouvements lents ou violents peuvent s'exprimer par l'agencement du groupement et le nombre des *temps*. Enfin lorsqu'on s'est entraîné à cette étude de la décomposition du mouvement, on s'aperçoit qu'une seule figure peut jusqu'à un certain point en profiter et se *diriger* vers le second temps de son geste, par des amplifications de formes — n'en déplaise à MM. les anatomistes.

Il en est de même pour le mouvement des objets. Voici *Fig. 4*, un vaisseau en marche ; si la composition générale du tableau ne s'y oppose pas, il est nécessaire de mettre dans le sillage une suite de vaisseaux de même forme, qui représentent les places du dernier passage. Et, si l'on imagine un virage vers la direction A du plan, il convient d'imprimer une légère torsion à la carène comme l'indique le plan B — n'en déplaise à MM. les perspecteurs.

Harmonie avec la configuration du sol, avec la nature du sol, le décor ambiant, l'horizon ; harmonie avec le sentiment du sujet et avec son utilité le plus souvent... voilà bien des lois encore une fois et bien des calculs. Certes, il est plus facile d'en éviter l'étude complexe en les rejetant, comme « une entrave au génie ». Non, les calculs n'arrêteront le génie que si l'on a pas assez de génie. Le génie n'est pas au-dessus des règles, « il ne demande pas de prérogatives anarchistes » étant au contraire « une anticipation de la méthode » une prescience de la loi.

Car enfin, il ne s'agit pas d'imposer « des règles à la Nature » mais de bien découvrir les lois de la Nature pour parer la Nature en accord en elle-même.

Et nous voici arrivés à la quatrième proposition de l'Economie esthétique — *la Relation de l'art et de la société.*

L'émotion objective du Beau doit aider à la découverte de l'émotion subjective du Bien, et ces deux sensibilités combinées doivent enfanter l'émotion du Vrai.

Les groupements architectoniques, répétons-le, représentent en permanence des termes de comparaisons ; il faut que l'être soit pris par la continuelle vision d'harmonies plastiques ; il faut qu'il soit pénétré en son for intérieur par les images, les décors d'un équilibre ambiant. Il faut que l'être, en regardant dans sa demeure, ou à sa fenêtre, ou à l'atelier, ou à la promenade, partout enfin, soit encadré d'harmonies de choses, qui le convient à en *faire autant*, qui l'incitent à respecter les mêmes lois. Un homme vivant dans un labyrinthe doit devenir un homme faux et méchant. Par contre, l'humanité sera harmonieuse dans la cité harmonique !

Œuvres d'art petites et grandes, simples ou riches, modestes ou altières, l'enchantement de vos harmonies doit vous faire préluder à un hymne géant, enserrant notre Terre de sa vibration infinie... et croissante des sensibilités à venir. Les peuples, en écoutant votre symbolisme, sentiront que vous exposez la Solidarité dans vos ordonnances unies, la Concorde et l'Equité dans vos proportions, le Vrai dans votre statique, la juste Ambition dans la prépondérance de vos valeurs, comme la Résignation dans votre sujétion à la Nature — et la Vertu dans votre Beauté !

... Et la moindre faute dans vos accords sera non seulement douloureuse au sens visuel du passant, mais par analogie, elle le conduira à concevoir le Vice dans la Laideur.

III

Telles sont les quatre propositions que doit contenir une Économie esthétique.

Les métiers, les systèmes, les méthodes, les rapporteurs, doivent être les moyens, l'outillage en un mot, capable d'objectiver les harmonies découvertes ou de commander l'anéantissement de toutes les inharmonies et de tous les vandalismes construits.

Au perfectionnement de cet outillage, on trouve déjà les linéaments de ce que nous appellerons *la preuve des harmonies par la confrontation des sens*. L'ouïe et la vue, les deux sens qui ont le plus de rapports avec les arts — les deux sens pour qui sont sensibles le temps et l'espace — ont été particulièrement confrontés.

Nous ignorons jusqu'à quel point il faut tenir compte de cette expérience de laboratoire qui consiste, au moyen d'accords vibrants, à construire des schémas de lycopode sur une peau de tambour. Mais voici plus curieux encore ce qu'on appelle la photographie de la voix. C'est un appareil « pour savoir si le chant est juste. La voix est bonne si les vibrations ont une amplitude constante, si elles sont régulières, sans traces de fuseaux, indiquant une voix chevrotante. La capacité vitale apparaîtra également, car les moments de repos sont enregistrés comme des notes. Pas de groupements? pas de diction! »

La belle ondulation dessinée, témoignant de la belle phrase chantée!... Et que nous réserve le magnétisme? Quel est l'avenir, pour la documentation artistique, de ces *images de sensations* que certains médiums font évoquer à leur sujet sur un tableau?...

De quelles vérités l'art de demain sera-il fait? Pourtant, ne nous est-il pas permis de supposer que l'ensemble des lois et l'exposé de l'outillage contenus dans ce chapitre peuvent suffisamment former dès maintenant le noyau d'un CRITERIUM DES LOIS HARMONIQUES, base de L'ÉCONOMIE ESTHÉTIQUE.

Ce critérium, dans ses développements, n'est-il pas destiné à devenir tout l'Enseignement, ne doit-il pas préparer conjointement la sensibilité des foules et les études des jeunes artistes, par l'exposé des phénomènes des aspects, de leur valeur émotionnelle, par leur application à la composition des œuvres d'art. Ce qu'à peine discernèrent les plus géniaux artistes deviendrait l'éducation initiale du tout jeune étudiant, et ces lois s'imposeraient si tangibles et si véridiques, que celui qui s'en affranchirait ne serait plus considéré comme un révolutionnaire, mais comme un simple ignorant ou comme un pauvre fou.

Aujourd'hui certes, il n'est que des données positives et expérimentales autorisées à rallier les artistes à une foi commune. Aucune loi ne saurait s'imposer, si comme ses devancières elle ne représentait qu'une science abstraite et arbitraire. Le mot d'*ordre* ne peut plus être accueilli que de la Nature et de ses Lois.

Et pourtant, c'est ce mot d'ordre justement, ce sont ces lois qui, dans l'actuelle éducation bornée à l'individualisme, font peur aux artistes. Ceux-ci se recroquevillent au moindre appel de coopération, en affirmant que la monotonie et l'agonie bientôt suivraient la promulgation de lois esthétiques qui régiraient les manifestations d'art.

Mais quelle diversité, prétendrons-nous, au contraire, si ces lois d'esthétique exposent qu'il ne peut y avoir une seule formule de construction ou de décoration qui soit préconisée, mais, bien que ces formules seront définies par toutes les affinités de milieu, d'ambiance, de latitude... en un mot que l'équation donnée n'étant jamais la même, les solutions seront toujours différentes et que la variété la plus profuse et la plus harmonique s'étendra sur les sols civilisés.

Ainsi, loin de consacrer une formule, le critérium des lois harmoniques servira à découvrir autant de formules de formes et de couleurs qu'il y aura de thèmes projetés, à ce point que la fantaisie la plus débridée n'arriverait pas à découvrir la millième partie de cette diversité obtenue par le « froid » calcul.

Le sentiment du beau n'exprimera plus alors une appréciation égoïste et par ce fait obscure et discutable, mais il représentera à travers des lois imprescriptibles, une aspiration rationnelle et collective, trouvant dans le jeu multiplié et coordonné des formes d'art, tout son besoin de satisfaction sensuelle et éducatrice.

La suprématie de l'art à venir sera donc d'échapper à l'erreur fondamentale de tous les styles passés, qui renfermaient toutes leurs conceptions dans la même ordonnance — ordonnance inconciliable en même temps à un temple, à une habitation, à un mausolée ou à un palais, ou fut-elle construite dans un site montagneux, boisé, vallonné, dénudé, maritime, etc.

Et l'histoire de l'art pourra, aux prochaines générations, s'exposer en ces trois grandes périodes :

La première ira des civilisations égyptiennes jusqu'à la Révolution française et montrera ce qu'ont produit les archétypes inviolables, les règles sacrées et les symbolismes les plus doctrinaires. Elle se nommera et s'expliquera :

La période des styles : *L'art dirigé par le despotisme.*

La deuxième période s'ouvrira à la Révolution et sera notre période actuelle. Elle montrera ce qu'a produit l'indépendance échappée d'un Enseignement impuissant. Elle sera :

La période sans style : *L'art émietté dans l'individualisme.*

Dans la troisième période enfin, à laquelle nous

aspirons, nous verrons une domination scientifique produire une diversité infinie et nous aurons :

La période du style : *L'art organisé par l'Harmonie.*

En cette dernière période, le mot style ne sera plus attribué à une œuvre, d'après l'unité de tendances de son époque. Il ne sera plus attribué à la *manière* d'une *école* ou d'un artiste, mais il qualifiera une œuvre bien associée avec son milieu et il y aura autant de styles que d'œuvres — ou si l'on préfère, un Style contiendra tous les styles pour toutes les œuvres.

Tant d'espoirs ne vont pas sans faire sourire les dénigreurs. Imaginons-nous, disent-ils, qu'on arrive à déterminer exactement le cubage harmonieux d'une bâtisse pour son emplacement, mais — et autant dire jamais — il ne sera possible de le respecter. Par exemple, c'est le particulier qui ne peut faire que la moitié des frais qu'impose le *rendu idéal*, ou c'est au contraire — comme il arrive souvent pour les monuments votifs — le généreux produit d'une souscription qu'on est obligé de dépenser et qui force à élever à tel endroit restreint, un monument énorme et disproportionné. Ou encore, les lois harmoniques préconisent une bâtisse en hauteur, mais le propriétaire du terrain a besoin d'une usine toute en largeur, etc., etc. L'utilitarisme enfin a ses exigences et nous ne vivons pas d'harmonies mais d'utilitarisme...

A cela, nous répondrons encore une fois que les lois d'harmonies ne pourront entrer en vigueur que dans une société transformée, où l'intérêt particulier sera aboli. Mais dès maintenant, on peut profiter de ces lois quand il y a certaines latitudes d'emplacement ou quand il y a souci d'œuvre d'art. On peut en profiter aussi et largement dans la composition des détails et comme l'on dit « quand ça ne coûte pas plus cher ».

Quant aux exigences de l'utilitarisme, il ne faut pas les voir irrémédiables non plus. Si la science est laide par bien des procédés, si ses nécessités sont trop souvent tristes et sales, si les maisons où on l'enferme sont les affreuses usines que l'on connaît, et si le trafic auquel on l'a confinée, massacre tant de la belle nature, il ne faut voir là qu'un provisoire qui a trop duré.

Non seulement une société bien organisée saura restreindre une telle débauche de laideur inutile, mais la science elle-même, en se perfectionnant, détruira son outillage primitif et grossier.

Comme la vie, dans ses premiers organismes, créait des monstruosités, la science a tâtonné aussi dans l'âge de ses enfantements, et la phase que nous passons a été trop tôt prise pour définitive.

Bientôt la télégraphie sans fil abolira complètement le réseau des fils aériens et les interminables jalonnements de poteaux étiques fragmentant les paysages, offensant le pittoresque. Les transports électriques supprimeront les noirs passages de la vapeur et le savoir des ingénieurs débarrassera les cités des affreux trolleys. L'air liquide par son emploi dans lés « combustions absolues » nivellera tout le sol des hideuses cheminées d'usines, et leurs suies, comme celles des trains ou des paquebots, ne saliront plus les ciels des villes, des champs et des mers. Enfin, l'aérostation entièrement conquise, arrêtera les défonceurs de montagnes.

La science s'embellira de plus en plus. Elle développera aux artistes, non seulement le principe des lois harmoniques, mais d'un symbolisme renouvelé — s'ouvrant à toutes les connaissances — elle provoquera les compositions les plus inattendues. De l'ambriologie des êtres et des choses, aux transformismes et jusqu'aux comogonies, sa physique, sa chimie, sa psychie apporteront la documentation la plus riche : concrétion d'animalcules, géométries des cristallisations, vibrations moléculaires, diagrammes des sensations etc...

L'investigation doit être générale. Le temps n'est plus où l'artiste osait revendiquer la prétention ignare du « je fais ce que je vois » ; mais guidé par les savants, son œil doit embrasser toujours le plus de beauté : que ce soient les profonds paysages sidéraux dans le télescope de l'astronome ou les formes si précises des infiniment petits dans le microscope du micrologue !

Mais l'artiste surtout sera satisfait en voyant l'utilitarisme intégral tuer l'utilitarisme primitif que nous subissons. On procédera à la synthèse économique des forces et leurs aspects monstrueux se terreront dans les entrailles de la terre, laissant jaillir à la surface leur magnifique éclosion de mouvement, de chaleur, de lumière.

Nous la voyons la tour métallique surmontant de tels foyers et nimbée de sa couronne d'antennes. Elle remplacera le clocher désuet dont la flèche a été si longtemps la nécessaire indication plastique des agglomérations humaines. Mieux que lui, la tour métallique dévoilera aux voyageurs terriens ou aériens la Cité nouvelle. Et son symbolisme sera tangible, ayant en quelque sorte réalisé celui qu'ambitionnait le clocher aboli. Elle sera le centre de lumière, reflétant dans la nuit la vraie clarté de ses disques reflexes. Elle sera la force, jetant aux accumulateurs lointains et épars la puissance amassée dans les flancs de ses profonds soubassements. Elle sera enfin le réceptacle de la pensée, l'incarnation, non plus divine, mais humaine, toute vibrante des ondes magnétiques, perçues du monde entier — voix lointaines, voix explicites et communiantes, rythmant des heures attentives ou recueillies, comme jamais tel Angélus n'espéra.

Elle sera Flamme, elle sera Force, elle sera Pensée, la Tour future qui jalonnera les peuples sur les chemins de globle. Œil, muscle et cerveau! Elle sera l'organisme respirant du double jeu de son *émission* et de sa *transmission!* L'usine devenue le Temple!... La psalmodie de ses moteurs scandant la paix studieuse, selon un nouveau rituel. La foudre captée, irradiante et féconde, frissonnante d'une tour à l'autre — de vigie en vigie — pour la constante alerte du Savoir !...

CHAPITRE XV

L'Economie morale.

I. L'Economie morale traite du rapport des différents caractères humains entre eux, et du groupement des sensations. — Des morales tendancieuses actuelles à une Morale scientifique envisagée par l'esthéticien.
II. Recherche de types-humains résumant le monde sensible. — Plan symbolique d'un Foyer-Social.
III. La Justice peut devenir fonction de la Beauté. — Moralistes et plasticiens.

I

L'HARMONIE EST AUSSI BIEN L'ACCORD DES CONTRASTES CHEZ LES INDIVIDUS QUE DANS LES FORMES ET LES COULEURS.

Les morales, à travers toutes les religions, les philosophies ou les doctrines politiques, ont toujours méconnu cette loi pour ne refléter que les tendances psycho-physiques de leurs inventeurs, qui cherchaient à niveler tous les caractères à leur image.

Ces tendances données en modèle, ont pu et peuvent encore obtenir par bien des moyens un plus ou moins long succès, mais les caractères adverses, lorsqu'on a cru pouvoir les assimiler aisément reprennent un jour ou l'autre leur légitime développement, et brisent religion, philosophie, ou doctrine politique insuffisantes.

C'est alors que l'éclectisme en morale s'empare des consciences, comme nous l'avons vu en art s'emparer des talents après la faillite des doctrines arbitraires, et la conduite individuelle n'est plus que de l'individualisme.

Cet individualisme possède plus ou moins son libre arbitre. Ici, il se réfère de près ou de loin à telle morale religieuse qui tolère d'ailleurs les interprétations les plus diverses de ses commandements. Là, il se conforme aux instructions civiques de son pays qui ont mis la conscience du bien et du mal au service des classes privilégiées — *liberté de conscience*, étant prise à la lettre. Enfin une troisième morale est celle de « l'opinion publique » et que d'aucuns prétendent tout simplement représenter sous le nom de « morale du bon sens » ou « des braves gens ». C'est un ramassis de vieux préjugés amalgamés de ragots bibliques, politiques, de sentences proverbiales et de superstitions.

Devant tout ce chaos, quelle autorité peut avoir une morale si elle n'est scientifique ? Et que doit être une morale scientifique ?

Comme les arts ne peuvent découvrir leurs lois d'harmonies qu'en envisageant la décoration d'un simple motif ornemental par rapport à la décoration du globe entier, la morale ne peut trouver son critérium que le jour où elle cherchera à développer les caractères par rapport à l'humanité entière.

De l'idée de famille à l'idée de tribu, puis à l'idée de province, puis à l'idée de patrie, puis à l'idée de race, puis enfin à l'idée d'humanité, la morale s'est élevée chaque fois, faisant de l'Honneur et du Devoir, des vertus chaque fois plus hautes.

Devant l'humanité, on s'aperçoit que la morale n'est pas en soi, pas plus qu'il n'y a de beauté en soi, et comme la beauté d'une statue n'est que la *comparaison* de cette statue avec son entourage, la morale d'une action ne réside que dans la *comparaison* de cette action avec ses nécessités et ses résultats. Le même *fait* qui actuellement est louangé dans un pays et blamé dans un autre, ou honoré à la faveur de tels événements et honni à tel autre moment, fait dire « vérité en deçà, erreur en delà ». Pour nous, si les conditions de ce *fait* sont constatées bonnes à un endroit et mauvaises à un autre endroit, la Vérité est la même qui louange ou qui blâme, qui honore ou qui honnit. Autrement dit, la Vérité peut trouver le même principe moral, bon ici et mauvais là, et c'est affirmer que la Vérité contient autant de principes moraux que de situations.

Comme la Nature doit réclamer une beauté adéquate à chacune de ses situations topographiques, l'Humanité doit chercher une morale adéquate à chacune de ses situations passionnelles.

« La question sociale, qui est une question morale »

aidera à définir les conditions dissemblables mais rationnelles du bien et du mal.

A préparer cette tâche, il incombe à une ÉCONOMIE MORALE de procéder à la *relation des caractères humains entre eux.*

Si nous sommes persuadés en effet que le décor, l'entourage plastique, l'horizon harmonieux, doivent faire l'individu harmonieux en le pénétrant de nobles sensations, celui-ci n'en reste pas moins vis-à-vis de son semblable, en expectative. Les amitiés, les associations se nouent aux hasards des parentés, des présentations ou des rencontres, et chacun de ces rapprochements contient peut-être son drame. Les moralistes les plus psychologues se déclarent impuissants à organiser ces rencontres, à prévenir de tels dénouements.

C'est ici que l'esthéticien apporte au moraliste l'appui de sa méthode. C'est ici que l'esthéticien se substitue au moraliste lui-même.

Pour l'esthéticien, chaque individu est considéré comme une note musicale, une couleur, un linéament, une facette, cet individu ayant un rôle à jouer dans une partition, un tableau, une arabesque, un groupe — c'est-à-dire dans une société.

Il a pu exister, avant les époques de grandes civilisations, des *tableaux* fragmentaires où, isolées, en pleine nature, des générations patriarcales ont représenté une certaine harmonie de leurs caractères, mais c'étaient des harmonies primitives, des mélodies ou des camaïeux en quelque sorte, parce que les caractères rassemblés étaient peu dissemblables. Aujourd'hui, la plus petite civilisation se voit perturbée par le va-et-vient cosmopolite; et dans nos agglomérations intensives, le mélange ou le heurt incessant des caractères forme cacophonie ou grisaille et c'est l'amoralité.

La relation ou l'éducation des caractères entre eux est aussi nécessaire à l'organisation d'une société que l'éducation du rapport des notes ou des couleurs est nécessaire pour un musicien ou un peintre. Les morales jusqu'à présent, à quelque doctrines qu'elles appartiennent, ont toujours cherché à user la violence des passions, à affaiblir les caractères, à mettre en valeur les médiocrités et à les donner en exemple.

Au contraire, pour celui qui envisage la *composition* de l'humanité comme celle d'une fresque, les caractères deviennent des notes riches qu'il convient d'exalter et c'est par le rôle qu'on leur donne et par leurs relations entre eux, que cette violence, de néfaste qu'on la craignait (par ignorance de l'action qu'elle pouvait jouer) devient nécessaire, telle une génératrice en harmonie.

Aussi bien, comme nous avons cherché à augmenter les lois sur le rapport des choses, nous allons essayer de dégager des lois sur le rapport des êtres. Ainsi que les physiciens ont fait pour la théorie des couleurs : ainsi que nous avons procédé pour les formes, nous essayerons de sélectionner un certain nombre de caractères ou types humains, au sein des variétés que présente l'humanité, quel que soit son âge, ses races, en un mot, — et pour soutenir notre analogie d'esthéticiens — nous délimiterons à travers le prisme des passions, les types primordiaux qui forment l'enchaînement de l'activité humaine.

II

Sans confondre notre théorie avec celle des dualistes, nous mettrons en vis-à-vis ces deux sous-principes : la Matière et l'Esprit, et nous les représenterons humainement par deux êtres idéals que nous appellerons l'Instinctif et le Logicien, complémentaires l'un de l'autre. Entre eux, et bilatéralement, nous poserons deux autres caractères mixtes : le Sensuel et le Sentimental, également complémentaires l'un de l'autre. Soit :

LE LOGICIEN

LE SENSUEL LE SENTIMENTAL

L'INSTINCTIF

Toute évolution de l'activité humaine passe et se renouvelle par quatre phases. LE SENTIMENTAL donne le désir des initiatives, L'INSTINCTIF dégrossit l'œuvre, LE SENSUEL l'embellit et LE LOGICIEN la réalise, après quoi, pour un perfectionnement direct ou indirect le cycle recommence par les mêmes phases, et ainsi de suite, que ce soit l'œuvre d'une civilisation, ou l'occupation passagère d'un individu puisqu'un individu contient toujours peu ou prou des quatre caractères en lui.

Voici donc, semble-t-il, les quatre types humains nécessaires à la manifestation de toute œuvre, c'est-à-dire, nécessaires à l'action du progrès. Loin donc d'une éducation uniforme, ou loin de préconiser la valeur d'un caractère à l'exclusion des autres, comme le font morales religieuses ou laïques, une éducation rationnelle doit chercher à exalter autant chaque passion — sous la loi d'une dominante qui reste à définir selon les conditions de lieu ou d'évènements — passion dont le concours est utile à la perfection de toute œuvre, et puisqu'il y a une part de vérité essentielle à mettre en valeur chez chaque individu.

Les guerres, les conflits, les haines qui aussi bien de nation à nation que d'être à être, et jusqu'au sein du foyer, brisent le cours des concordes ou des affections, ne proviennent que de malentendus, ne sont envenimés que par toute la folie des *appétits inorganisés*. L'humanité est étreinte au fond, sous l'action d'un quiproquo monstrueux et multiforme. On ne se connaît pas, on ne se comprend pas, et les protagonistes de langage universel n'y feront rien, les causes sont plus profondes qu'une question de dialecte.

...Reprenant ce principe esthético-moral, qui nous fait voir les groupements architecturaux suggestionner les groupements passionnels ou affectifs, nous proposerons d'élever *sur un plan idéal* le moyen de confronter en permanence les caractères et les sensations du quatuor précité.

L'édifice de cette religion de l'humanité — le quatuor exposé étant le microcosme de cette humanité — résumerait quatre pavillons :

Un Théâtre pour les Sentimentaux.

Un Gymnase pour les Instinctifs.

Un Casino pour les Sensuels.

Une Université pour les Logiciens.

Ces quatre pavillons s'adosseraient les uns aux autres. Regardant le sud, le Gymnase. Au nord l'Université. A l'ouest le Casino. A l'est le Théâtre.

Isolant intérieurement ces quatre pavillons, il serait ménagé des couloirs qui aboutiraient au cœur de l'Edifice à une vaste salle commune.

Certes, actuellement, ces quatre pavillons existent dans chaque cité importante, mais dispersés, hostiles, comme honteux les uns des autres. Certes, l'éducation supérieure des jeunes gens contient, en plus des classes universitaires, des cours de musique, de danse et de gymnastique. Mais ces cours, entourés de suspicion et déclarés inférieurs, sont compassés, étriqués à plaisir. Un premier prix de gymnastique est toujours tourné en dérision.

Ici, à cet Edifice, la part des cours est égale, puisqu'également doivent être cultivés les caractères.

...Au Théâtre, poètes, musiciens, dramaturges s'évertuent à signaler les aspirations nouvelles. Des sociétés se forment, recrutant partout et éduquant quiconque veut incarner du rêve.

Au Gymnase, suspendus aux agrés, s'agrippant dans les salles de luttes ou s'élançant dans l'eau de la piscine, ces jeunes gens exaltent la puissance et l'agilité des formes. Dans les salles d'escrime et au stand, ils développent la précision du geste et de la vue. Sous la galerie circulaire, d'autres encore s'exercent à la cadence des groupements en marche.

Au Casino, les danseurs s'entraînent au rythme des danses. Ils rivalisent de beauté. Ils apprennent leurs attitudes et l'eurythmie de leurs gestes. Les femmes conquèrent le prestige des toilettes.

À l'Université, les logiciens s'appesantissent sur les passionnants problèmes que la nature nous pose et les développent par les investigations spéculatives....

Mais jusqu'ici, les adeptes de chaque pavillon ignorent leurs voisins ou les méconnaissent, chacun prônant, qui sa *vision*, qui si *force*, qui sa *grâce*, qui sa *dialectique*, comme une faculté supérieure, sans se douter qu'elle est seulement d'essence — nous allions dire de couleur — différente.

L'éducation des uns par les autres s'opère cependant en des manifestations périodiques, fréquentes où chaque groupe d'adeptes, chacun à son tour, convie les autres à venir juger l'ensemble de la vitalité qu'il représente.

La vie habituelle de chaque pavillon n'est faite en somme que de préparations, d'entraînements, de répétitions générales si l'on veut, qui mettent au point le caractère adopté, afin de l'exalter à la manifestation prochaine — manifestation publique dont le programme cherche à toucher diversement l'esprit des invités.

Il y a ainsi au Théâtre la Fête du Rêve. L'œuvre à représenter a une action scénique bien vivante pour être perceptible à l'instinctif et pour intéresser le sensuel. Le thème puisé à une source scientifique pour le logicien est imagé de motifs poétiques pour le sentimental.

A la Fête de la Force, dans le Gymnase, les instinctifs reconstituent quelque combat fabuleux. Parmi les applaudissements des invités confondus sur l'estrade, l'on devine le sensuel glorifiant la forme, le sentimental félicitant le souvenir, le logicien approuvant la culture de la race.

A la Fête de la Beauté, pendant que se déroule la bacchanale et puis, quand le rougeoiment des féeries annonce l'apothéose, le rêveur s'énivre devant la matérialisation fugitive de ses méditations ; le logicien admire les cadences humaines pour les analogies qu'elles ont dans la Nature et l'instinctif acclame le mouvement des formes, l'éblouissement des couleurs.

A la Fête du Savoir, c'est une démonstration scientifique. On a pensé à l'instinctif et au sensuel : leur attention est retenue par des projections lumineuses, des expériences saisissables, amusantes. Le sentimental même se réjouit, car la science ne fait que reporter plus loin les domaines du rêve et plus loin, ils deviennent plus grands et plus mystérieux encore.

Ces manifestations tendraient à de véritables œuvres d'art, qui se purifieraient d'ailleurs sous les critiques des invités et deviendraient plus complètes à mesure que le sentimental y trouverait plus fortement à s'émotionner, l'instinctif à s'impressionner, le sensuel à s'émouvoir et le logicien à s'instruire — c'est-à-dire quand la société entière y figurerait. « *L'œuvre la plus haute est celle qui contient le plus d'êtres* ».

C'est ainsi que dans *le temps*, et de période en période, de telles fêtes célébreraient l'exaltation commune dans les cadres offerts par la plasticité.

Ces fêtes s'assurant l'emploi des enthousiasmes, épureraient la fougue des passions dans une ardente fusion du Beau. Offrant au cours de l'activité humaine, comme des relais de joie et d'amour, elles s'accorderaient *dans le temps*, aux *mesures* que les arts du dessin présenteraient *dans l'espace*, et marqueraient la cadence du rythme social, en scandant la marche des années.

Tel est du moins en cet Edifice, le schéma d'un outillage propre à exercer les hommes aux collaborations qu'attendent les grands travaux sociaux — chaque caractère différent étant amené à concéder au voisin et réciproquement la part de sa valeur. Car au lendemain de ces manifestations, chacun retournerait à sa joie favorite ; mais les invités redeviendraient un peu moins les adversaires de la veille, et l'émulation féconde reprendrait aux quatre pavillons, chacun des individus travaillant à parachever sa part de beauté — pour se faire aimer davantage des autres, à la fête prochaine !

III

L'Économie morale à laquelle nous apportons cette formule de la *relation des caractères par leurs contrastes* fait table rase de vieux préceptes qui paraissaient immuables ; elle rejette entre autres la ligne de conduite individuelle contenue dans cette parole d'apparente logique : « Ne fais pas à autrui ce que tu ne voudrais pas qu'on fît à toi-même ». On comprend que cette parole, dictée à l'envi par les morales religieuses et laïques tend au nivellement des caractères. Paul (logicien) ne voudrait pas qu'on le prive d'heures studieuses pour la mise au point d'une invention ; Pierre (instinctif), pour qui le travail spéculatif est une souffrance, cherche à entraîner Paul dans une vie d'actions brutales et courtes, qui est la sienne. Résultat : Pierre désharmonie Paul et compromet son invention. D'où le *mal* s'ensuit, et cependant Pierre a fait à autrui ce qu'il voudrait qu'on fît à lui-même.

Si « le mal est la douleur des autres », faut-il encore discerner ce qui doit être douloureux pour les autres, et c'est tout ce que se propose l'éducation d'une morale scientifique.

Aidée par une morale scientifique, la Justice n'aura plus à être armée d'un glaive, son rôle de vengeresse sera terminé, elle ne représentera plus qu'un porte-critère — les lois juridiques devenues des lois d'harmonies.

Le légiste sera ainsi appelé, comme nous l'avons dit, à travailler avec l'esthéticien, avec l'artiste.

Moralistes et plasticiens, modeleur d'âmes et de formes, se retrouveront à la même tâche, comme aux premières civilisations, mais ce ne sera plus pour la domination des peuples. Si leur action fut jadis si connexe, que l'allée des sphinx à Louqsor a pu être comparée à un acte législatif, ce ne sera plus pour terrifier qu'ils devront s'entendre, mais pour fondre le Beau et le Bien dans le Vrai !

CHAPITRE XVI

Résumé : Programme maximum et minimum de réforme.

I. Où l'on imagine les arts régularisant l'ordre social par la discipline de leurs rythmes et guidant le Progrès. — Les stratèges de la Beauté.

II. Retour à un programme minimum de réforme. — Création d'un ministère des arts. — Etablissement des Ecoles-Manufactures.

III. Description d'un Phalanstère des Arts.

I

Un programme maximum de réforme est toujours un programme hors d'échelle, c'est-à-dire utopique et irréalisable. Du moins, semble-t-il tel à l'époque où il est exposé. Le programme maximum d'une régénérescence des arts doit être tout ce qu'on peut imaginer de plus grandiose ; il doit être le flambeau qu'on met à l'horizon très haut, dans un jour d'enthousiasme et de foi. Il doit être, ce flambeau, la sauvegarde des jours d'aveulissement où, sous le poids des misères présentes, on perd tout espoir et tout savoir. Il doit être l'orientation constante dont le reflet arrive encore aux hasards de la route, dans les bas-fonds, dans les ornières, et qui permet de se repérer et de couper droit malgré tout.

C'est pourquoi, et étayés sur l'exposé des deux chapitres précédents, nous n'allons pas craindre d'envisager un avenir merveilleux, où seules les lois de la Nature feraient une humanité entière harmonieuse sur le sol harmonieux du globe entier.

Pour les artistes, un programme maximum, ce doit être non seulement les arts « dans leur rapport à l'œuvre universelle », mais les arts contenant toute l'œuvre universelle.

Dans cette vision, les arts ont revêtu une charge éminemment fonctionnelle dans la vie des sociétés. Ils sont au terme de leur mission. Régulateurs de l'ordre social, ils ordonnent cet ordre par la discipline de leurs rythmes.

Ordre moral, ordre juridique, ordre architectonique, tous les ordres se sont retrouvés dans la loi scientifique d'un seul ordre qui *sait* enfin les mesures humaines du temps et de l'espace, et les proportionne à notre sensibilité.

L'exploitation d'ensemble du globe terrestre au point de vue d'une économie esthétique et morale, rentre dans ces mesures. Nous avons vu la science industrielle dématérialisant son machinisme et les forces naturelles emmagasinées souterrainement, présider par fluides à la plupart des durs travaux. Imaginons que ce qui reste de travail grossier constitue un sport, le plus diversifié, parce qu'il fait du rythme, l'économie pratique de l'effort — et qu'il n'est plus la réaction d'un labeur affligeant.

Imaginons au centre des zones administrées, des ministères des arts — seuls survivants de tous les ministères qui régnaient à la tête des nations autrefois. Ces ministères gouvernent au nom de la Beauté ; ils règlementent le bien-être au moyen des lois d'harmonies. Comme nous avons voulu voir l'artiste sauvé de l'anarchie par son ralliement spontané aux lois scientifiques qui le concernaient, nous remarquons ici que les peuples n'obéissent plus qu'à des ordres qui correspondent à l'Ordre de la Nature. Dans cette société idéale, il ne peut plus exister d'usurpation de pouvoir, l'exécuteur d'une loi organisée ne représentant que le processus d'une loi naturelle.

Mais régner, c'est construire. Aussi, a-t-on groupé l'activité humaine par corporations, en mettant à leur tête la corporation des constructeurs. Ceux-ci n'ont rien de commun avec ce qu'on appelait un constructeur au XXe siècle. Construire alors, c'avait été la garantie du capitalisme ; construire, c'avait été accumuler les meilleurs matériaux pour des maisons de rapport ; construire, c'avait été l'agio le plus criminel sur la base même du bonheur humain : sur le foyer !... Ici le terme de constructeur est sacré, il désigne et confond le plasticien et l'harmoniste, soit celui qui connaît les mesures humaines de l'espace et celui qui connaît celles du temps. Les deux fonctions sont connexes et la légende d'Amphion construisant la ville de Thèbes au son de sa lyre, devient la plus pure des réalités.

Construction ! Tout l'œuvre des sociétés gravite autour de la Construction ! Aussi construit-on la moindre chose avec des gestes dévots, parce qu'il convient que cette moindre chose participe de la construction d'un monde et des mondes !

Ainsi, s'est comblé le rêve de ces sociétés d'artisans qui, moines ou francs-maçons, cherchèrent par des géométries symboliques, à correspondre avec la Nature déifiée ou panthéistique, puis songèrent à circonvenir les gouvernements et peut être à devenir les maîtres des destinées sociales...

Construction ! Ici le Progrès lui-même est construit. Sa marche est prévue jusqu'en sa limite extrême. On a reconnu sa *direction* ; on sait qu'il n'est pas indéfini dans l'obscurité des temps ; on a envisagé quels seraient son accomplissement, sa perfection.

Le but du progrès en toute chose est prévu dans le plan des efforts collectifs ; sa perfection est le sujet d'émulation qui provoque la marche d'une humanité saine.

Et quelle noble émulation ! Elle n'est plus celle des aventures et des casse-cou ; elle n'est plus stimulée par l'ivresse des combats que livrent les concurrences misérables ; elle n'est plus guidée par les grossiers appétits des réclames, des fortunes et des honneurs. Ce n'est plus une émulation qui fausse le Progrès, ce n'est plus une émulation de fièvres et de crimes, c'est une émulation consciente. C'est l'émulation qui entoura cet astronome, quand par ses calculs il annonça un astre pourtant invisible et dit, montrant le ciel : « Il est là ! » On le chercha passionnément et on le découvrit !

... A présent sont confondus ceux qui ont pu prétendre que le Progrès ne peut mûrir que par une suite d'accouchements douloureux, et qui ont vu dans les concurrences des maux nécessaires. Le coup de fouet des rivalités, la course aux profits... autant de « primes à l'esprit de progrès » qui ont détraqué le Progrès !

Confondus encore sont ceux qui ont affirmé qu'une société harmonique un instant réalisée doit tomber aussitôt dans la stagnation et la mort. Ici, la richesse des rivalités vibre par le jeu incessant des complémentaires. Les sociétés qui connaissent leurs ressources cinématiques agissent en beauté. Chaque individu est un concertant d'un hymne continuel à la vie, hymne fait d'une improvisation constante et spontanée. Selon les événements, un sens du Beau le fait se grouper, s'isoler, le convie à être coryphée ou figurant ici ou là, lui indique son rôle, lui souffle l'éloquence. Voici une foule de pèlerins qui passe ; sa démarche, ses chants sont tellement une affabulation de l'ambiance qu'ils s'atténuent ou s'exaltent, si le soleil vient à disparaître ou à briller de nouveau. Tout vit dans le lyrisme ! toute l'humanité est mise en scène ! et toute la Nature est un théâtre de féerie !

... Espérons ces temps futurs où seront instaurés aux cimes des civilisations, des corps d'esthéticiens, véritables stratèges de la Beauté et parfaits manœuvriers de l'Idéal !... et revenons maintenant aux réalités présentes, exposer en un programme minimum le résumé de nos revendications.

II

Un programme minimum de régénérescence artistique exige aujourd'hui la formation d'un ministère des arts tout-puissant. Face à l'Institut, le nouveau ministère organisera aussitôt un contre-Institut, sorte de comité de recherches, invité à poser les bases d'un critérium d'harmonies capable de régénérer l'enseignement.

Ce ministère devra développer une économie esthétique qui, *unifiant les arts,* portera la production artistique vers la décoration des monuments publics et de l'habitat, et saura sauvegarder les beautés historiques et les beautés de la nature. A cet effet, il s'adjoindra la collaboration de diverses sociétés qui déjà se sont élevées contre le mal de laideur qui nous ronge ; sociétés où se mêlent compatissants, archéologues, artistes, poètes, hygiénistes. Ce sont les « amis des beaux sites et des arbres ».

Le « groupe de la défense forestière et pastorale » ; les ligues contre la poussière ; les ligues contre l'odieuse réclame apparente ; les ligues pour la sauvegarde des coutumes locales. Ce sont les ligues pour « la défense de la beauté de Paris », pour la « décentralisation artistique », pour « l'art de la rue », pour « l'art à l'école ». Ce sont de nouveaux « comités des fêtes municipales et des réceptions » ; ce sont des commissions pour l'étude des théâtres populaires, etc., etc... Autant de sociétés n'ayant actuellement qu'une autorité dérisoire, ou mourant même dans l'isolement, mais devenant par suite de leur cohésion, un bloc d'intérêts généreux et d'œuvres décisives. Autant de bureaux où s'élaboreraient des enquêtes (de commodo et incommodo de la beauté), habituant le peuple aux jugements esthétiques. Car si l'on admet que la condition utilitaire des travaux publics doit être soumise à la critique des citoyens, on conviendra que leur condition ornementale n'est pas moins intéressante.

C'est ainsi que ce ministère des arts devra d'urgence délimiter les régions des beaux sites et des monuments naturels. Il formera une commission de géologues, de géographes et d'artistes afin d'établir la constitution d'une France esthétique. Dans les atlas des enfants, il y a la France commerciale, la France industrielle, la France militaire, la France des chemins de fer et celle des réseaux navigables. Il convient qu'il y ait dorénavant et à la première page *La Beauté de la France*. Par ces temps de délimitations de fromages, de betteraves ou de vins, il ne faut pas oublier de délimiter des zones de protection du pittoresque.

Enfin, en attendant que l'Etat absorbe complète-l'industrialisme particulier, il le forcera peu à peu à venir demander l'exeat de ses produits, par rapport au bon goût, comme il commence à l'exiger par rapport à l'hygiène — et il est à croire que cette censure basée sur des lois connues, loin d'être opprimante, contribuera au contraire à parachever lesdits produits.

Mais, n'oublions pas que le plan d'action d'un nouveau ministère des arts est tout entier dans l'établissement d'Ecoles-Manufactures, telles qu'en leurs grandes lignes elles sont décrites dans ce livre. Chercher à transformer les écoles des beaux-arts en écoles d'art décoratif, puis en manufactures, pousser la production *usuelle* des manufactures de l'Etat, c'est ce qu'un tel ministère ne doit pas perdre de vue. Toutefois, il lui sera peut-être moins difficile de fonder de toutes pièces des Ecoles-Manufactures modèles. En tous cas, il devra aboutir au plus tôt à l'établissement d'une *Ecole-Manufacture centrale du bâtiment*, susceptible d'exécuter seule ou avec ses annexes, les plus vastes programmes de construction et de décoration. (Mêmes écoles centrales à établir dans les centres régionaux.)

Devant l'établissement de ces écoles, et pour en soutenir la production, l'Etat se dotera d'une loi

20

lui permettant l'entreprise de l'habitat et l'entretien et la location de cet habitat comme propriétaire. Mais notons bien ceci, c'est que la transformation des écoles d'art publiques en atelier de production et d'exploitation ne réclame actuellement aucune décision législative. *Il n'y a pas de loi qui interdise à un particulier, à une municipalité ou à l'Etat de faire des commandes à une école d'art publique* — il n'y a que le confinement de ces écoles dans les études sempiternelles, confinement qui provient d'une complicité des pouvoirs publics avec l'industrie artistique privée.

Ainsi, par un simple décret, l'Etat peut encore sauver la célébrité mondiale de la France et lui donner la prospérité attendue. Mais avec ce décret, il nous faut aussi l'abrogation d'une loi de 1841 sur les expropriations, loi toute à la dévotion « des intérêts des particuliers contre la collectivité, contre la Commune, contre l'Etat, considérés comme des ennemis rançonnables à merci par le propriétaire exproprié ». « Il est tout à fait abusif que l'intérêt de quelques individualités puisse exercer une répercussion si fâcheuse et si lourde sur tout le monde. Il est abusif également de voir quelques particuliers profiter, seuls, de plus-values produites par les sacrifices de tous. » Et la preuve est faite que cette loi, que conserve notre démocratie et que les monarchies voisines n'oseraient pas avoir, la preuve est faite que cette loi abrogée, l'Etat et les Villes « gagneraient de l'argent en exécutant des travaux et en payant des expropriations ! »

Si l'on conçoit que l'Etat puisse gagner de l'argent par les expropriations, on appréciera mieux encore le bénéfice qu'il réaliserait avec les Ecoles-Manufactures. C'est tout le budget de l'école des beaux-arts et de la villa Médicis, biffé d'un trait de plume, c'est tout le budget des écoles des beaux-arts des provinces et de toutes les écoles d'art décoratif biffé également, puisque chaque nouvelle Ecole-Manufacture se suffit largement à elle-même. Et le profit s'étend à ce point que l'Ecole-Manufacture peut payer, comme nous l'avons dit, ses moindres apprentis — cet entretien de l'apprenti étant considéré à juste titre comme le pivot de la réorganisation des métiers.

Dans notre course au gâchis, tout le monde finit par être persuadé qu'on ne peut faire des réformes qu'avec de grosses augmentations de dépense, et on se croit même d'esprit très pratique en disant : « C'est très joli tout ça, mais qu'est-ce que ça va encore nous coûter ? » Tous les ans, à la discussion du budget des beaux-arts, le rapporteur, dans sa péroraison, se lamente sur le peu de millions dont dispose son chapitre et réclame une augmentation budgétaire... Nous n'avons pas besoin de vos mauvais millions, messieurs du Parlement, et de la mauvaise besogne qu'ils payent — et qu'ils payent mal — mais donnez des lois qui permettent aux collectivités de travailler au bien de tous, des lois d'intérêt général, et non des lois de privilège.

... Architectes, entrepreneurs, ouvriers d'art et tous les collaborateurs de la bâtisse qui s'aigrissent et se ruinent aux prises avec les grèves et les lock-out endémiques, et qui s'acculent aux pires conflits, aux pires débâcles, doivent espérer des associations définitives. Les Ecoles-Manufactures les rallieront. De ses Ecoles-Manufactures à ses chantiers de construction, l'Etat verra disparaître les immoraux contrats des adjudications — ces contrats qui exigent les sabotages patronaux et ouvriers, et qui feront place au beau travail, à toutes ses ressources et à ses généreux perfectionnements.

Souhaitons qu'après la démolition des fortifications de Paris, l'aménagement de leur zone soit effectuée sous de tels auspices.

En vérité, l'Ecole-Manufacture est pour nous le seul moyen de combattre notre décadence des arts et d'ouvrir un avenir de beauté prospère. Si le moyen est radical, il ne faut pas oublier qu'il est adéquat à une situation artistique et morale en péril ! Et c'est pourquoi nous n'hésitons pas à envisager l'assimilation de ces Ecoles-Manufactures aux services publics.

Qu'est-ce donc qu'un service public? Les Etats les plus civilisés et les plus civilisateurs, dès l'antiquité, et quel que soit le pays où ils dominèrent, se sont toujours réservé le service des postes et la construction des voies de communication. Rester le maître des services d'intérêts généraux, des relations à la métropole, des routes et des ports, a toujours été pour les pouvoirs, le gage de leur domination, de leurs conquêtes. Aujourd'hui, ces pouvoirs nationaux ou municipaux ont ajouté à leur régie les services d'eau et d'éclairage, la plupart des moyens de transport, les arsenaux, etc.

Si la *domination par l'harmonie* est entretenue par ces pouvoirs, ils doivent comprendre dans leur régie, et avant tout, le service des habitats, des attractions et des fêtes.

De cités-jardins municipales, jusqu'à l'aménagement de parcs nationaux, et par des servitudes de plus en plus dures aux propriétaires particuliers, et par des lois d'expropriation d'intérêt vraiment public, l'Etat doit arriver à se rendre maître du sol, car ce n'est qu'à la remise de ce sol aux collectivités, que devient possible l'ébauche des grandes appropriations esthétiques, envisagées au programme maximum.

L'Etat, dans le programme des appropriations plastiques, reprendra le problème des harmonisations à sa base, c'est-à-dire qu'il mettra le gouvernement des choses avant le gouvernement des êtres. Il saura qu'un gouvernement qui ne peut grouper des formes, des couleurs, ne peut chercher à grouper des individus. Il saura qu'un gouvernement dont le ministère des arts n'est pas capable de coordonner le savoir de ses architectes, de ses sculpteurs, de ses peintres et de tous ses artisans, n'est pas capable de coordonner les bonnes volontés, les aspirations, les passions de ses citoyens. Il saura qu'un gouvernement dont le ministère des arts est envahi par l'anarchie esthétique ne peut qu'être lui-même le foyer de toutes les anarchies sociales.

III

Nous ne voudrions pas terminer le programme minimum sans en rabattre encore de notre optimisme, et nous admettrons que les pouvoirs publics ne vont point oser d'ici longtemps les moindres réformes indiquées.

Que peut alors tenter l'initiative privée? Une Ecole-Manufacture dirigée par un maître-d'œuvre peut-elle se fonder et prospérer à côté de l'Etat et par quelle combinaison artistique et financière ?

Nous avons indiqué au chapitre du syndicalisme, que le coopératisme des métiers d'art ne peut que végéter. Ce n'est pourtant que le coopératisme qui donne le moyen transitoire entre la production privée et collective. Mais, pour organiser les métiers d'art, il ne faudrait pas moins envisager qu'une coopération entière du bâtiment, et pour que cette coopération du bâtiment se monte sous la règle d'une Ecole-Manufacture, et afin qu'elle ne puisse tomber aux mains du capitalisme, il faudrait qu'elle soit outillée de façon formidable. Il faudrait qu'elle soit propriétaire de carrières pour l'extraction de sa pierre, de forêts pour le bois de ses charpentes, de ses meubles, qu'elle ait son usine de métallurgie, etc., à moins qu'il ne soit possible, au moyen d'un vaste cartel, de s'entendre avec de grosses industries de matières premières, car un tel coopératisme du bâtiment ne peut profiter que s'il est affranchi de l'étroite dépendance des prix en bourse et si par conséquent sa production vit largement encore au-dessous des « prix de séries ».

Le coopératisme ainsi développé n'aurait pas à exercer une action modérantiste sur le syndicalisme ouvrier. Au contraire, secondé par le syndicat de lutte, il serait le syndicat d'action productrice. Les travailleurs du bâtiment sont la clef du monde de la production. A eux d'ouvrir l'avenir.

Subventionné ou non par l'Etat, est-il impossible de croire que, devant la crise de l'apprentissage, qui contient toutes les crises de demain, et devant les misères des ouvriers d'art, un groupement d'esthéticiens, d'artistes, d'artisans, poussé par l'opinion avertie, ne réussisse à établir un centre puissant de production artistique.

Les Abbayes de moines artisans, l'admirable Abbaye de Cluny entre autres, n'étaient-elles pas des Ecoles-Manufactures du bâtiment? Les Gobelins au XVIIe siècle « remplis alors de plus de 800 ouvriers les plus habiles de la tapisserie, de la mosaïque, de l'orfèvrerie, du travail du bronze et de l'ébénisterie », n'étaient-ils pas une école-manufacture de décoration générale ?... Ce que l'Eglise réussit pour un art mystique, ce que la monarchie réalisa pour un art somptuaire, une République ne peut donc pas le tenter pour un art démocratique!

Cherchons à organiser l'entreprise la plus noble, la plus féconde que les plus hautes civilisations aient jamais vue, il n'y a pas d'intérêt plus poignant à l'heure actuelle. Trouvons-lui un cadre merveilleux et que la première cité-jardin inaugurée en France, et digne de ce nom, soit celle des artisans d'art.

On a bien établi des cités-jardins autour d'industries de produits chimiques ou de produits alimentaires; la cité-jardin modèle ne doit-elle pas avant tout convenir à la production artistique — production artistique elle-même par essence, et comme la Cité des cités-jardins.

. . . .

Voyez-vous ce Phalanstère des Arts s'ouvrir non loin de Paris ou en province — petite ville d'artisans, cité-jardin modèle, construite, habitée et entretenue par des artistes. Voyez-vous ce petit gouvernement de la beauté, dont toute la politique s'oriente vers l'Harmonie.

Voyez-vous les ateliers centraux, où les projets s'élaborent. Voyez-vous alentour, dans de clairs et gais ateliers : ici la scierie avec ses raboteuses, ses moulureuses perfectionnées; là les fonderies de cuivre, de fer; plus loin les fours à cuire les vases décoratifs, les pâtes de revêtement... Voici le quartier de la tapisserie, de la verrerie, celui des peintres, celui des sculpteurs.

Qu'elle est cette maison ? C'est la maison de la dentellière. Et cette autre ? C'est la maison du ciseleur. Et dans cette autre encore, travaille chez lui l'ébéniste.

Car au Phalanstère des arts, la vie patriarcale est alliée à la vie collective. Presque à toutes les maisons s'adosse un atelier que borde un jardinet ; presque dans toutes les maisons travaille un *façonnier*, pendant que les camarades *ensembliers* s'activent aux ateliers de montage et aux magasins d'expédition.

... Ce samedi, ce ciseleur n'a pas *fini* les motifs à lui confiés, dans la hâte d'une mauvaise paye et dans l'ignorance du but décoratif de ces motifs, et dans la certitude d'un agio sur son œuvre. Non, il sait qu'il collabore à un ensemble de production, dont il peut suivre, quand il lui plaît, la perfection aux ateliers des ajusteurs. Sa capacité s'en accroît, son ardeur au travail et sa dignité d'artisan.

... Cet ébéniste façonnier n'est plus le famélique trôleur qui à certains jours allait au faubourg étaler sa pacotille. Lui aussi, comme le ciseleur, comme la brodeuse, concourt à œuvrer pour des ensembles harmonieux. Il y trouve sa joie de concertant et sait que son travail n'est plus abandonné aux mains des spéculateurs.

Au Phalanstère des arts, se résoud la crise de l'apprentissage aussi bien que la crise de la retraite des artistes et cette dernière solution est exempte du battage philanthropique, elle est sans tromperie et loin du favoritisme de la charité dégradante. Quand on pense que c'est entre ces deux crises que la plupart des artisans vivent aujourd'hui ; quand on pense qu'ils ont à apprendre un difficile métier, qu'ils ont le dégoût de le prostituer au commerce que l'on sait, qu'ils subissent des chômages, et que tant de tourments les mènent encore au seuil d'une vieillesse indigente !

Devant ces crises, que fait actuellement la sollicitude de l'Etat ou des mécènes ? Elle se dépense ladre et maladroite. Ses subventions publiques ou privées ouvrent des écoles d'apprentissage où l'élève travaille aux études abêtissantes et non à même la réalisation. Les artistes hospitalisés (et sont-ils bien peu) sont pourvus de petits ateliers où les études puériles sont à nouveau permises, et derechef, loin des réalisations. Travaux d'apprentis ou d'hospitalisés se rejoignent. Ils sont inutiles et décevants.

... Le Phalanthère des arts développe ses apprentis dans sa vie patriarcale et collective. Il garde ses vétérans. Ces derniers sont encore employés dans la mesure de leurs moyens, tout en gardant une dignité qu'ils abandonnent, quoi qu'on en dise au seuil de la maison de retraite. Est-ce que le moindre regain de santé et d'entrain ne doit par leur être procuré par leur descendance familiale et intellectuelle ? Est-ce qu'ils ne doivent pas rester dans un milieu et près d'une activité qui fait leur joie ?...

Et quel milieu ! Et quelle activité que la cité-jardin des artisans !... Tout un petit peuple formant une même famille éprise de beauté ; beauté qu'il aborde dans son costume professionnel de travail et de fête ; beauté qu'il recherche par l'organe de sa revue illustrée, où l'art, la sociologie, la littérature, sont traités en développement d'une économie esthétique ; beauté enfin qu'il exalte dans son théâtre et par des réjouissances qui sont de véritables rites d'une religion du Beau.

Quel foyer il y a là à établir en marge d'une société détraquée ! Ah ! comme on y est loin du puffisme des Instituts, et loin du mauvais breuvage des récompenses et des médailles ; et loin du mercantilisme des marchands. Ah ! comme on a mis MM. les critiques d'art à la porte, ainsi que MM. les amateurs à monocle !

Non, ce n'est pas au Phalanstère des arts qu'on fait le bibelot rare, tarabiscoté, pas plus qu'on y fait l'objet de bazar. Mais la production varie depuis la plus magnifique composition d'un Palais des Fêtes, par exemple, jusqu'à la bâtisse simple et gaie d'un sanatorium ou la rustique chaumine d'un bucheron.

... Et notre art moderne est trouvé enfin, dont l'homogénéité ne pouvait se réaliser qu'au sein d'une productivité homogène !

. . . .

Embellir la vie, encadrer la nature. Cultiver les harmonies et vivre en beauté ! Quelle existence plus saine et plus heureuse, quelle activité plus noble et plus féconde !

... Et quelle aspiration plus haute, si l'on songe que le Phalanstère des arts doit contenir les prémices d'un ordre sociétaire qui correspond à l'Ordre immanent des choses !...

PLANCHE I.

A. Surface géométrale (Relation sentimentale : Aspiration).
E. Surface plane (id. : Stabilité).
C. Surface latérale (id. : Mystère).

En vue d'une unification des rapporteurs, on peut ajouter aux trois surfaces primaires, les analogies des trois couleurs fondamentales, des trois notes génératrices, etc.

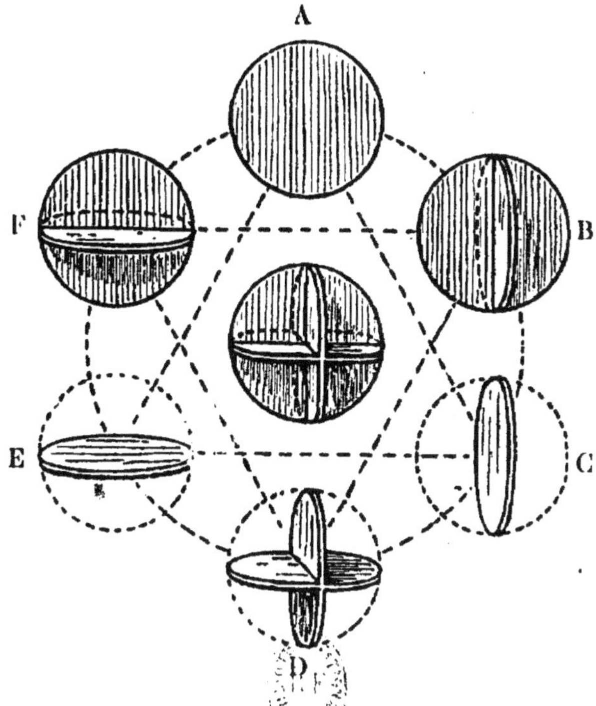

RAPPORTEUR ESTHÉTIQUE DES FORMES.

Au centre, les trois surfaces égales doivent par leur rotation sur le même axe, engendrer la sphère.

N. B. — On a été obligé, pour plus de clarté, de dessiner les surfaces planes et latérales en perspective. Si des disques ont été choisis, c'est pour la netteté du schéma, mais n'importe quel tracé de surface multiplié par trois et en mouvement dans tous les sens doit donner une sphère parfaite.

Planche II.

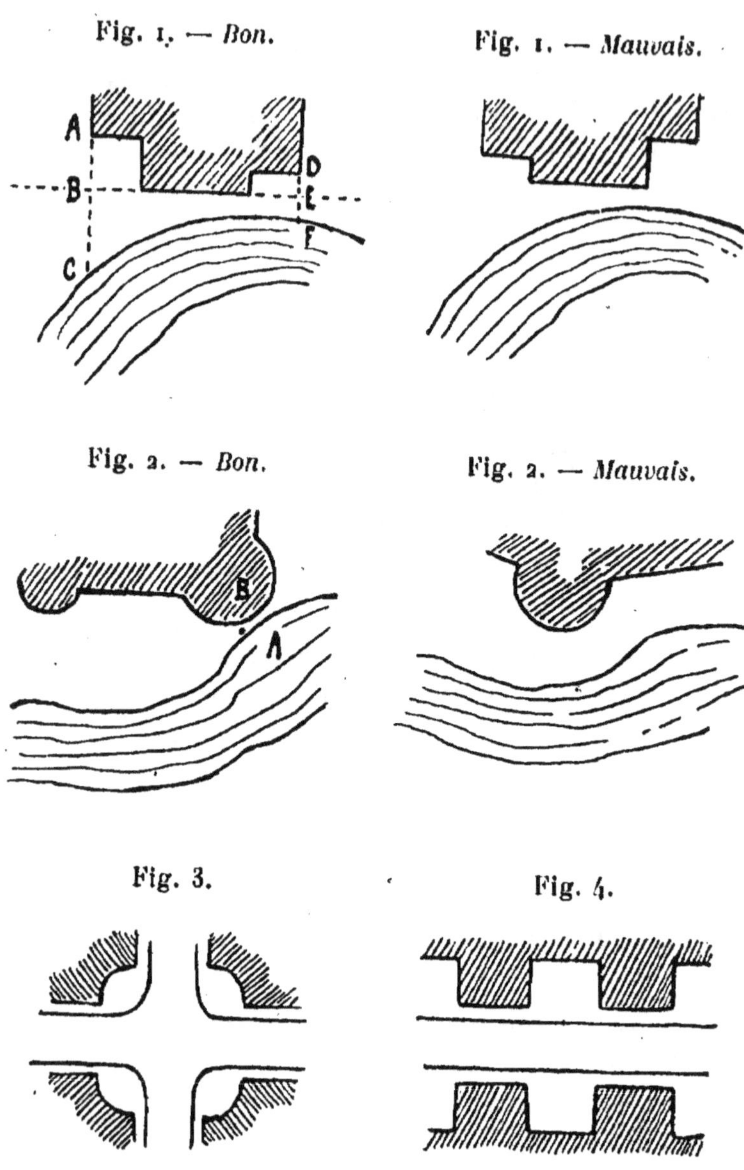

Plans. (Par rapport à voies d'eau ou routes.)

PLANCHE III.

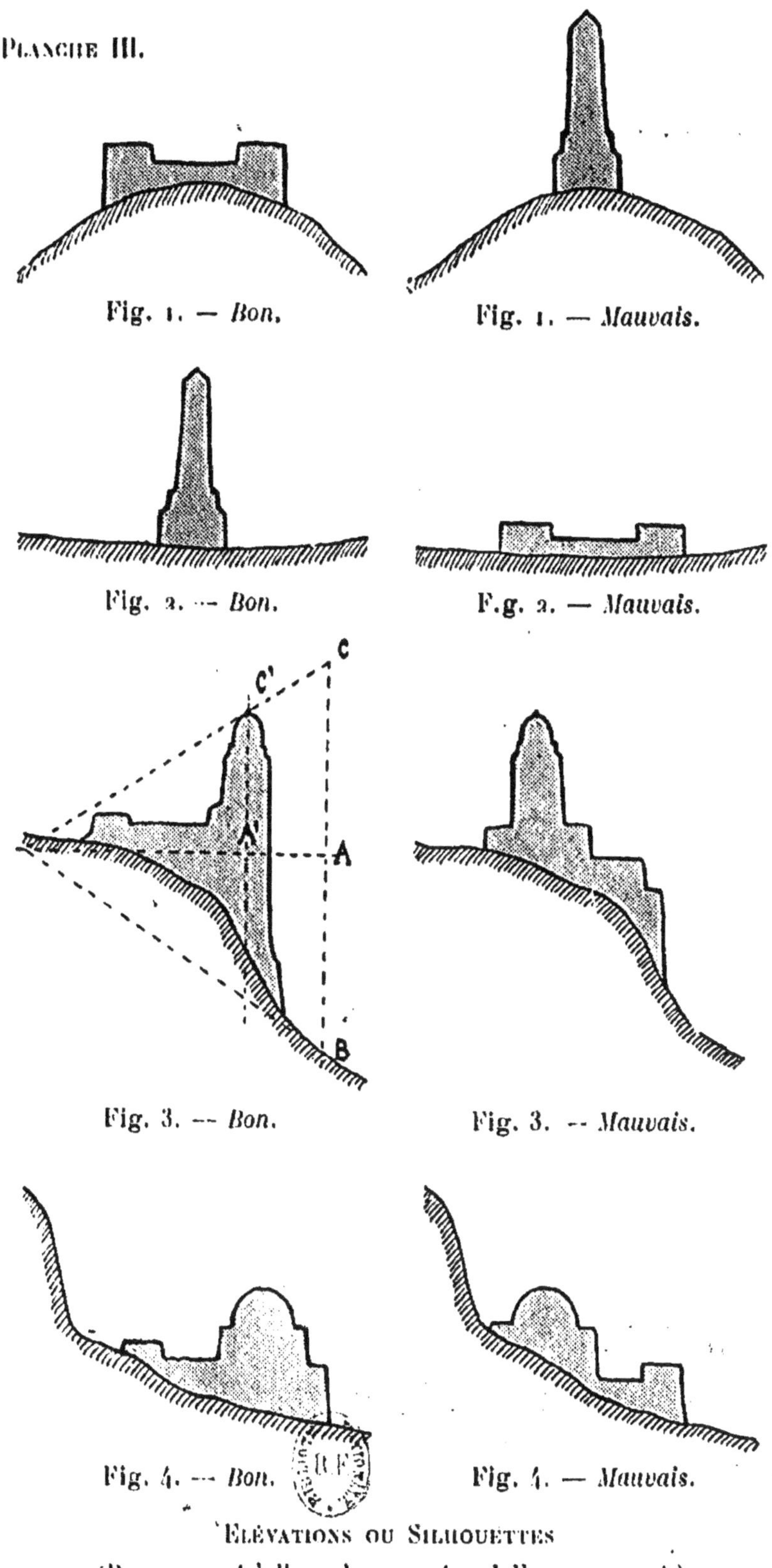

ÉLÉVATIONS OU SILHOUETTES
(Par rapport à l'emplacement qu'elles occupent.)

Planche IV.

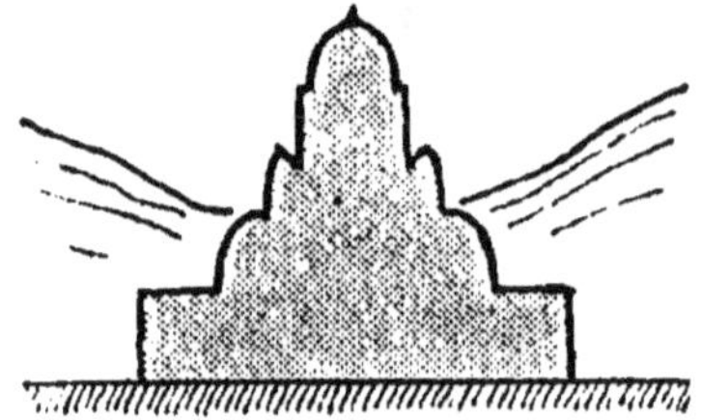

Fig. 1. — *Bon.*

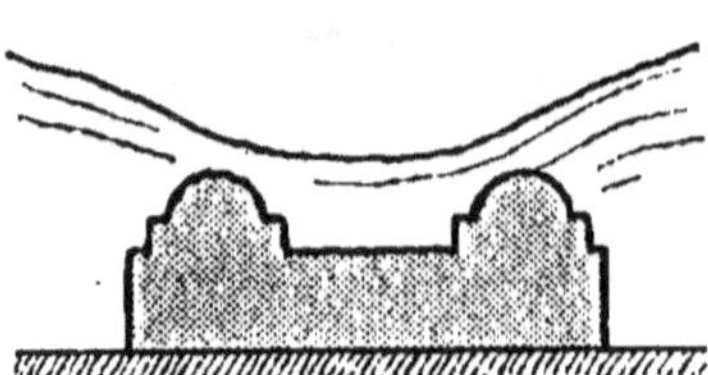

Fig. 1. — *Mauvais.*

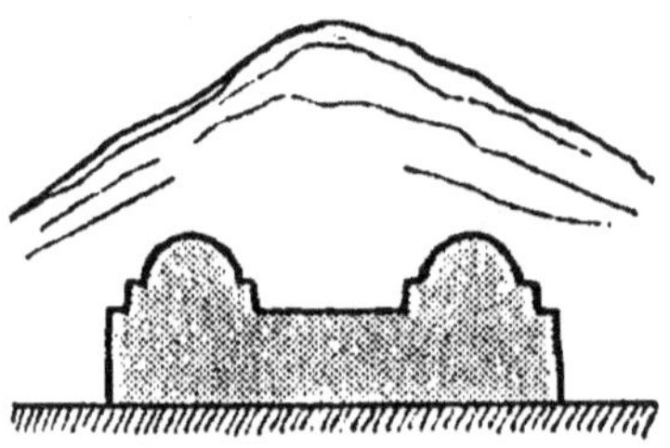

Fig. 2. — *Bon.*

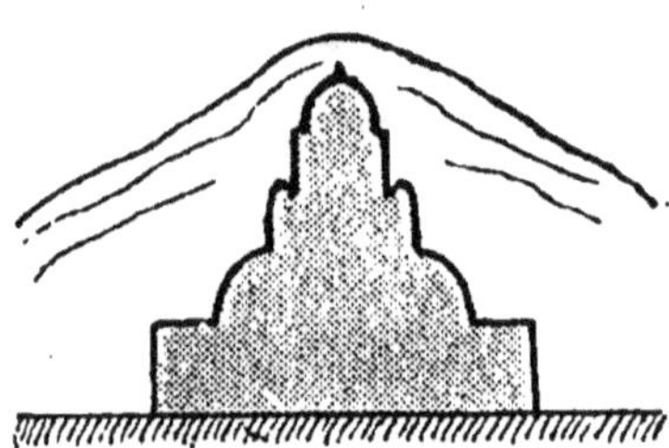

Fig. 2. — *Mauvais.*

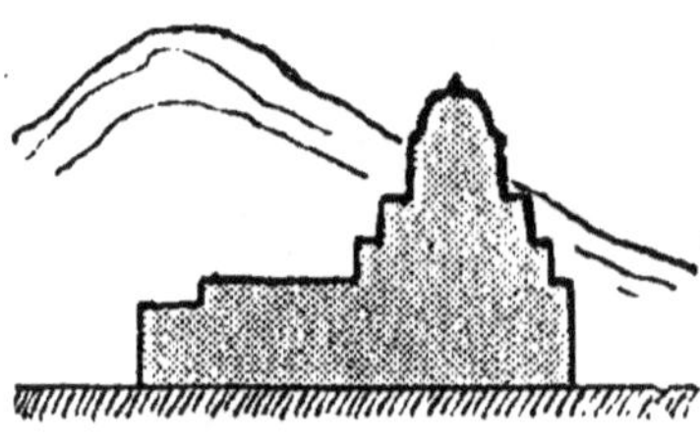

Fig. 3. — *Bon.*

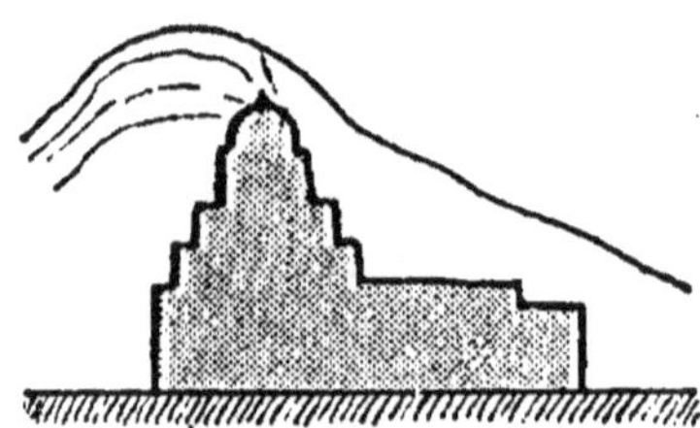

Fig. 3. — *Mauvais.*

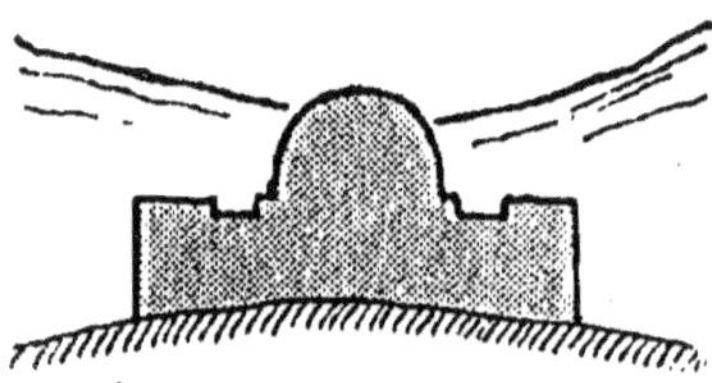

Fig. 4. — *Bon.*

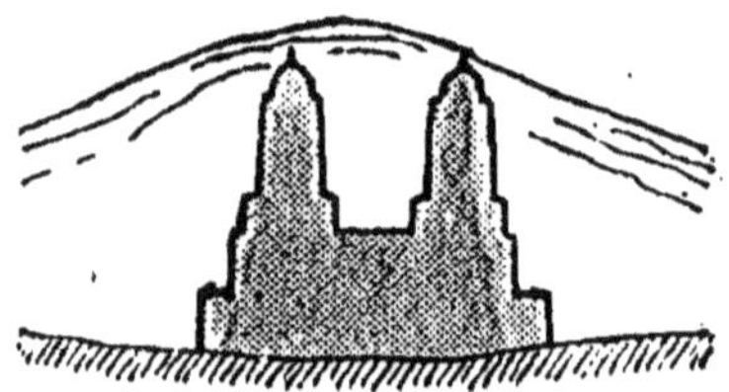

Fig. 5. — *Bon.*

Elévations ou Silhouettes
(Par rapport aux horizons.)

Planche V.

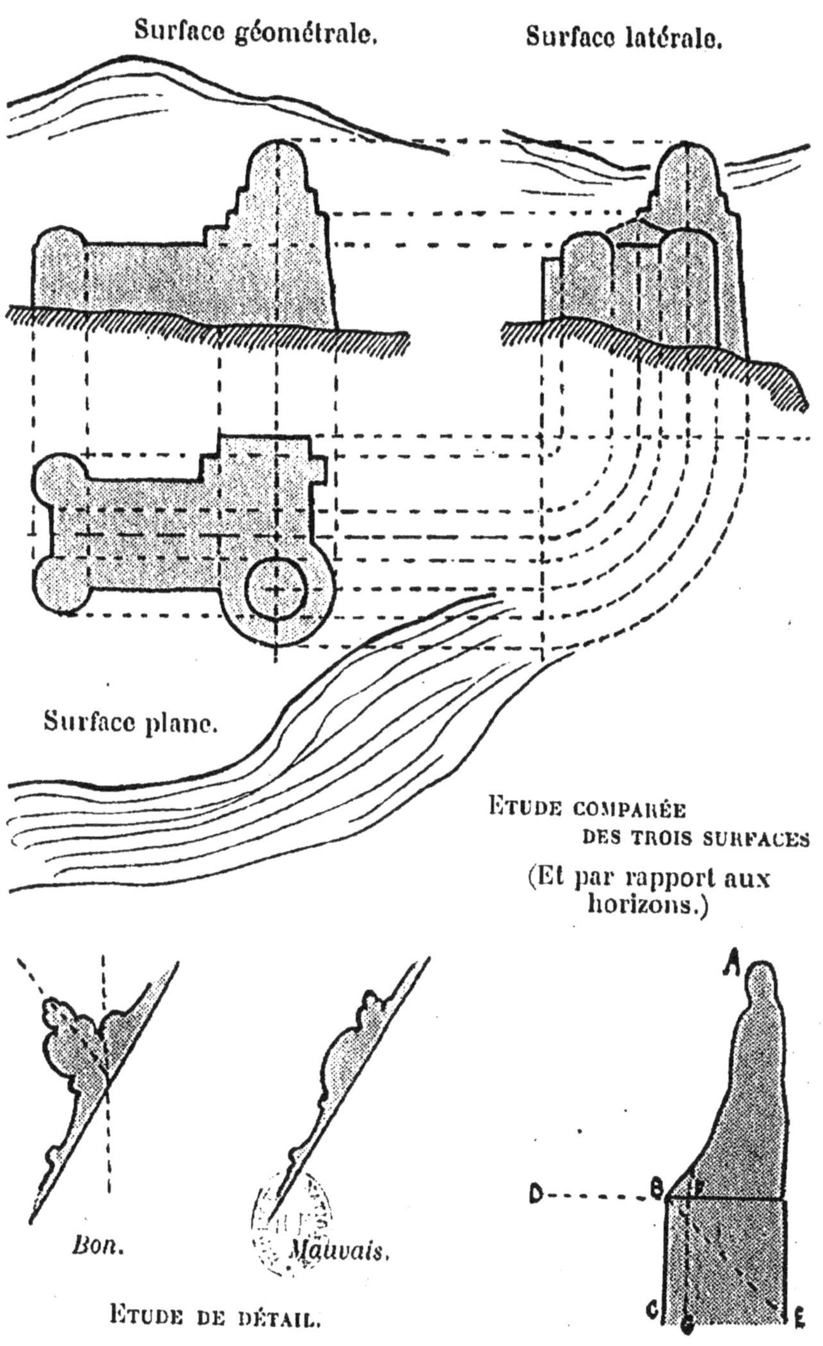
Surface géométrale.
Surface latérale.
Surface plane.
Etude comparée
des trois surfaces
(Et par rapport aux
horizons.)
A
D
B
F
C
G
E
Bon.
Mauvais.
Etude de détail.

PLANCHE VI.

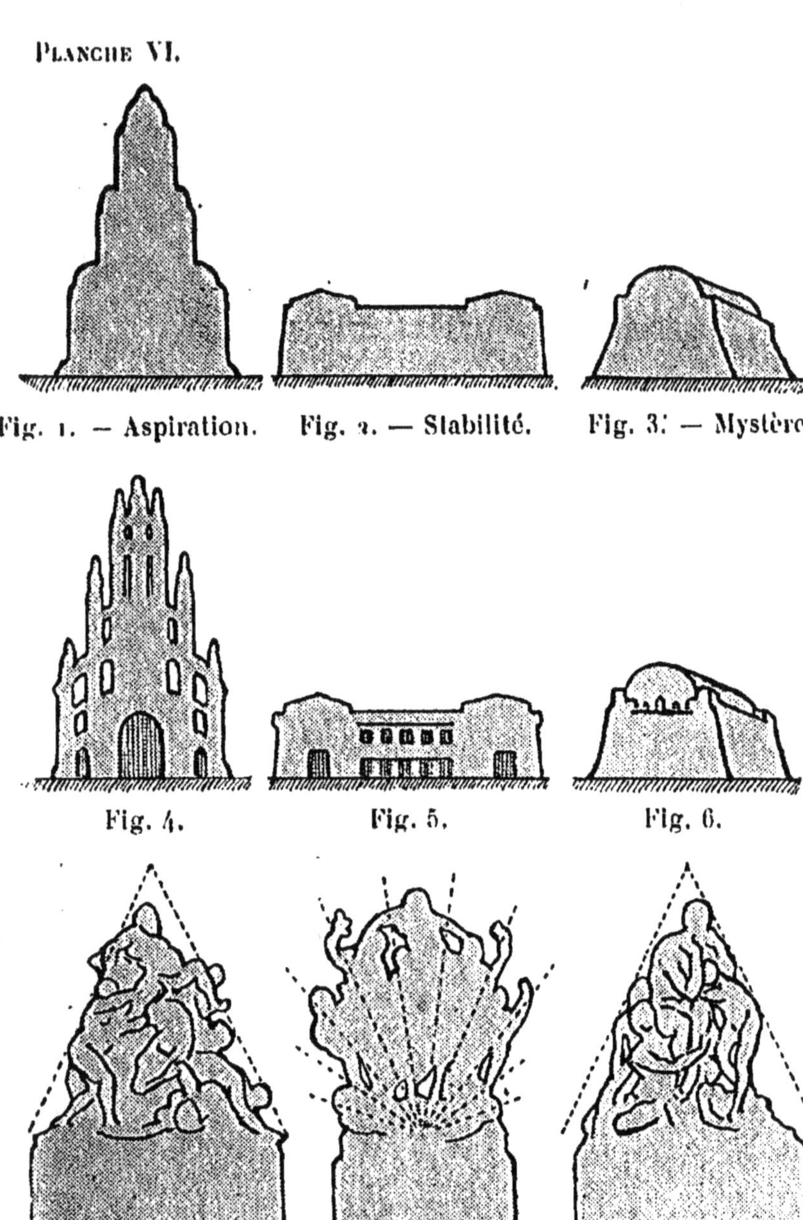

Fig. 1. — Aspiration. Fig. 2. — Stabilité. Fig. 3. — Mystère.

Fig. 4. Fig. 5. Fig. 6.

Fig. 7. Fig. 8. Fig. 9.

ÉLÉVATIONS OU SILHOUETTES

(Par rapport au sentiment.)

Planche VII.

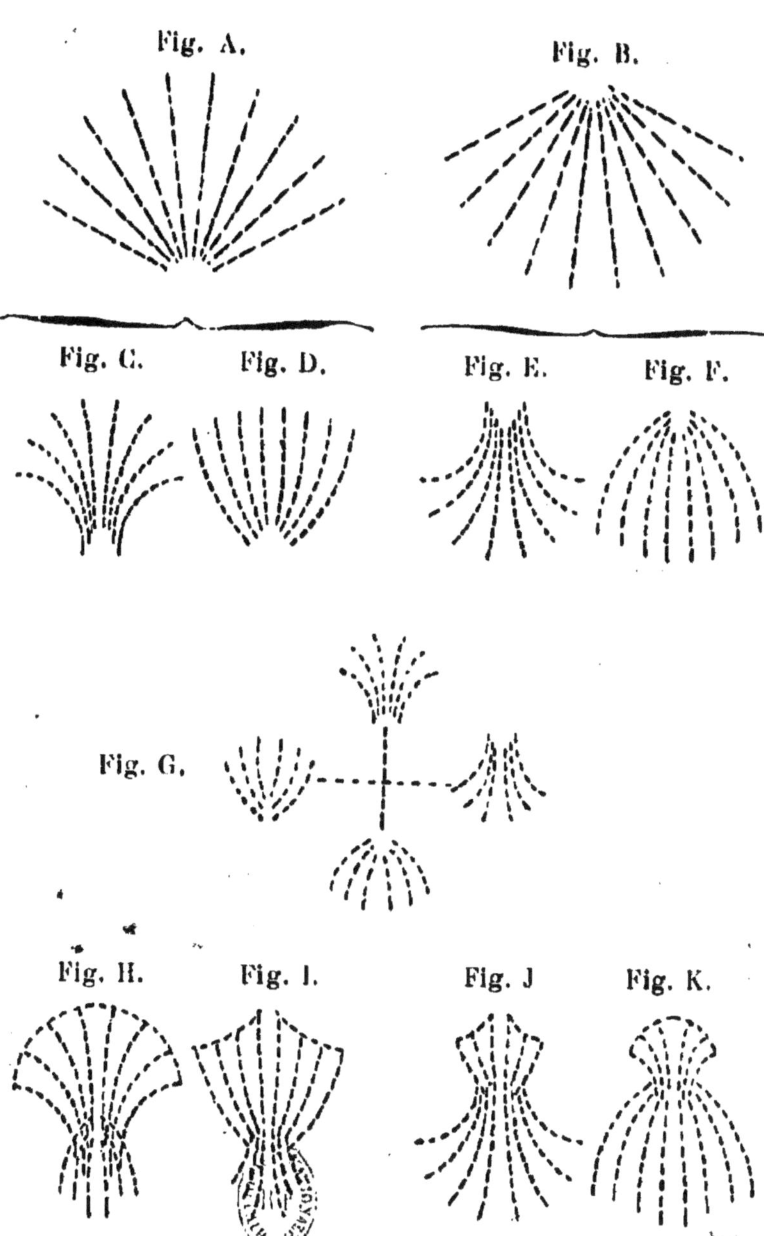

Langage linéaire du Sentiment.

PLANCHE VIII.

Fig. 1.

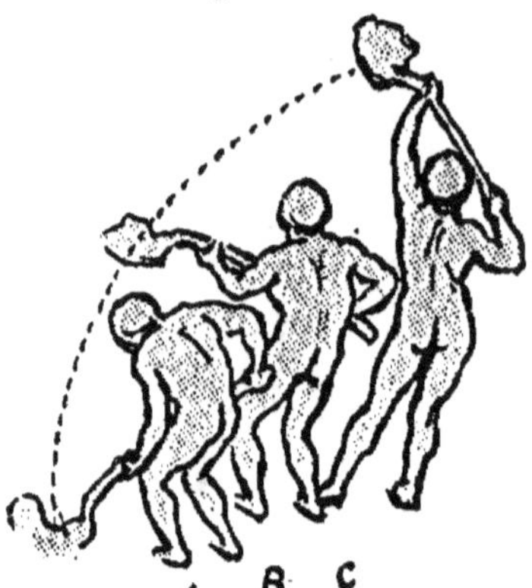

Fig. 2.

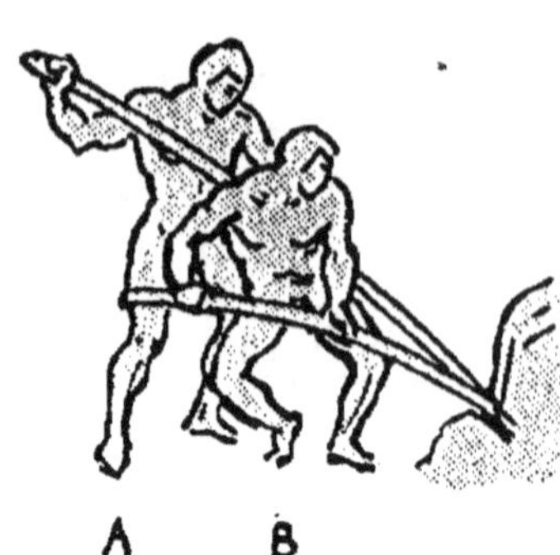

Fig. 3

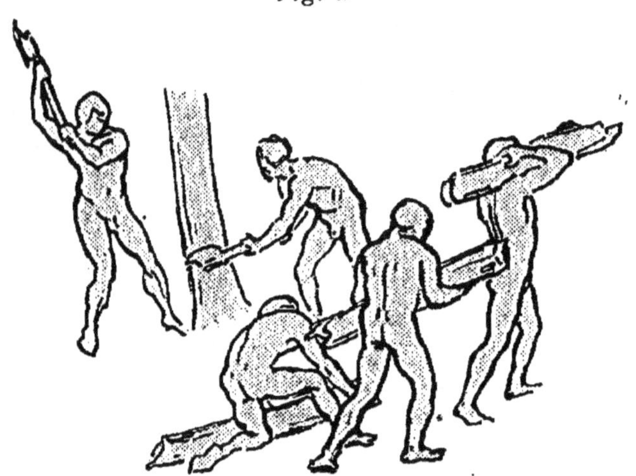

Fig. 4.

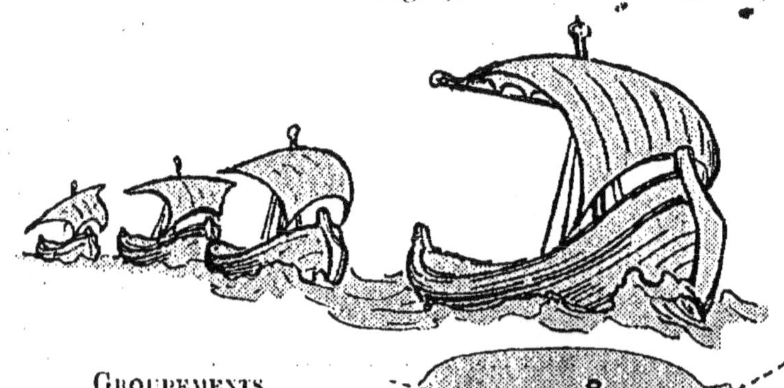

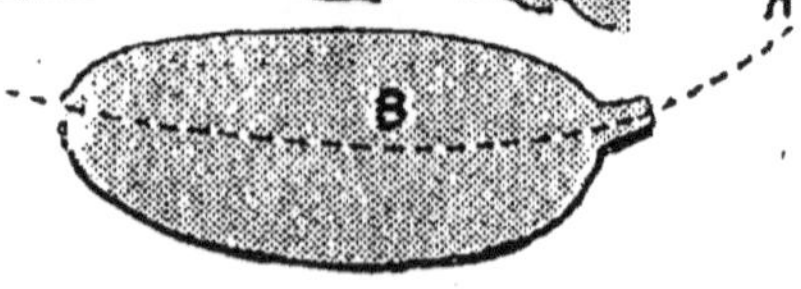

GROUPEMENTS
PAR L'ÉTUDE DES MOUVEMENTS
DÉCOMPOSÉS.

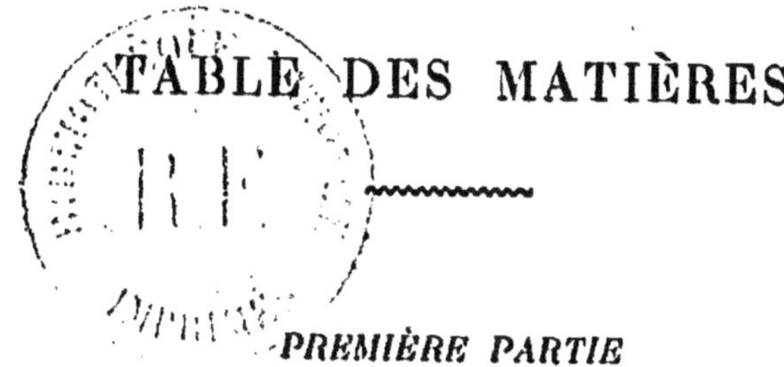

TABLE DES MATIÈRES

Pages

PREMIÈRE PARTIE

L'Enquête.

HISTORIQUE DE NOTRE DÉCADENCE DES ARTS

CHAPITRE PREMIER

De la Mission des Arts.

CHAPITRE II

La Renaissance et la Monarchie.

CHAPITRE III

La Révolution et le Romantisme.

CHAPITRE IV

L'Art contemporain.

CHAPITRE V

La Littérature et la Critique d'Art.

CHAPITRE VI

L'Industrie et le Commerce des Arts.

CHAPITRE VII

L'Art et les Réjouissances.

DEUXIÈME PARTIE

Le Procès.

CRITIQUE DE L'ADMINISTRATION DES ARTS ACTUELS

CHAPITRE VIII

Le Rôle de l'Etat.

CHAPITRE IX

L'Enseignement et la Direction.

CHAPITRE X

Ecoles d'art, Manufactures et Conservatoires.

CHAPITRE XI

Les Salons et les Concours.

CHAPITRE XII

Les Musées et la Ville.

CHAPITRE XIII

Les Métiers d'art et le Syndicalisme.

TROISIÈME PARTIE

L'Exposé.

RECHERCHE DE RÉGÉNÉRESCENCE

CHAPITRE XIV

L'Economie esthétique.

CHAPITRE XV

L'Economie morale.

CHAPITRE XVI

Résumé : Programme maximum et minimum.

ABBEVILLE. — IMPRIMERIE F. PAILLART

www.ingramcontent.com/pod-product-compliance
Lightning Source LLC
LaVergne TN
LVHW020539230826
846091LV00002B/326
9782019135744